2019 개정 누리과정·2024 개정 표준보육과정을 반영한

영유아 언어교육

제3판

2019 개정 누리과정 · 2024 개정 표준보육과정을 반영한

영유아 언어교육

노진형 · 최은아

KNOWLEDGE COMMUNITY 공동체

머리말

영유아기는 전 생애 중 언어발달이 급격하게 이루어지는 시기이다. 태어나자마자 언어로 둘러싸인 세상에서 살게 된 영유아는 타인과의 소통을 통해 사회적인 존재로 성장한다. 이 과정에서 기본적인 언어 사용 능력과 태도가 학습되며, 이 시기의 언어 습관과 언어적 태도는 일생 동안 영향을 미치게 된다.

이렇게 중요한 언어발달이지만 현장의 교사들과 예비 교사들은 영유아 언어지도의 방법과 내용에 여전히 많은 어려움을 호소하고 있다. 이 책의 저자들은 다년간의 유아교육 현장 경력과 강의 경력을 통해 유아교육 현장에서의 교사의 어려움과 함께 영유아 언어교육의 실태에 아쉬움을 가지고 있었다. 이러한 가운데 '2019 개정 누리과정', '2024 개정 표준보육과정'이 고시되면서 유아교육 현장에서 영유아들이 언어 사용의 즐거움을 경험하고 그 속에서의 의미 있는 배움을 경험할 것을 강조하고 있다. 이에 저자들은 국가수준의 교육과정의 방향에 따라 영유아의 언어를 지도할 수 있는 교사 교육이 필요하다는 데에 뜻을 모아 이 책을 집필하게 되었다.

이 책은 크게 세 부분으로 나누어 1부 '영유아 언어지도의 이해', 2부 '언어의 발달', 3부 '영유아 언어지도'로 구분되며 총 12개의 장으로 구성되어 있다. 1부 영유아 언어지도의 이해(1~2장)에서는 언어의 특징 및 기원설과 함께 언어의 구조에 대해 설명하였다. 2부 언어의 발달(3~5장)에서는 언어교육의 이론적 토대를 제공하는 언어발달 이론과 영유아 언어적 특징을 음성언어와 문자언어로 구분하여 각 언어형태별 발달을 제시하였다. 3부 영유아 언어지도(6~12장)에서는 먼저 국가수준 유아교육과정인 표준보육과정과 누리과정에서의 언어교육의 목표와 내용을 소개하였다. 이와 함께 영유아 언어교육 접근법과 언어형태별, 구성요소별 지도 방안과 교사의 역할, 환경 구성 및 언어교육 평가 방법에 대한 내용을 다루었다. 특히 3부에서는 유아교육 현장에서 다루어져야 하는 활동의 내용을 충분히 포함하고 이해를 돕기 위해 다양한 사진, 그림 등을 제시하였다. 이 책에서는 각 장의 마지막에 각 장의 내용과 관련한 구체적인 활동을 제시하였는데, 이는 예비 유아교사 및 현장의 교사들이 학습한 부분에 대해 생각을 정리해 보고, 학습한 내용에 대한 적용, 분석, 창안 등을 통해 사고하는 힘을 기르기 위함이다. 부족한 부분이 여전히 있으나 그것은 독자들의 고견을 통해 수정하고자 한다.

특히 제3판에서는 유아교육현장에서 이루어지는 유아 언어활동의 사례를 추가하여 유아교육을 전공하는 예비유아교사들의 현장 이해를 돕고자 하였다. 또한 2022 개정 초등학교 국어과 영역의 내용을 추가하여 유초연계를 위한 교육적 지원방안을 고려할 수 있도록 하였다.

이 책이 출판되기까지 많은 분들의 도움이 있었다. 교재에 필요한 사진과 자료를 제공해 주신 분들과 원고를 잘 정리해 준 공동체 출판사 가족 여러분들께 감사를 드린다.

2025. 8.
저자 일동

차례

2부 언어의 발달

3부 영유아 언어지도

1부

영유아 언어지도의 이해

01장 언어의 기초

우리는 언어 환경 속에서 태어나 언어를 사용하며 살아간다. 이러한 언어는 인간과 동물을 구분 짓는 주요한 특질의 하나로서 다양한 기능을 가진 채 인간의 삶 속에서 주요한 기능을 하고 있다. 이 장은 언어의 기원에 대한 여러 학설을 살펴보고, 인간만이 가지고 있는 언어의 고유한 특성을 알아보고자 한다. 그리고 우리의 삶 속에서 언어가 어떠한 기능을 하는지를 살펴보고자 한다.

1. 언어의 기원

언어는 자신의 생각과 감정을 표현하게 하며 나아가 창조적 사고 발달에 영향을 준다는 점에서 인간이 살아가는 데에 꼭 필요한 도구이자 인간의 삶을 보다 인간답게, 풍부하게 만들어 주는 특성을 가지고 있다. 이러한 언어의 특성으로 인해 언어는 인간과 동물을 구별짓는 잣대(이미경·배지현, 2015)로서 인간 특유의 특질이라 할 수 있다.

그렇다면 왜 인간만이 언어를 가지고 있게 되었는가. 언어의 기원에 대한 학설은 크게 창조론과 진화론으로 구분된다. 첫째, 창조론의 관점에서 신 또는 인간이 언어를 창조하였다고 본다. 먼저, 창조주가 언어를 창조하였다는 입장은 인간의 언어 사용에 대한 본능과 능력은 창조주의 창조를 통해 생겨났으며, 언어란 인간에게 부여한 창조주의 특별한 선물로 바라본다. 또한 세계 각국의 언어 발생 역시 인간이 창조주와 같이 높아지려고 한 바벨탑 사건을 이후로 창조주에 의해 생겨나게 된 것으로 본다(창세기, 11장). 이에 반해 인간이 언어를 창조하였다는 입장에 따르면 인간이 몸짓과 외침 등으로 의사소통을 하였으나 이에 대해 불충분성을 인식하여 스스로 언어를 창조하였다고 본다. 둘째, 진화론의 관점에 따르면, 인간이 진화하는 과정에서 동물과 자연의 소리 등을 흉내내면서 인간의 언어발달이 시작되었다고 본다.

언어의 기원에 대한 여러 관점이 있는 가운데, 언어의 기원에 대한 진화론적 관점이 일반적으로 수용되고 있다. 진화론적 관점에 기초한 언어 기원에 대한 학설을 살펴보면 다음과 같다(김은심·조정숙, 2015; 한유미 외, 2016).

■ 멍멍설(Bow-wow theory)

인간이 동물의 소리를 모방해서 소리를 만들어 사용하면서 언어가 진화되었다고 보는 입장이다. 이는 뻐꾸기나 개구리 등과 같이 동물이 만들어 내는 의성어를 인간이 모방하여 사용함으로써 이들의 이름이 유래되었다고 본다. 이러한 예는 유아들이 동물의 의성어 등을 동물의 이름을 대체하여 사용하는 모습에서 발견된다. 그러나 실제로 언어에서 의성어에서 유래한 단어들의 비율이 적고, 의성어는 상징적 기능을 가지고 있지 않다는 점에서 언어 기원에 대한 설명력에 제한성을 가진다.

■ 감탄사설(Pooh-pooh theory)

감탄사설은 인간의 본능적인 감정을 표출할 때 만들어지는 소리가 언어의 기원이라고 보는 입장이다. 예를 들어, 인간의 희(喜), 노(怒), 애(哀), 락(樂), 애(愛), 오(惡), 욕(欲) 등과 관련된 감정을 표출하면서 자연스럽게 동반되는 '에휴~', '와~' 등과 같은 감탄사에서 언어가 발생하였다고 본다. 그러나 감탄사는 언어에서 차지하는 비율이 적고, 의사소통이라는 언어의 고유한 기능 차원에서 볼 때 언어의 기원으로서의 설명에 제한성을 가진다.

■ 딩동설(Ding-dong theory)

딩동설은 인간이 자연 속에 산재한 여러 소리를 음성을 통해 묘사함으로써 언어가 생겨났다고 보는 입장이다. 예를 들어서, 시냇물이 흐르는 소리를 '졸졸졸'이라고 표현하는 것처럼 자연의 소리에서 그를 지칭하는 언어가 유래되었다고 본다. 그러나 언어와 그를 지칭하는 대부분의 사물의 관계가 임의적이라는 점에서 딩동설은 언어 기원의 설명에 제한성을 가진다.

■ 공동설(Yo-he-ho theory)

공동설은 인간이 함께 모여 작업을 할 때 발생하는 소리로부터 언어가 생겨났다고 보는 입장이다. 공동설은 함께 일을 할 때 일의 능률을 높이거나 보조를 맞추기 위해 또는 일의 고됨을 잊기 위해 추임새를 넣는 과정에서 생기는 '어기영차'와 같은 소리에서 언어가 유래하였다고 보아 어기영차설로도 불린다.

함께 보아요

EBS 다큐프라임 한반도의 인류
- 사라진 자와 살아남은 자

2. 언어의 특성

인간은 사회 속에서 다른 사람과 관계를 맺으며 살아가게 된다. 그리고 타인과의 의사소통은 관계를 맺으며 살아가는 데에 필수불가결하며, 언어는 이러한 의사소통의 과정에서 자신의 생각과 느낌 등을 표현하는 효과적인 수단이라고 볼 수 있다. 그러나 인간만이 의사소통을 하며 살아가는 것은 아니다. 동물들도 외침, 몸짓 등을 통해 자신의 의사를 표현하며 공동생활을 하곤 한다. 그렇다면 인간만이 사용하는 의사소통 수단으로서 언어의 특성은 어떠한가. 언어의 주요한 특징을 살펴보면 다음과 같다(김혜금 외, 2019; Owens, 2001).

첫째, 언어는 자의성을 가진다. 이는 언어의 뜻과 말소리 사이에는 필연적인 관계, 일정한 규칙이 없어서 같은 내용이 다른 형식으로 표현될 수 있는 특성을 말한다. 따라서 같은 사물, 상황, 개념 등을 지칭하더라도 국가, 민족, 지역 등에 따라 다른 언어로 표현되는 특징을 가진다. 예를 들어, 손위 남자 형제를 한국에서는 '형'이라고 하지만 영어권에서는 'brother'라고 하고, 한국 내에서도 전라도 지역에서는 '성', 경상북도 지역에서는 '히야'라고 부르기도 한다. 그리고 강아지는 각 나라의 언어에 따라 다른 형식으로 다음과 같이 표현되고 있다.

한국어 : 형
영어 : brother
지역 방언 : 성, 히야, 행님

한국어 : 강아지
영어 : Dog
프랑스어 : Chien
일본어 : 이누(いぬ)

둘째, 언어는 사회적 특성을 지니고 있다. 이는 언어란 개인이 혼자 고립되어 사용하는 것이 아니라 타인과의 상호작용, 의사소통에 주된 목적을 가지고 있기에 사회 구성원들 간의 합의와 규칙에 따라 공유될 수 있도록 개인이 마음대로 바꾸어 사용할 수 없다는 것을 의미한다. 예를 들어, 교통 신호에서의 '정지', '일방통행' 등의 말은 누구나 '멈추어야 한다', '표시된 한 방향으로만 차량 진입이 가능하다'라는 뜻으로 이해한다. 이는 사회 구성원 간에 공통된 언어 규칙과 의미에 대한 합의가 이루어졌기 때문에 가능한 것이다. 즉, 언어는 개인이 마음대로 사용하는 것이 아니라, 사회 안에서 공유되고 약속된 규칙에 따라 사용되며, 이는 의사소통의 효율성과 사회적 질서 유지에 기여한다.

[유치원 식사 인사]

식사 전 : 잘 먹겠습니다.
식사 후 : 잘 먹었습니다.

[교통신호 의미]

멈추세요

화살표 방향으로만
차량 진입이
가능합니다.

셋째, 언어는 역사적 특성을 지니고 있다. 언어의 역사성이란 언어가 시간의 흐름에 따라 새로운 말이 생기기도 하고 말의 소리와 뜻이 변하기도 하며 예전에 사용하던 말이 사라지기도 하는 생성, 변화, 소멸되는 특성이 있다. 예를 들어, 윗사람에 대한 높임말이 더 강조되던 문화에서는 웃어른의 밥을 '진지'라고 불렀으나 현재 '진지'라는 말은 일상생활에서 거의 사용되지 않고 소멸되어 가고 있다. 반면에 일상생활의 변화로 혼자 밥을 먹는 상황이 증가하면서 '혼밥'이라는 신조어가 생기고 있다. 이와 같이 언어는 사회의 변화에 따라 새롭게 생성되거나 점차 사용의 빈도가 줄면서 소멸되는 등의 사회성을 가진다.

소멸 : 진지

생성 : 혼밥

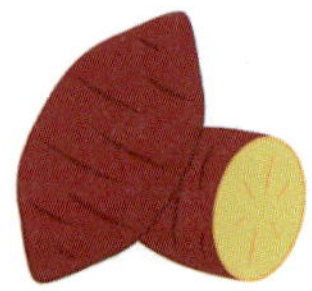

의미생성 : 답답한 상황이나 사람

의미생성 : 답답한 상황을 시원하게 해결해 주는 상황이나 사람

넷째, 언어는 창조성을 가진다. 이는 각 언어마다 기본적인 자음과 모음, 철자가 제한적이지만 다양한 조합을 통해 새로운 단어, 문장 등을 창출하는 특성을 말한다. 예를 들어, 'ㅇ'과 'ㅏ, ㅑ, ㅓ, ㅕ, ㅗ, ㅛ, ㅜ, ㅠ, ㅡ, ㅣ' 등의 모음이 결합하여 '아, 야, 어, 여, 오, 요, 우, 유, 으, 이'와 같은 다양한 조합이 생기고 다시 각 음절이 조합되어 '아이', '오이', '우유' 등과 같은 단어가 만들어진다. 그리고 다시 단어가 모여 새로운 구와 절을 만들어 낼 수 있다. 이는 언어의 생성규칙을 강조하는 것으로 언어학에서는 언어의 생산성이라고 표현되기도 한다.

또한 언어의 창조성은 사람이 습득한 언어지식을 바탕으로 새로운 말을 만들어 내는 특성을 말하는 것으로 유아가 장난감 자동차를 향해 "빨리 달려라 꼬마 택시야!"라고 말하며 자동차를 의인화하여 새로운 의미를 만들어 표현하는 것 등을 들 수 있다.

〈표 1-1〉 언어의 창조성

구 분	내 용
자·모음 결합 → 음절 생산	'ㅇ' + 'ㅏ, ㅑ, ㅓ, ㅕ, ㅗ, ㅛ, ㅜ, ㅠ, ㅡ, ㅣ' → '아, 야, 어, 여, 오, 요, 우, 유, 으, 이'
음절 결합 → 단어 생산	'아'+'이', '오'+'이', '우+유' → '아이', '오이', '우유'
단어 결합 → 구, 절 생산	'아이'+'오이' → '아이가 오이를 딴다.' '아이'+'우유' → '아이가 우유를 마신다.'

다섯째, 언어는 고유한 체계와 구조를 지니고 있다. 따라서 언어는 각 언어권에 따라 다양한 음소, 형태소 등의 구조적 특성을 가지고 있으며 각 언어권에 따라 발달되어 온 문법적 체계를 갖추고 있다. 예를 들어, 한국어는 '주어–목적어–술어'의 어순을 사용하는 반면에 영어는 '주어–술어–목적어'의 어순을 사용하는 고유한 문법적 체계를 가지고 있다.

예 나는 사과를 좋아해. 주어 - 목적어 - 술어

I like apples. 주어 - 술어 - 목적어

한국어의 특성 : 우리말은 가장 발달된 체계인 음소 문자에 해당하는 매우 과학적인 문자이다.

- **한글의 구조와 원리 :** 한글은 자음과 모음의 결합으로 이루어져 있으며, 이러한 결합 원리를 통해 다양한 음절을 형성한다.
- **음운의 대응 관계 :** 한글은 발음과 표기가 일치하는 표음문자로서 글자를 보면 소리를 알 수 있고, 소리를 들으면 글자를 유추할 수 있다.
- **문자와 의미의 관계 :** 한글은 표음문자이지만, 일부 글자나 단어는 형태나 소리만으로도 의미를 유추할 수 있는 특징이 있다.

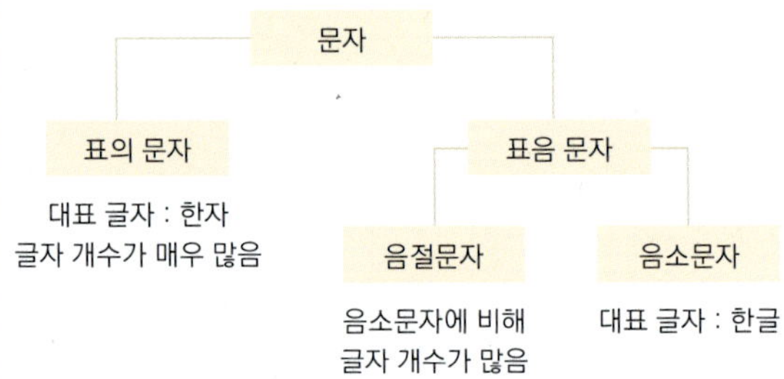

출처 : 국립국어원 '알고싶은 한글'누리집 (korean.go.kr/hangeul)

한글의 **표음문자**로서의 특성

- **음소(소리)와 문자(글자)의 대응**이 정확하여, 말소리를 글자로 쉽게 표현할 수 있다.
- 자음과 모음을 결합하여 음절 단위로 글자를 만들어, 글자를 보고 소리를 쉽게 읽을 수 있다.
- 발음과 표기가 거의 일치하기 때문에, 처음 글을 배우는 유아들도 소리를 통해 글자를 학습하는 데 효율적이다.

〈예시〉

- '가'는 'ㄱ'(자음)과 'ㅏ'(모음)가 결합하여 만들어지고, 소리도 그대로 [가]이다.

한글의 **표의문자**로서의 특성

- 기본적으로 표음문자이지만, 일부 낱말과 표현은 글자나 형태가 의미를 직관적으로 보여주는 특성을 가진다.
- 의성어·의태어 등은 소리 자체가 의미를 전달하는 기능이 있다.
- 한글의 자모 모양이 발음기관의 형태를 본떠 만들어졌기 때문에 문자 모양에서 의미적 연관성을 찾을 수 있다.

〈예시〉

- 의성어 : '멍멍', '야옹'과 같이 글자 자체가 소리를 나타내며 의미 전달
- 의태어 : '반짝반짝', '졸졸'과 같이 소리나 모양을 글자로 나타내어 의미를 전달

3. 언어의 기능

언어는 언어를 사용하는 상황과 목적에 따라 다양한 기능을 한다. 따라서 말하는 이가 표현하고자 하는 의도가 정확히 무엇인지 이해하는 것은 어렵다. 예를 들어, '가슴이 답답하다'라고 하는 것이 실제로 숨을 쉬기가 힘든 물리적 상황이라는 것인지, 뭔가 마음에 걸리는 것이 있어서 심리적 부담으로 답답한 정서적 상태라는 것인지, 마음이 답답하니 어디론가 떠나고 싶다는 마음을 표현하는 것인지 등과 같이 맥락에 대한 정보나 이해 없이는 그 의미를 이해하기 힘들다. 이처럼 언어는 말하는 이의 의도, 맥락 등에 따라 다양한 기능으로 사용될 수 있다.

의사소통 과정에서 발생하는 언어의 기능에 대해 Stabb(1992)는 교실 내에서 발생하는 음성언어의 기능을 중심으로, Halliday(1973)는 음성언어와 문자언어의 기능을 포함하여 언어의 기능을 분류하여 제시하였다.

1) Stabb의 언어기능 분류

Stabb(1992)는 교실에서 사용하는 영유아의 어휘, 발음 등의 언어 특성에 교사가 관심을 기울이는 것에 비해 영유아가 말하고자 하는 의미 등에 대해서는 관심을 기울이지 않는다고 보았다. 그리고 언어의 기능에 대한 낮은 이해로 인해 영유아가 언어기능을 적절히 사용하지 못한다면 이는 의사소통에 어려움을 야기하게 될 것이라 보아 교실 내에서 발생하는 음성언어의 기능을 다음과 같이 분류하였다.

(1) 사회적 욕구의 주장

사회적 욕구의 주장은 자신의 개인적 권리와 욕구를 주장하는 것, 상대방에 대한 긍정적·부정적 표현을 하는 것, 상대의 의견을 요청하는 것, 대화를 이어가기 위해 우발적으로 표현하는 것을 포함한다. 타인을 비난하거나 위협하지 않으면서 자신의 권리와 욕구를 적절한 방법으로 주장하는 기술은 영유아기뿐 아니라 이후 시기에도 필수적인 의사소통의 기술이다. 따라서 교사는 유아의 부정적 표현, 긍정적 표현 이면에 깔린 사회적 욕구를 이해하고 이를 적절한 의사소통 방식으로 표현할 수 있도록 지원할 수 있어야 할 것이다.

〈표 1-2〉 사회적 욕구의 주장 구분과 예

구분	예
권리와 욕구 주장	나 저거 갖고 싶어. 내가 먼저 할 거야.
긍정적 표현	○○ 좋아해. 멋지다.
부정적 표현	○○이는 바보야. 시시해.
의견 요청	너 이거 하고 싶어? 이거 재밌어?
우발적 표현	그랬구나… 그래서?

(2) 통제

통제는 어떤 일이 일어나도록 요청, 요구, 명령, 협박 등을 하는 것을 의미하며, 타인뿐 아니라 자신을 조절하는 기능을 포함한다. 통제는 욕구 주장하기에서 나아가 타인의 행동을 조절하고자 하는 의미를 포함하는 점에서 사회적 욕구 주장과 차이가 있다. 따라서 통제 기능을 부적절하게 사용하는 경우에 일방적, 통제적, 지시적인 의사소통 유형의 가능성이 높다. 특히 유아는 발달 특성상 자기중심적이고, 친사회적 의사소통 기술이 미흡하여 일방적인 요구, 명령, 협박과 같은 부정적인 통제 기능의 언어를 쓸 가능성이 있다. 따라서 교사는 일상 및 놀이 상황에서 발생하는 영유아의 부정적인 통제 기능의 의사표현 방식을 긍정적인 요청과 요구로 전환할 수 있도록 지원하는 것이 필요하다.

〈표 1-3〉 통제 구분과 예

구분	예	구분	예
자기 통제	빨간 색연필로 이거 색칠해야지. 종이접기 해야지.	요구 명령	(자동차) 줘! 여기에 올려놔 봐.
요청	내가 (자동차) 해도 돼?	협박	안 주면 때릴 거야. 너랑 안 놀아.

(3) 정보

교실에서 정보와 관련하여 일어나는 의사소통으로는 사물에 이름 붙이기, 특정 사건 회상하기, 관찰과 비교 등을 통해 정보 제공하기와 정보 요청하기 등이 포함된다. 교실에서 유아들과 교사는 다양한 정보를 요청하기도 하고 반응하면서 정보를 활발히 주고받는다. 반면에 유아 간에는 정보적 기능을 활발하게 사용하지 않는다. 따라서 교사는 유아의 놀이와 일상생활 상황에서 유아들 간에 정보적 기능을 사용하도록 지원하는 역할(예 만드는 방법을 A가 B에게 말해줄래?)을 할 필요가 있다.

〈표 1-4〉 정보 구분과 예

구분	예	구분	예
명명	(책을 보며) 이건 티라노사우루스야.	회상	동물원에서 봤는데, 원숭이는 나무에 잘 올라가던데.
정보 요청	이거 어떻게 하는 건데?	정보 제공	먼저, 이렇게 세모로 접고, 그 다음에는 여기를 다시 펴서...

(4) 예측 및 추론

예측 및 추론은 탐구, 탐색, 발견 등에서 발생하는 논리적 사고과정과 관련된 언어기능을 말한다. 예측 및 추론은 주로 교실에서 과학, 요리 등의 활동과정에서 일어나는 언어기능으로 "화분에 물을 주지 않으면 어떻게 될까?", "딱딱했던 감자가 삶으니까 왜 부드러워졌을까?" 등의 유형으로 사용될 수 있다. 그러나 어떤 사건에 대한 예측 및 추론은 사전경험과 근거가 풍부하지 않은 유아들에게 어려운 것일 수 있다. 따라서 교사는 책을 읽거나 놀이 상황에서 "그 다음에는 주인공이 어떻게 될까?", "긴 치마를 입고 자전거를 타면 어떻게 될까?" 등과 같은 질문을 통해 예측 및 추론 경험을 하도록 언어적 지원을 해줄 필요가 있다.

〈표 1-5〉 예측 및 추론 구분과 예

구 분	예
예측	• 회색 구름이 밀려오는 거 보니까 비가 올 거 같아. • 이 집(블록집)은 작아서 구부려야 들어올 수 있어.
추론	• 너무 많이 올려서 다리가 무너졌어. • 해가 머리 위에 있으니까 그림자가 작아졌어.

(5) 투사

투사는 자신을 타인의 경험에 주입하는 것으로 자신이 타인이라면 어떻게 느낄지, 어떻게 할지 등을 표현할 목적으로 주로 사용되며, 주로 교실의 역할놀이, 이야기 나누기 등의 장면에서 자주 나타난다. 또한 영유아의 갈등 상황에서 교사가 상대의 입장을 이해하도록 "○○가 이랬다면 너는 마음이 어땠을 것 같니?" 등과 같은 표현을 통해 사용되기도 한다. 자기중심적 사고의 발달 특성을 지닌 영유아가 다른 이의 감정을 이해하고 자신을 조절한다는 것은 어려운 일이다. 따라서 교사는 이러한 투사적 언어표현을 통해 공감과 타인이해를 지원함으로써 영유아의 언어적 발달뿐 아니라 사회적 관계를 지원할 수 있을 것이다.

- (그림책을 보다가) 동생이 생기면 너무 좋을 거 같아.
- (그림책을 보다가) 엄마가 동생을 너무 예뻐하면 속상할 거 같아.

2) Halliday의 언어기능 분류

Halliday(1973)는 언어의 중요성을 강조하면서 음성언어와 문자언어를 포함하여 언어의 기능을 다음과 같이 분류하였다.

(1) 도구적 기능

도구적 기능은 자신의 욕구를 충족하기 위한 언어의 기능을 말한다. 이는 자신의 권리와 욕구, 소망 등을 표현하는 것을 통해 이를 충족시킨다는 점에서 도구적 기능이라 할 수 있다. 예를 들어, "엄마, 목말라요"라는 말은 엄마에게 물이나 마실 것을 달라는 말로 이해되고 결국 갈증을 해소하게 되기에 도구적 기능이라 볼 수 있다.

"엄마, 목말라요"

→ 마실 것을 획득하여, 갈증을 해소함

(2) 통제적 기능

언어를 통해 자신과 타인의 감정, 행동, 태도를 조정하고 통제하는 기능을 말하는 것으로 자신과 타인을 향해 사용된다. 자기통제적 언어 기능은 "이거 다 하고, 간식을 먹을 거야"와 같이 자신의 행동을 통제하는 데에 사용될 수 있으며, "그렇게 있지 말고, 부르면 그때 여기서 기다리세요" 등과 같이 타인의 행동범위를 조정하고 행동을 통제하는 데에 사용될 수 있다.

"예쁜 돌멩이가 어디 있지?"

자기통제

"차례대로 줄 서서 기다리세요."

타인통제

(3) 상호작용적 기능

상호작용적 기능은 사회적 관계를 형성하는 데에 사용되는 언어기능을 말한다. 사회적 관계는 공적인 관계와 사적(개인적)인 관계를 포함하는 것으로 상호작용적 기능은 사회적 관계를 위한 의례적인 인사말 "건강하게 잘 지내고 계시지요?", 개인적 관계를 위한 "나랑 같이 자전거 타러 갈래?", 개인적 감정을 나타내는 "네가 함께 가줘서 고마워" 등의 언어표현으로 사용된다. 영유아들도 "민주야 안녕?", "나랑 같이 이거 하자" 등과 같이 또래들과 간단한 언어적 상호작용을 한다. 따라서 교사는 유아의 사회적 관계 형성을 위해 또래 간 언어적 상호작용을 지원할 필요가 있다.

(4) 개인적 기능

개인적 기능은 언어를 통해 각 개인의 생각, 감정, 느낌 등을 표현하는 것을 말하는 것으로 각 개인에게는 자신에 대한 정체성을 인식하게 하고, 타인에게는 한 개인의 특성을 인식하게 한다. 예를 들어, "나는 혼자 있는 것보다 친구들과 어울려 노는 것이 좋아", "나는 야구를 좋아해"와 같은 감정과 선호도에 대한 표현은 개인의 정체성을 인식 및 이해하게 한다. 교사는 정체성을 인식해 가는 영유아기에 자신의 이름, 성별 등과 같은 외적 특성 외에 자신의 내적 특성을 인식하고 표현하도록 상호작용함으로써 영유아의 언어발달 및 정체성 인식을 지원할 수 있을 것이다.

"나랑 이거 같이 하자."

사회관계 형성

"나는 노래 부르기를 좋아해요."

자기 인식 및 표현

(5) 발견적 기능

발견적 기능은 주변 환경을 탐색하고 이해하는 데에 언어가 사용되는 것을 말한다. 예를 들어, "왜 씻어야 해요?", "왜 밥 먹어야 해요?" 등과 같은 일상 속 질문뿐 아니라 "왜 나뭇잎은 색깔이 변해요?"와 같은 질문을 통해서 일상에 대해 의문을 제기하고 해결점을 얻으며 주변에 대한 탐색과 이해를 높여가게 된다. 따라서 교사는 유아의 일상 및 주변에 대한 의문을 해결하는 과정에 민감하게 반응함으로써 이를 지원하는 역할을 할 수 있다.

"야, 여기 거미줄 있어."
"근데, 거미줄에 물이 왜 있지?"

주변 환경 탐색 및 이해

(6) 상상적 기능

언어의 상상적 기능은 언어를 통해 가상의 상황을 설정하고 상상이나 창의성을 표현하는 것을 말한다. 가장 대표적인 예는 상상의 세계, 가상적인 상황을 문학적 언어로 표현한 문학작품이 있으며, 유아교육 현장에서는 역할놀이 등에서 상상적 기능의 언어가 주로 사용된다(예 "나는 물고기이니까 이렇게 헤엄치고 간다."). 언어의 상상적 기능은 언어의 아름다움을 느끼게 하며, 언어를 통한 인간의 유희를 극대화시킬 수 있는 기능이다. 따라서 교사의 상상적 기능 활용에 대한 지원은 유아의 언어뿐 아니라 감성을 발달시키는 데에 도움이 될 것이다.

(세차기계가 된 것처럼)
"지금, 물을 말리고 있습니다."

가상 상황 설정 및 상상 표현

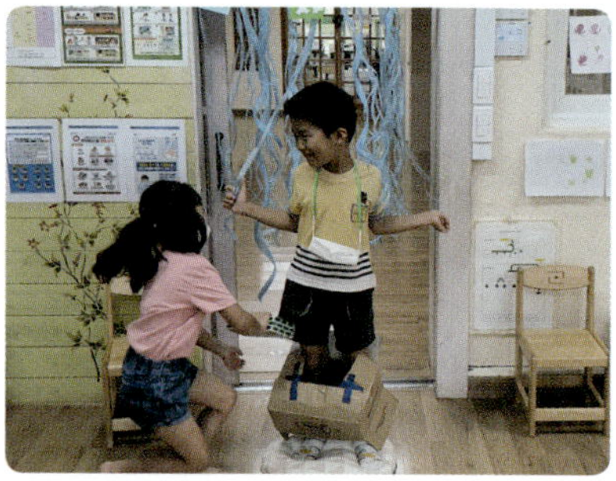

(7) 정보적 기능

정보적 기능은 언어를 통해 정보, 아이디어 등을 전달하고 표현하는 등의 정보교환을 하는 것을 포함한다. 예를 들어, "나는 ○○동에 살아요." "파랑새반은 5살 친구들 반이에요" 등과 같이 간단한 정보를 주고받는 것에서 나아가 문자를 통해 지식 등이 전달되는 것들이 여기에 포함된다. 교사는 유아가 궁금해하는 질문사항을 해결하는 과정에서 "(개가 왜 자꾸 물건을 물어뜯는지) 그건 수의사 선생님에게 물어보면 좋을 거 같아", "갯벌에는 어떤 생물이 사는지 같이 책을 찾아볼까?" 등과 같은 제안을 통해 언어의 정보적 기능을 자연스럽게 활용할 수 있도록 지원할 수 있을 것이다.

"갯벌에는 ○○ 조개, ○○ 게가 살고 있구나."

"조개는 뭐 먹고 살아요?"

"글쎄, 같이 찾아볼까?"

정보, 아이디어 전달 및 표현

활동

1 최근에 새롭게 등장하거나 점차 사라지는 단어들을 찾아 적어보세요

등장하는 단어	소멸하는 단어

2 다음 상황에서 A, B의 발화는 Stabb의 언어기능 중 무엇에 해당하는지 적어보세요.

A가 모래놀이터에서 삽으로 모래를 퍼내고, 물통에 물을 길어와 붓는 등 모래놀이를 하고 있다. B가 다가와 A가 만들어 놓은 고랑에 모래를 붓는다.

A : 야. 하지 마. (　　　　　　　　)
B : 나도 할 거야. (　　　　　　　　)
A : 네가 내 거 다 부수잖아.

3 다음과 같은 상황에서 교사는 A와 B의 언어를 어떻게 지원할 수 있을까요?

A가 쌓기영역에서 선반을 비스듬히 세워 차를 내려 보내는 놀이를 하고 있다.

B : (차를 가져와서 선반에서 차를 내려 보낸다)
A : 비켜. 나 하고 있잖아. (명령)
B : 선생님한테 이를 거다. 너 혼자 다 한다고... (협박 후 선생님에게 이름)

02장 언어의 구조

아이가 태어나 언어를 습득해 가는 과정을 보는 것은 즐겁고도 경이로운 경험이라 할 수 있다. 언어습득이란 단순히 아이가 훈련을 통해 소리를 산출하는 것이 아니라 언어의 구조에 대한 이해와 함께 이루어지는 것이기 때문이다. 그리고 언어를 습득하여 자기의 생각과 느낌을 언어로 표현하기 위해서는 언어의 세 가지 중요한 차원을 활용할 수 있어야 하며 외부에서 받아들이는 언어를 해석하는 기술, 전달하고자 하는 바를 언어로 표현하는 기술을 활용할 수 있어야 한다. 이 장에서는 언어의 구조를 이루는 기본요소에 대한 이해를 위해 음소, 음절, 형태소, 단어와 문장을 살펴보고, 언어 활용을 위해 필요한 구성요소를 형식적 차원, 내용적 차원, 사용적 차원에서 알아볼 것이다. 그리고 언어의 기능에 따른 언어활동의 형태를 구분하여 알아보고자 한다.

1. 언어의 기본요소

1) 음 소

음소는 음운론상 최소 단위로, 말을 하거나 듣는 사람에게 단어의 의미를 구별 짓는 최소의 소리 단위이다. 예를 들어, '공'과 '곰'에서 'ㄱ'과 'ㅗ'의 음소는 공통적이지만 'ㅇ'과 'ㅁ'의 음소가 다르기 때문에 다른 의미를 지닌 단어라는 것을 구별하게 한다. 또한 '곰'

과 '감'에서 'ㄱ'과 'ㅁ'의 음소는 공통이지만 'ㅗ'와 'ㅏ'의 음소가 달라 다른 소리가 나고 이것이 두 단어가 다른 의미를 지닌 단어라는 것을 구별하게 한다.

공 곰

곰 감

우리말의 경우 음소는 자음과 모음으로 구성되어 있으며, 각 음소는 단어와 문장을 창조하는 기본 단위가 된다. 우리말의 자음과 모음은 다음과 같다.

자음(19자)	ㄱ, ㄴ, ㄷ, ㄹ, ㅁ, ㅂ, ㅅ, ㅇ, ㅈ, ㅊ, ㅋ, ㅌ, ㅍ, ㅎ(14자) ㄲ, ㄸ, ㅃ, ㅆ, ㅉ(5자)
모음(21자)	ㅏ, ㅑ, ㅓ, ㅕ, ㅗ, ㅛ, ㅜ, ㅠ, ㅡ, ㅣ(10자) ㅐ, ㅒ, ㅔ, ㅖ, ㅚ, ㅘ, ㅙ, ㅟ, ㅝ, ㅞ, ㅢ(11자)

또한 음소는 언어권에 따라 변별에 차이가 있는데, 예를 들어 영어권에서는 'r'과 'l'이 각각의 음소로 구분되어 의미의 변별력이 있으나 우리말에서는 하나의 'ㄹ' 음소로 의미의 구분 없이 사용되기도 한다.

2) 음 절

음절은 한 번에 낼 수 있는 소리마디로 발음의 최소 단위를 말한다. 음절은 의미의 최소 단위인 형태소와 달리 1음절 단독으로 '산', '강' 등과 같이 의미(뜻)가 있는 경우도 있고 '우', '아' 등과 같이 뜻이 없는 경우도 있다.

우리말은 자음과 모음이 결합하여 음절을 만들고 음절이 하나의 글자를 이루는 음절 문자로서(김영실 외, 2006) 음절과 글자가 일대일로 대응되는 특징을 가지고 있다. 우리말에서 음절은 자음과 모음이 결합하는 다양한 방식에 따라 다음과 같이 구성된다. 첫째, 하나의 모음이 한 음절을 이루는 경우로, 예를 들어 '아, 야, 어, 여' 등이다. 둘째, 자음과 모음으로 음절을 이루는 경우로, 예를 들어 '가', '나', '다' 등이다. 셋째, 모음과 받침이 되는 자음이 결합되는 경우로, 예를 들어 '옥', '욱' 등, 자음+모음+자음이 결합되는 경우로 '홍', '탁', '백' 등이 있다.

3) 형태소

형태소는 의미의 최소 단위로, 형태소 단독으로 하나의 단어가 될 수 있고 2개 이상의 형태소가 모여서 단어를 이룰 수도 있다. 형태소는 형태소 단독으로 자립하여 쓰일 수 있느냐와 형태소가 실질적으로 의미를 가지고 있느냐에 따라 종류를 구분할 수 있다. 먼저, 형태소의 자립성 유무에 따라 자립형태소와 의존형태소로 구분할 수 있다. 자립형태소는 형태소 단독으로 독립적으로 사용할 수 있는 것으로, 예를 들어 '산', '바다', '강' 등이 자립형태소에 해당된다. 의존형태소는 혼자 사용할 수 없는 형태소로 항상 자립형태소나 의존형태소와 함께 사용되어야 한다. '산이 푸르다'라는 문장에서 '산'은 자립형태소, '이'는 주격 조사로 의존형태소, '푸르'는 'blue'의 의미가 있으나 단독으로 쓰일 수 없어 의존형태소, '다'는 다른 형태소와 함께 쓰이면서는 평서형 종결어미를 나타내는 '의존형태소'로서 기능을 한다.

형태소가 실질적인 의미를 가지고 있느냐에 따라 실질형태소(어휘형태소)와 형식형태소(문법형태소)로 나누어진다. 실질형태소는 대상, 동작, 상태 등의 의미를 지닌 형태소로 주로 자립형태소로 혼자 쓰일 수 있으며, 형식형태소는 말의 문법적 관계를 나타내는 형태소로 의존형태소로 쓰이는 경우가 많다. 그러나 '자립형태소=실질형태소', '형식형태소=의존형태소'의 관계가 성립되는 것은 아니다. 예를 들어, '산이 푸르다'와 '산이 파랗다'

에서 '푸르'와 '파랗'은 'blue' 상태를 나타내는 실질형태소이나 평서형 종결어미와 사용되어야 하는 의존형태소이다.

'하늘은 맑고 강물이 매우 파랗다'라는 문장에 있는 형태소를 구분해 보면 다음과 같다.

〈표 2-1〉 형태소 구분

구 분	명 칭	의 미	예 시
자립성 유무	자립형태소	독립적으로 쓰일 수 있음	하늘, 강, 물, 매우
	의존형태소	자신 외에 다른 자립, 의존 형태소와 함께 써야 함	-은, 맑-, -고, -이, 파랗-, -다
실질적 의미 여부	실질형태소(어휘)	대상, 동작, 상태 등의 의미를 지님	하늘, 맑-, 강, 물, 매우, 파랗-
	형식형태소(문법)	실질형태소에 붙어서 문법적 관계, 기능을 나타냄 주로 조사, 어미, 접사 등이 해당함	-은, -고, -이, -다

4) 단어와 문장

단어는 문법상 뜻과 기능을 가진 언어의 최소 단위를 말한다. 실질형태소 단독으로 단어가 될 수 있으며(예 강, 동생), 실질형태소와 다른 형태소와 결합되어 단어가 될 수 있다(예 강+물=강물, 남+동생=남동생).

문장은 단어가 일정한 문법적 규칙에 따라 연결되고 조직된 것으로 대체로 주어와 술어를 갖추고 있는 말의 집합을 말한다. 그러나 '치워라'와 같이 주어가 삭제되는 명령문의 경우와 같이 예외적인 경우가 있다. 또한 문장에는 주어와 술어의 관계가 한 번 제시되는 단문과 두 번 이상 제시되는 복문이 있다.

2. 언어의 구성요소

출생 이후 영아가 언어발달 과정을 거치면서 자신의 생각과 느낌을 표현하기 위해서는 언어의 구성요소인 형식, 내용, 사용 차원의 요소들을 활용할 수 있어야 한다. Levin(1983)은 언어의 구성요인으로 음운론, 구문론, 의미론, 화용론의 네 가지를 제시하고 있지만 본 책에서는 언어의 구성요소인 형식, 내용, 사용차원에 근거하여 형식차원은 음운론, 형태론, 구문론으로 내용차원은 의미론, 사용차원은 화용론으로 구분하여 아래와 같이 살펴보고자 한다.

〈표 2-2〉 언어의 구성요소

<table>
<tr><th colspan="2">구 분</th><th>내 용</th></tr>
<tr><td rowspan="3">형식</td><td>음운론</td><td>• 음성의 발음 규칙
예 먹는 → 멍는 등의 음운론적 규칙 이해
• 말소리 이해
예 '곰'과 '감'이 다름을 이해</td></tr>
<tr><td>형태론</td><td>• 단어의 구조에 대한 규칙
예 "사과를 먹었다."라고 할 때 과거 시제의 의미로 '었'이 사용됨을 이해
예 "내가 (기린을) 그렸어."할 때 행위의 주체인 나를 인식하고 '내가'라는 말로 표현함</td></tr>
<tr><td>구문론</td><td>• 문장의 구조에 대한 문법 규칙
예 "아빠가 인형을 사 줬어."라고 할 때 '아빠가'행위의 주체(주어), '인형을'행위의 대상(목적어), '사 줬어'가 행위(서술어)가 됨을 이해하고 표현함
예 "초콜릿 안 먹었어."에서 행위 부정의 의미로 '안'을 붙이면 됨을 인식하고 사용함</td></tr>
<tr><td>내용</td><td>의미론</td><td>• 단어·문장의 의미에 대한 의미 규칙
예 "빠빠이"라고 하면 '안녕''잘가'라는 것을 이해</td></tr>
<tr><td>사용</td><td>화용론</td><td>• 언어의 사회적 의미, 사회적 상황에 맞는 언어 사용 이해
예 상대에 따른 존대법 사용을 이해, 때와 장소에 따른 언어사용에 대해 이해</td></tr>
</table>

1) 음운론

음운론은 언어에서 사용되는 말소리의 체계를 연구하는 분야로서, 음운론의 단위(음소, 음절, 단어)와 음운론적 기술(말소리 사이의 발음 관계, 강약, 어조, 억양, 앞뒤 소리와의 조정 관계 등)을 포함한다. 소리를 구별해서 듣고 적절히 반응하기 위해 음운론의 단위에 따라 소리를 구별하고 의미를 이해해야 한다. 음운론의 단위는 앞에서 살펴본 음소, 음절, 단어가 포함된다.

〈표 2-3〉 음운론의 단위

단 위	내 용	예
음소	• 언어의 의미를 변별하는 음성의 최소 단위	ㄱ, ㄴ, ㄷ, ㅏ, ㅑ, ㅓ 등
음절	• 자음과 모음이 결합하여 만드는 발음의 최소 단위 • 하나의 모음, 자음+모음, 모음+자음, 자음+모음+자음	아, 야, 우/ 자, 소, 마, 바/ 엄, 악/ 강, 곰, 밥
단어	• 발화에서 하나의 토막으로 발음되는 것 • 음운론적 단어로서 문법적 단어와 차이가 있음	사람이 밥을 먹는다 [사라미 바블 멍는다]

음절은 언어 산출의 기본단위로서 우리말에서 음절은 하나의 모음, 자음+모음, 모음+자음, 자음+모음+자음으로 연결되어 나타난다. 출생 후 아기들은 옹알이 시기에 몇 개의 모음(/ㅏ/, /ㅗ/) 비음(/ㅁ/, /ㄴ/, /ㅇ/), 일부 파열음(/ㅂ/, /ㄱ/)을 이용하여 음절을 소리내기 시작한다(마-, 바-, 가-, 아-). 그리고 이러한 음절 소리내기는 이후 아기말(맘마, 까까, 빠빠, 무무)의 기초를 형성한다.

음소는 의미를 변별하는 최소 음성 단위로서 단독으로 의미를 갖지 않으나 다른 음소와의 결합을 통해 의미를 구분하게 한다. 예를 들어, 'ㄱ', 'ㅗ', 'ㅁ' 은 각각 자음, 모음의 음소이나 별도의 의미를 갖고 있지 않다. 그러나 각 음소들이 결합되어 '곰'이 될 때 '곰'이라는 의미를 갖게 된다. 그리고 결합된 음소 중 'ㅗ'가 'ㅏ' 로 바뀌게 되면 '감'이라는 의미로 바뀌게 된다.

말소리에 나타나는 음운론적 규칙

1. 자음동화

자음동화란 음절 끝에 있는 자음이 뒤에 오는 자음과 이어져 발음될 때, 어느 한쪽이 다른 쪽을 닮아 그와 같거나 비슷한 소리로 바뀌거나 양쪽이 서로 닮아서 두 소리가 모두 바뀌거나 하는 현상을 말한다. 예를 들어, '먹는'→'멍는', '잡는'→'잠는'이 이에 해당한다.

2. 연음법칙

연음법칙이란 받침(종성)이 있는 음절 뒤에 모음으로 시작하는 음절이 올 때 그 받침음을 뒤 음절의 첫소리(초성)로 옮겨 발음하는 현상을 말한다. 예를 들어, '꽃이'에서 "이"의 초성 ㅇ 자리는 소리 내지 않고, '꽃'의 ㅊ이 넘어가 "꼬치"로 발음된다. 이처럼 연음법칙을 쓰면 말이 더 부드럽게 연결되어 들린다.

3. 음운규칙의 제약조건

음운규칙의 제약조건은 음소들이 특정한 환경에서만 나타나도록 제한하는 규칙으로, 발음의 자연성과 일관성을 유지하기 위해 작용한다, 예를 들어, 음절수가 제약조건이 경우로 관형사형을 만드는 적(的)자의 'ㅈ' 앞에 오는 말이 1음절이 경우에 경음화가 일어나고, 2음절 이상인 경우에 원칙적으로 경음화가 일어나지 않는 경우이다(예 '심적'→'심쩍', '사적'→'사쩍', '지적'→'지쩍', '이기적'→'이기적', '개인적'→'개인적'). 그러나 이러한 제약조건은 관형사형을 만드는 경우에 해당하는 것으로 관형사형을 만드는 경우가 아닌 표적은 '표쩍'으로 발음되지 않고 '표적'으로 발음된다(한국민족문화대백과사전, 2020).

〈표 2-4〉 음운론적 규칙

구 분	예
자음동화	'먹는'→[멍는], '잡는'→[잠는]
연음법칙	'밥을'→[바블]. '집에'→[지베], '꽃이'→[꼬치]
음운규칙 제약조건	'심적'→[심쩍], '사적'→[사쩍], '지적'→[지쩍]
	'이기적'→[이기적], '개인적'→[개인적]

세계 여러 나라의 언어는 그들만의 고유한 음운체계를 가지고 있으며, 영유아는 모국어의 음운체계를 이해하는 과정을 통해 모국어를 습득하게 된다. 이러한 점에서 언어지원환경으로서 교사 역할의 중요성이 강조된다.

2) 형태론

형태론은 의미를 가진 최소 단위인 형태소의 구성, 기능, 분포와 관련된 분야를 다루는 영역으로 다음과 같은 내용을 포함한다.

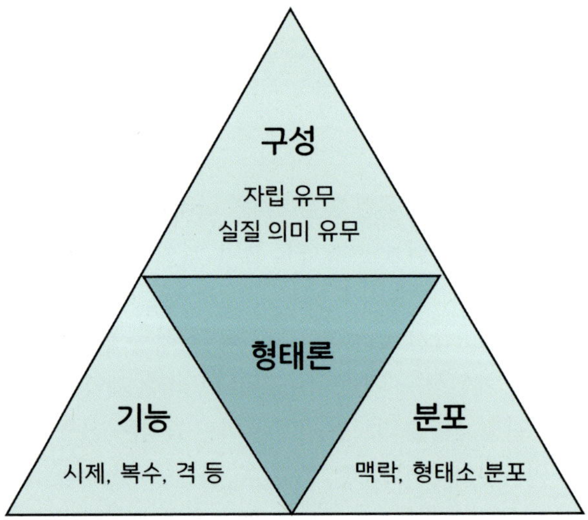

| 그림 2-1 | 형태론의 영역

첫째, 형태소를 자립성 유무에 따라 자립형태소, 의존형태소로 구분하고 실질적 의미 여부에 따라 실질형태소, 형식형태소로 구분한다. 형태소는 의미의 최소단위로 앞의 형태소 구분에서 본 바와 같이 '강물'이라는 단어는 '강'과 '물'이라는 두 개의 자립 형태소가 결합되어 강물이라는 의미를 나타낸다. 그리고 '맑고'는 '맑-'(의존, 실질형태소)과 '-고'(의존, 형식형태소)가 결합되어 하나의 의미를 나타내고 있다

둘째, 형태소의 기능에 관한 것으로 형태소가 대상, 동작, 상태 등의 의미를 나타내는 기능과 실질형태소와 결합하여 말과 말 사이의 관계를 표시하는 문법적 기능을 다룬다. 예를 들어, 형식형태소인 조사, 어미 등은 실질형태소와 결합하여 시제(–였, –ㄴ, –ㄹ), 복수(–들), 격(–이/가, –을/–를, –에게) 등의 기능을 한다.

셋째, 형태소의 분포에 관한 것으로 특정 형태의 형태소가 특정환경에서만 분포되는 것을 포함한다. 상보적 분포를 예로 들 수 있으며 구체적인 내용은 다음과 같다.

〈표 2–5〉 상보적 분포의 예와 내용

상보적 분포(예)		내 용
들–, [든–] 듣–	‘들–’	‘들었다’, ‘들어라’, ‘들으니’에서처럼 모음 앞
	‘듣–[든]’	‘듣는다’, ‘듣는’, ‘듣노라’에서처럼 ‘ㄴ’과 같은 비음 앞
	‘듣–’	‘듣고’, ‘듣지’에서처럼 비음 이외의 자음 앞
–을, –를	‘–을’	자음으로 끝나는 체언(명사, 대명사, 수사) 다음에서는 ‘을’
	‘–를’	모음으로 끝나는 체언(명사, 대명사, 수사) 다음에서는 ‘를’

3) 구문론(통사론)

구문론은 문장의 구조와 구문의 요소를 분석하여 각 문장성분에 있는 언어적 규칙을 연구하는 분야로 규칙에 따라 단어를 적절한 순서로 배열하여 구, 절, 문장을 만드는 것을 다룬다. 언어권마다 가지고 있는 언어규칙이 다르며 문장의 배열 및 문장성분이 달라진다. 예를 들면, 영어권은 ‘주어–동사–목적어’의 순서에 따라 단어를 배열하고(예 ‘I like you’) 우리말은 ‘주어–목적어–동사’의 순서에 따라 단어를 배열하여 문장을 구성한다(예 ‘나는 너를 좋아해’).

또한 구문론에 대한 지식이 있다는 것은 주어+동사+목적어 등과 같은 기본 문장을 사용할 수 있을 뿐 아니라 수동태, 부정문(예 ‘나는 너를 안 좋아해’)에 대한 이해를 의미한다. 따라서 구문론에 대한 지식을 가지고 있다는 것은 자신의 표현하고자 하는 바를 언어규칙에 따라 적절하게 배열 및 구성하여 표현할 수 있다는 것을 의미한다.

일어문기에서 이어문기로 넘어가는 시기에 영아들은 두 개의 단어를 조합하여 자신의 의사를 표현하게 된다. 이런 단어 조합에서 영아의 구문체계에 대한 이해가 시작되었음을 알 수 있다. 예를 들어, "엄마 양말"이라고 했을 때 '엄마가 양말을 신겨주었다.' '엄마, 양말 여기 있어요.', '엄마의 양말이야.' 등 상황에 따라 다양하게 해석될 수 있으며, 이것은 영아의 말 속에 우리말의 구문론에 대한 이해가 포함되어 있음을 나타낸다.

〈표 2-6〉 구문론의 구분 및 예시

구 분		예
문장구성	[영어권] 주어-동사-목적어	I like you.
	[한국어] 주어-목적어-동사	나는 너를 좋아해.
문장변형	능동태-수동태	내가 이 작품을 만들었어. 이 작품은 ○○ 작가에 의해 만들어졌어.
	긍정문-부정문	나는 파란색을 좋아해. 나는 파란색을 싫어해. (좋아하지 않아)

4) 의미론

의미론은 언어표현에 담긴 의미를 연구하는 분야이다. 언어표현에 담긴 의미는 언어를 사용하는 맥락, 시대, 사람 등에 영향을 받는다. 따라서 문법적으로는 적절하나 의미가 부적절한 경우가 있을 수 있으며, 같은 단어이나 상황에 따라 다양한 의미로 표현된다. 영아기 '강아지'라는 단어를 습득한 아이는 집에서 키우는 특정 종류(예 푸들)의 개를 '강아지'로 부르기도 하고, 네 발 달린 귀여운 동물을 '강아지'라고 부를 수 있다. 그리고 어린 손주를 귀엽게 여기는 조부모님들은 손주를 '강아지'라고 부르기도 한다. 이러한 점에서 의미론의 발달은 음운론이나 구문론의 발달에 비해 어려움이 있다. 다음의 예와 같이 '바다'라는 단어가 다양한 의미로 이해 및 사용될 수 있다.

지난 토요일에 바다에 놀러갔어.
그 사람 마음은 바다 같아.
졸업식날 눈물이 바다를 이뤘어.

또한 '아빠가 임신했어요'라는 말은 구문론으로는 적합하나 의미론적으로는 적합하지 않다. 그러나 시대, 지역, 신념에 따라 의미론적으로 적합하게 이해될 수도 있다.

5) 화용론

화용론은 사회문화적 맥락에 적합한 의사소통을 위해 언어를 적절하게 사용하는 규칙을 다루는 분야이다. 사회적 맥락은 말하는 이와 듣는 이의 관계, 시간과 장소의 특성 등을 포함하는 것으로 화용론은 사회적 맥락에 따라 언어 사용 및 언어의 의미가 달라지는 것을 다룬다.

〈표 2-7〉 화용론의 구분 및 예시

구분	예
말하는 이와 듣는 이의 관계에 따른 언어 사용	원장님! 원감선생님께서 찾으십니다. (×) → 원장님! 원감선생님이 찾습니다. (◯)
시간, 장소의 특성에 따른 언어 사용	(장례식장 상주에게) 안녕하십니까? (×) → ~ 해서 얼마나 상심이 크십니까? (◯)
맥락에 따른 의미 변화	학교가 붕괴되었어요. (붕괴 : 시설 vs 문화) 잘했다. (칭찬 vs 비아냥)

위의 예에서와 같이 말하는 맥락에 따라 존대법, 의례적 언어, 의미가 적절하게 사용될 때 원활한 의사소통을 할 수 있게 된다. 따라서 영유아의 언어발달을 지원하기 위해 교사는 의사소통이 이루어지는 맥락에 기초하여 듣고 이해하고 반응하는 것을 지원하는 언어 환경을 제공해야 할 것이다.

3. 언어활동의 형태

언어활동은 듣기, 말하기, 읽기, 쓰기의 네 가지 형태로 구성된다(Bromley, 1988). 듣기와 말하기는 청각적 방법에 의존하는 음성언어이며, 읽기와 쓰기는 시각적 방법에 의존하는 문자언어이다. 이들은 다시 외부에서 입력되는 음성적, 시각적 기호를 해석하는 수용언어와 전달하고자 하는 의미를 음성적, 시각적 기호로 산출 및 표현하는 표현언어로 구분된다. 음성언어 중 듣기는 수용언어, 말하기는 표현언어, 문자언어 중 읽기는 수용언어, 쓰기는 표현언어에 해당한다. 듣기, 말하기, 읽기, 쓰기의 언어활동 형태는 수용–표현, 음성–문자 언어영역의 구분에 따라 다음과 같이 정리될 수 있다.

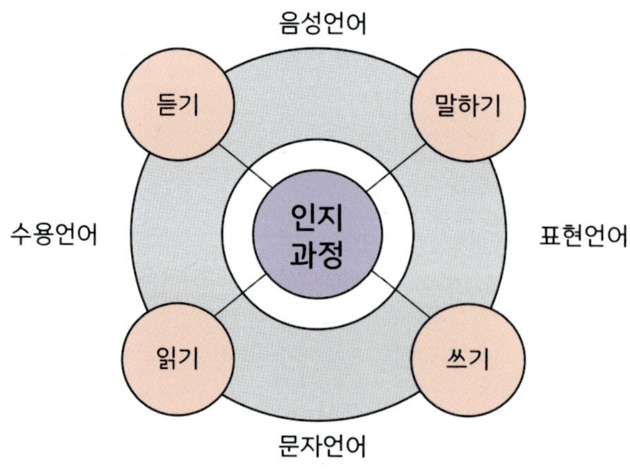

| 그림 2–2 | 언어활동 형태 간 관계

출처 : 이영자(2013).

언어활동 형태 간의 관계에서 살펴보는 바와 같이 언어활동(듣기, 말하기, 읽기, 쓰기)은 인지과정을 통해 의미의 이해 및 해석 그리고 의도에 부합하는 의사표현으로 나타나게 된다. 즉, 말하기, 듣기, 읽기, 쓰기는 서로 연관이 되어 있으며 상호발달에 영향을 미친다. 그리고 인지과정은 언어의 기초가 된다는 점에서 사고과정 없이는 효과적으로 듣고, 말하고, 쓰고, 읽을 수 없다고 할 수 있다.

활동

1 출생 이후 발달과정을 거치면서 언어의 구성요소인 형식, 내용, 사용 차원의 요소들을 활용할 수 있게 된다. 아래 빈 칸에 각 구성요소의 특징과 예를 적어보세요.

차원		특징	예
형태	음운론		
	형태론		
	구문론	• 문장의 구성에 대한 문법적 규칙	나는 사과를 좋아해(O) 나는 좋아해 사과를(X)
내용	의미론		
사용	화용론		

2 언어의 형태는 듣기, 말하기, 읽기, 쓰기의 네 가지 형태로 구성된다. 다음 그림을 보고 (가), (나)의 빈 칸을 채우시오.

(가) ____________________

(나) ____________________

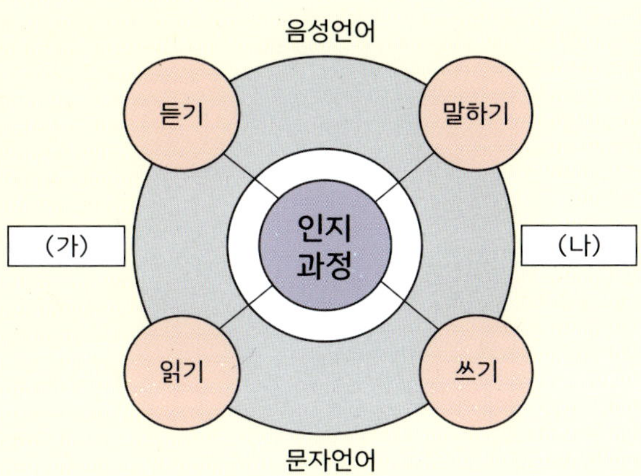

2부

언어의 발달

03장 언어발달 이론

출생 이후 인간이 언어를 습득하면서 양적, 질적으로 어떤 과정을 통해 언어발달을 이루는지에 대한 다양한 이론들이 있다. 언어 습득과 발달에 대한 대표적인 접근으로 첫째, 행동주의는 언어 습득과 발달을 후천적인 경험과 강화된 환경에 의해 발생하는 결과로 보며, 둘째, 생득주의는 인간이 가지고 있는 선천적인 언어습득 능력에 의해 언어를 습득 및 발달시키게 되는 것으로 본다. 그리고 셋째, 구성주의는 선천적인 능력과 환경과의 상호작용의 결과로 언어를 습득, 발달시키게 된다고 본다. 따라서 이 장은 언어발달 이론을 행동주의 이론, 생득주의 이론, 구성주의 이론에 의해 살펴볼 것이다.

1. 행동주의 이론

행동주의 이론에서 인간의 언어발달은 후천적인 경험에 의해 이루어진다고 본다. 여기서 경험이란 자극과 반응이 연합되는 일련의 학습 경험을 말하는 것으로, 이는 인간발달뿐만 아니라 언어습득의 근원이 된다. 또한 주위 언어 사용에 대한 모방과 이에 따른 강화를 연합시키는 학습 경험이 언어 습득과 발달의 근원이 된다고 보면서, 강화와 모방을 언어학습의 주요 기제로 보고 있다.

1) Skinner의 강화이론

Skinner는 조작적 조건화의 원리에 근거하여 언어습득 과정을 설명하면서, 언어는 발생한 행동(자극)에 대한 반응이 강화(정적강화, 부적강화)에 의해 연합되어 학습된다고 보았다. 따라서 자극에 대한 반응이 보상으로 제공되어 강화될 때 자극과 반응의 연합이 강하게 일어나고(정희영 외, 2014), 자극에 대한 반응이 벌로 제공되면 자극과 반응의 연합이 약화되어 언어학습이 일어나지 않는다고 본다.

- **강화 :** 이미 발생한 행동의 빈도를 증가시키기 위해 제공하는 것
- **정적강화 :** 원하는 자극을 제시함으로써 행동의 빈도를 증가시키는 것
  - 예 아침에 운동을 한 시간 하면 주말에 게임 시간을 제공함
- **부적강화 :** 원하지 않는 자극을 제거함으로써 행동의 빈도를 증가시키는 것
  - 예 운동을 하고 오면 쓴 한약을 먹이지 않음

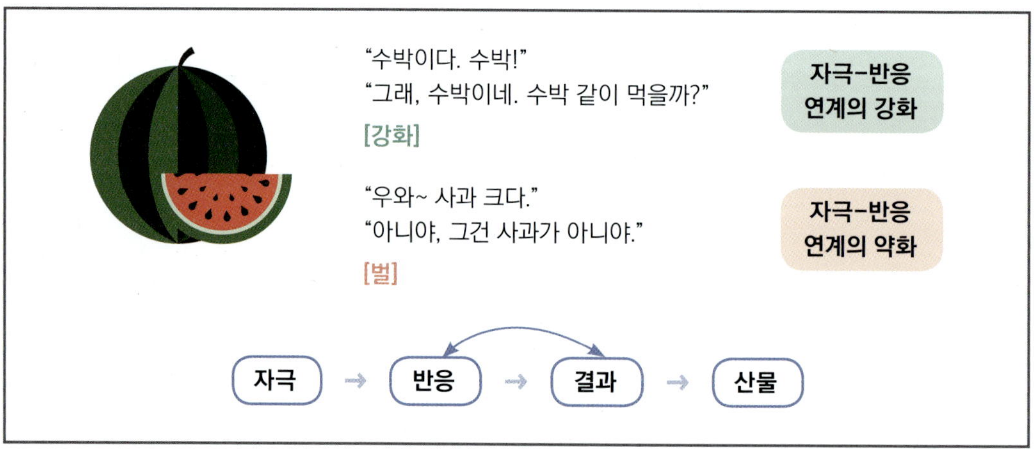

| 그림 3-1 | 언어습득에 대한 행동주의 모형

출처 : Owens, R.(2001). Language Development - An Introduction-. Boston : Allyn and Bacon 재구성.

다시 말해, 영아의 발성, 발화는 부모의 강화, 벌과 연합하여 언어 산출에 영향을 줌으로써 영유아의 발달에 기여한다. 또한 영유아는 어떤 발성을 하였다가 부모나 성인으로부터 무반응을 받게 되면 점차 소리를 내지 않게 되는데, 이를 소거(extinction)라고 한다. 이는 옹알이 시기에 영아가 생물학적으로 발성 가능한 음소에 비해 점차 모국어 환경에 맞게 음소 발성을 축소시켜 가는 현상을 예로 들 수 있다. 이상과 같이 행동주의는 언어학습의 기본 기제로서 자극-반응-강화(벌/소거)의 과정을 들고 있다. Skinner는 영유아가 언어를 학습하는 방법을 다음의 반응으로 설명하였다(Owens, 2001; Sundberg, 2007).

(1) 욕구발화 반응(mand response)

욕구발화 반응은 요구(demand), 명령(command)에서 나온 개념으로 요구, 요청, 명령 등의 상황에서 표현되는 언어반응이다. 아이가 무엇인가를 요청, 요구하는 상황에서 발성을 산출하고, 이 발성을 듣고 양육자가 요구를 충족시켜 주면서 요구에 적절한 발성을 산출하여 반응한다. 이러한 욕구발화 과정을 통해 아이는 그와 관련한 언어를 습득하게 된다는 것이다.

영아 : 므, 므. (불완전한 요구발성 산출)

엄마 : 목이 마르구나. (요구 해석)

여기 물 있네. 물 먹자~ (발성반복 산출)

위의 과정을 통해 '므'에 대한 적절한 발성으로서 '물'을 반복적으로 들려주고, 아이는 이러한 학습과정을 통해 물이 먹고 싶을 때마다 '므', '무' 등과 같은 발성을 할 가능성이 높아지게 된다. 이러한 경험을 통해 목이 마를 때 '물'이라는 단어를 발성할 수 있게 된다.

(2) 접촉 반응(tact response)

접촉 반응은 영아가 어떤 사물, 대상과 직접 접촉하면서 발성을 하게 될 때, 양육자가 영아의 발성에 대한 강화를 주게 되고, 이러한 과정의 반복을 통해 영아는 발성에 대한 학습을 하게 된다는 것이다.

물을 쏟은 영아가 쏟아진 물을 손으로 문지른다. (접촉)

영아 : 므, 무.

엄마 : 물이 쏟아졌네. 민준이 손에 물이 묻었구나.

위와 같이 상호작용을 통해 영아의 접촉된 대상에 대한 발성 연습 환경을 제공하고, 이러한 과정을 통해 '물'이라는 단어를 학습하게 된다.

(3) 반향적 반응(echoic response)

반향적 반응은 아이가 주변의 소리 말소리를 그대로 반향(echoic)하여 발성하는 것을 말한다. 그리고 아이의 반향적 반응에 양육자가 적절한 강화를 주는 과정을 통해서 아이는 성인이 사용하는 언어와 유사한 언어들을 학습 및 사용하게 된다고 본다.

엄마가 아기 욕조에 물을 받는다.

엄마 : 물 따뜻해. 물에 들어가서 목욕할까?

영아 : 므, 무. (반향)

엄마 : 물에 들어가고 싶어? 엄마가 안아줄게.

물에 아기를 넣어준다.

엄마 : 물이야~. 따뜻하지? (강화)

이러한 반향적 반응의 과정을 통해 '물'이라는 단어를 학습하게 된다.

(4) 언어 내적 반응(intraverbal response)

언어 내적 반응은 대화에 참여하는 사람들 간에 어떤 언어적 반응을 직접 요구하지 않으나 특정 언어 자극이 다른 언어 반응을 연상시켜서 표현하게 하는 것을 말한다.

엄마 : 목욕하자. (자극) 영아 : 물. (연상 표현)	'목욕'이라는 언어 자극에 '물'이라는 단어가 연상되어 표현된 것이다.

뿐만 아니라 언어 내적 반응은 특정 언어와 관련된 경험의 연상, 그와 관련된 언어들이 연상되어 나타나기도 하여 때로 유아들이 같은 자리에서 이야기를 나누고 있지만 각자의 이야기를 나누는 듯한 모습으로 보일 때도 있다.

민지 : 오늘 우리 아빠 차 타고 왔다. 준민 : 차는 ○○○, △△△, □□□(차 브랜드를 말하면서)가 멋있다. 빨리 달려.	이는 대화상대자의 의도와 관계없이 '차'에 대한 자신의 경험이 연상되어 표현하는 경우이다.

(5) 자동화 반응(autoclitic response)

자동화 반응은 유아가 자신이 사용하는 언어에 자극이 되어 자동적으로 문법 규칙을 학습하는 방법을 말한다. 예를 들어, '인형'이라고 말을 하는 유아는 "인형(이) 이쁘다", "그건 인형 거야", "나는 눈 큰 인형을 좋아해" 등과 같이 문법 규칙을 적용하고, 확장하면서 언어를 학습하게 된다. 또한 "나는 눈 큰 인형을 좋아해"라는 말에 양육자가 "나는 갈색 머리 인형을 좋아해"라고 하면 "나는 긴 머리 인형을 좋아해"라고 하면서 자동적으로 문법 규칙을 적용하여 새로운 문장을 계속적으로 재구성해 가게 된다.

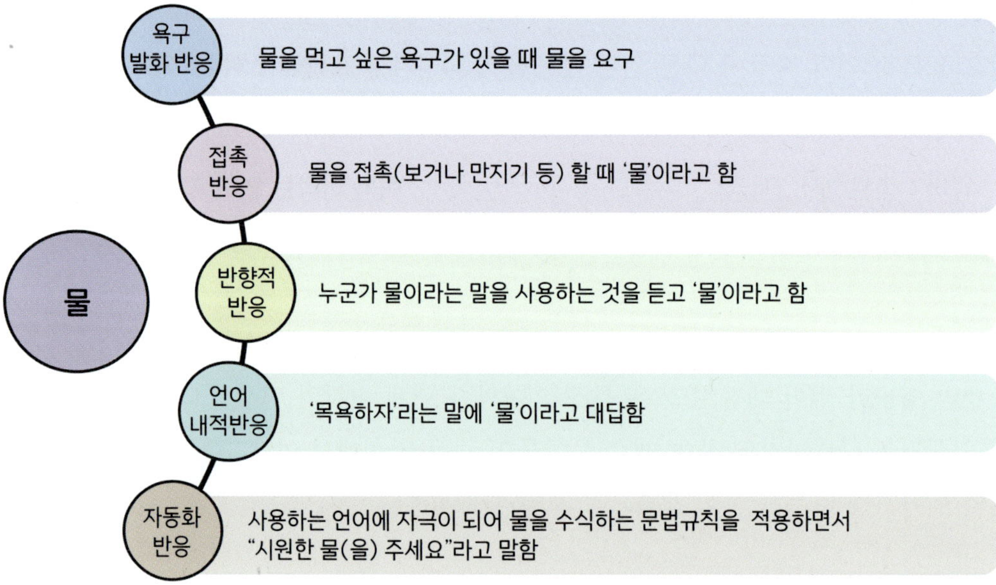

| 그림 3-2 | Skinner의 언어학습 방법 예

2) Bandura의 모방이론

사회학습이론의 대표적인 학자인 Bandura는 영유아의 언어발달이 관찰에 의한 모방으로 이루어진다고 본다. 사회학습이론은 학습이 직접적인 자극과 강화에 의해 이루어지기도 하지만, 타인의 행동을 관찰하고 모방함으로써 이루어진다고 보는 입장이다.

모방에 의한 관찰학습은 '주의집중-기억-운동재생-동기유발'의 인지과정을 통해 성공적인 학습이 일어난다고 본다. 사과를 먹는 상황에서 사과와 관련한 언어 표현을 관찰학습을 통해 학습하는 과정을 설명하면 다음과 같다.

학습과정	주의집중	기억	운동재생	동기유발
	• 모델의 행동에 주의를 집중하는 단계 • (양육자가 사과를 주면서) "사과 먹자."	• 관찰 또는 경험한 내용을 기억하는 단계 • (양육자가 사과를 먹으며) "아삭아삭, 새콤해."	• 기억한 내용을 행동으로 실행하는 단계 • (아이가 사과를 먹으며) "아삭~"	• 직간접적 강화를 통해 동기를 유발하는 단계 • (양육자가 아이를 보며) "아삭아삭, 새콤하지?" (아이가 따라서) "아삭~"

| 그림 3-3 | Bandura의 관찰학습을 통한 언어학습 예

Bandura의 사회학습이론은 영유아의 관찰학습에 주요한 영향을 미치는 모델로서 부모의 역할을 강조하였다. 부모는 일상생활 속에서 상호작용 발생의 빈도가 높고, 강도가 높으며, 영유아와 부모의 정서적 유대감은 영유아로 하여금 모방의 동기를 유발한다는 점에서 모델링의 주요 대상이 된다고 볼 수 있다(Bandura, 1977).

3) 행동주의 이론에 대한 평가

행동주의 이론은 첫째, 영유아의 언어발달에 있어 주요 언어 환경 제공자로서 부모, 교사 등 성인의 역할이 중요함을 제시하였고, 초기 언어발달에 있어 이들의 참여와 책임을 강조하였다는 점에서 시사점을 가진다(서동미 외, 2017). 둘째, 언어지체, 언어장애 아동을 위한 언어 치료 프로그램의 기초를 마련하고 근거를 제공하였다(송경섭·김현경, 2019; Owens, 2001)는 점에서 의의를 가진다. 그러나 다음과 같은 제한점으로 인해 비판을 받고 있다(김은심·조정숙, 2015; 한유미 외, 2016).

첫째, 행동주의는 언어학습에서 유아의 능동적인 역할을 인정하지 않으며, 언어의 창조적인 면을 설명하는 데에 제한점을 가진다.

영유아는 성인이 사용하지 않는 말을 창의적으로 만들어 사용하기도 하며, 성인이 사용하지 않는 방식으로 언어를 사용하기도 한다. 즉, 성인을 관찰, 성인의 강화 등에 의해서 언어를 학습하는 것만이 아니라 유아는 스스로 한 번도 접하지 않은 많은 수의 새로운 문장을 이해하고 산출할 수 있다는 것이다(예 솜사탕을 사탕구름, 생선튀김을 바다얌냠이라 하는 경우).

둘째, 모방이론은 언어 습득 과정을 설명하는 데에 제한점을 가진다.

영유아기 유아들의 언어발달 과정에서 과규칙화 현상이 나타나는데, 이는 불규칙 동사인 go의 과거형을 goed(went)로 표현하거나 run의 과거형을 runed(ran)로 표현하는 현상을 말한다. 그러나 유아들은 이러한 문법적 오류를 보이는 모델을 관찰할 기회가 거의 없고, 이러한 오류가 있는 표현을 하도록 강화되지 않는다. 이는 유아가 언어발달 과정에서 일반적인 언어규칙을 스스로 추출하여 그 규칙을 익히는 과정에서 규칙을 과도하게 적용하여 나타나는 현상이다. 따라서 이러한 유아의 과규칙화 현상은 유아의 언어습득에 모방 이상의 능동적인 규칙 추출 및 적용행동 과정이 있음을 알게 한다.

셋째, 언어학습 과정에서 부모의 일관된, 체계적인 강화를 설명하는 데에 제한점을 가진다.

행동주의 언어학습 과정에서 강화자로서 부모의 역할과 책임을 강조하였으나, 부모가 자녀의 언어 발성 및 문법적 규칙 등과 관련한 언어행동에 대해 일관된 지도를 한다는 증거가 부족하며, 문법적으로 맞는 문장과 그렇지 않은 문장에 대해 다른 강화를 제공한다는 설명의 근거가 부족하다(Bukatko & Daehaler, 1992). 또한 부모는 유아의 문법적 형태에 대한 정확성, 오류에 대한 관심보다는 이야기 내용의 진실성에 관심이 있으며(Brown & Hanlon, 1970), 주제를 확대해서 유아의 표현을 확장시킨다(Penner, 1987)고 하여, 행동주의가 제기한 언어학습에서 부모의 역할에 대한 설명에 제한점을 가진다.

2. 생득주의 이론

행동주의 이론에 대한 제한점이 제기되면서 1960년대 후반에 언어의 형태와 형태 표현에 있어서 기초적인 정신과정을 설명하는 생득주의 이론이 대두하게 되었다. 생득주의 이론은 언어습득 능력을 인간이 가지고 태어나는 선천적인 능력이라고 보고, 후천적 환경 조성 및 노력으로는 언어 습득과 발달에 획기적인 변화가 나타나지 않는다고 보았다. 또한 언어습득 능력과 발달과정은 정해진 내적 시간표에 따라 특정 시기에만 발현되는 것으로 보았다(이영자, 2013). 따라서 영유아의 언어발달은 스스로 성장하고자 하는 내적인 힘에 의해 결정되므로 교육은 개인의 선천적 능력이 잘 작동될 수 있도록 지원하는 역할을 하여야 한다고 보았다.

1) Chomsky의 언어습득기제 이론

언어발달에 있어 생득주의 이론을 주장한 Chomsky는 인간은 선천적으로 언어습득에 필요한 언어습득장치(LAD : Language Acquisition Device)를 가지고 태어난다고 하였다. 즉, 인간은 언어습득장치(LAD)를 통해 어떤 언어 환경에서 태어나더라도 자신의 모국어를 획득하게 된다는 것이다.

언어습득장치에는 인간이 언어를 습득하는 데에 필요한 기본 원칙인 '보편문법(UR : Universal Grammer)이 내재되어 있다. 따라서 영유아가 일상생활 속에서 접하게 되는 언어적 자료들은 언어습득장치에 내재된 보편문법에 의해 자동적으로 의미가 이해되고,

문법적으로 구조화되어 언어로 산출되게 한다. 이러한 언어습득장치의 기능으로 인해 영유아는 누구나 언어적 환경에 노출되기만 하면 특별한 개인차나 제약 없이 모국어를 습득하고 활용할 수 있는 능력을 갖추게 된다.

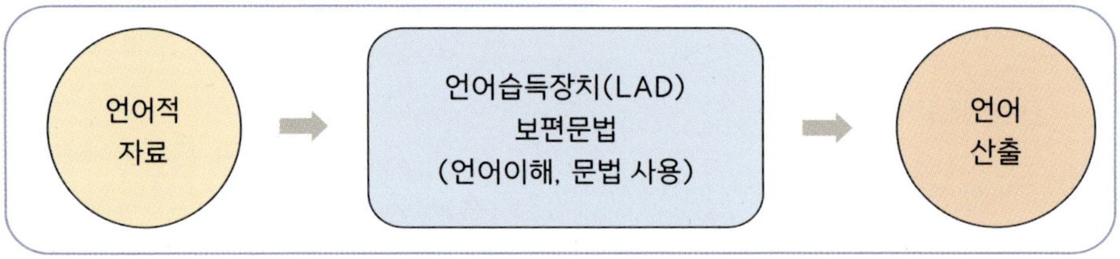

| 그림 3-4 | Chomsky의 언어습득장치(LAD)

Chomsky(2000)는 언어습득장치의 보편문법을 근거로 자극 빈곤성과 불충분 자극의 개념을 제시하였다. 자극 빈곤성은 영유아가 언어를 획득하는 과정에서 필요한 모든 언어적 자극을 충분히 제공받지 않는다는 것이며, 불충분 자극은 일상생활에서 제공되는 언어적 자극이 문법적으로 완전하지 않고, 오류를 포함하는 경우가 있다는 것을 말한다. 다시 말해 영유아는 내재된 언어습득 장치에 내재된 보편문법에 의해 자극 빈곤성과 불충분 자극에도 불구하고 모국어를 자연스럽게 학습하게 된다는 것이다(Chomsky, 2000).

〈표 3-1〉 언어습득장치의 자극 빈곤성과 불충분 자극

구분	언어사용(예)	언어습득장치 근거
자극 빈곤성	"딸기(를) 좋아해." "자동차(를) 갖고 싶어." "엄마는 딸기(를) 좋아해."	문법적 규칙을 통해 주어, 목적어 등이 변형되어 새로운 언어표현을 구사하게 됨
불충분 자극	"엄마이가 줬어요." "사과가 맛있다요." ▸ 주격조사 '이', '가'를 동시에 사용함 ▸ 종결어미 '다' 뒤에 '요'를 붙여서 사용함	문법적 오류 사용에 대해 성인이 직접 수정하기도 하지만, 수정하지 않고 귀엽게 여기면서 정적강화(따라 하기) 등을 하기도 함

한편 Chomsky는 변형생성 문법이론을 개발하여 언어의 기본구조와 문법을 연구하는 데에 기여하였다. 변형생성문법은 언어를 생성하는 메커니즘으로 생성(generator)과 변환(transformation)을 다루고 있으며, 생성은 일련의 규칙을 적용하여 문장을 생성하는 메커니즘이고, 변환은 생성된 문장을 변환하여 다른 형태로 재구성하는 메커니즘이다. 또한 변형생성문법은 모든 문장은 의미를 관장하는 심층구조(deep structure)와 문장의 구성 성분으로 표현된 언어 자체인 표층구조(surface structure)의 두 수준으로 구성된다고 본다.

예를 들어, 우리가 아래 그림 3-5와 같이 마음에 어떤 전달할 의미를 '생성'하였다고 생각해 보자. 그때 생성된 의미가 '심층구조'에 해당한다. 그런데 '심층구조' 속에 생성된 의미는 밖으로 표출이 되어야 의사소통이 될 수 있다. 따라서 생성된 심층구조는 다양한 '표층구조'로 '전환'이 되어야 한다. 그림 3-5와 같이 심층구조는 다양한 '표층구조'로 '전환'되어 나타날 수 있을 것이다. 이와 같이 내재된 의미를 다양한 문장으로 전환하여 표현하는 규칙을 '변형규칙'이라고 한다.

심층구조		표층구조
• 친구가 가지고 놀고 있는 자동차를 가지고 놀고 싶다.	➡	• 나도 해도 돼? • 내가 할래. 나와 비켜. • 선생님, 나도 가지고 놀아도 돼요? • 그거(자동차) 시시한 거다.
• 아기들이 자고 있다. (Babies are sleeping)	➡	• 아기 코 해. (자장자장해) • 아기 자고 있어요. • Babies are sleeping. • sleeping babies

그림 3-5 | Chomsky의 심층구조, 표층구조 사용 예

이상과 같이 Chomsky는 생득적으로 타고난 언어습득장치와 변형생성문법을 통해 영유아는 불충분한 자극과 경험 속에서도 다양한 문장을 이해하고 산출해 낼 수 있다고 본다.

영유아의 언어 창조성

촘스키는 인간이 보편문법을 가지고 태어난다고 한다. 보편문법이란 모든 인간이 선천적으로 타고나는 공통적인 언어 습득 장치(LAD)로 이를 통해 인간은 주변 환경으로부터 받은 언어 자극이 부족하거나 빈곤하더라도 언어를 창의적으로 습득하고 표현할 수 있다.

예를 들어, 그림과 같이 아이는 앵무새와 같이 언어 자극(솜사탕)을 단순히 따라 하는 것(솜사탕)에서 나아가 "사 줄까?"라는 말에 "네, 솜사탕 사 주세요"와 같이 새로운 문장을 만들어 낸다. 이 능력은 언어의 규칙과 구조를 무의식적으로 습득하고 창조할 수 있는 생득적 장치가 아이들에게 내재되어 있음을 보여준다.

2) Lenneberg의 두뇌 기능 측두화 이론

Lenneberg(1967)는 언어발달은 생물학적으로 결정된 생득적인 능력이라고 보면서, 언어발달은 유아를 둘러싼 환경적 자극과 관련 없이 내재된 시간표에 따라 예측이 가능한 시간적 순서에 따라 이루어진다고 보았다. 그는 두뇌발달과 관련한 생물학적 설명을 근거로 하여 언어습득에 결정적 시기가 있다고 보았으며(성미영 외, 2012), 언어발달의 결정적 시기는 6~7세 이전이라고 보아 유아기 언어자극의 중요성을 주장하였다.

Lenneberg는 언어습득의 과정을 두뇌기능의 측두화로 설명하였다(강성화·김경희, 2001). 인간의 두뇌는 출생 직후 좌우로 분화되지 않은 상태이다가 성장하면서 뇌 기능의 분화가 2~12세경에 걸쳐 일어난다. 뇌 기능의 분화가 끝나는 12세경에 이르면 두뇌는 좌·우반구의 특수 기능이 고정되고, 이러한 특수화가 일어나는 현상을 측두화(편재화, 편측화, lateralization)라고 한다. 측두화 현상이 나타나면 언어 사용 능력은 좌반구가 주로 역할을 담당하게 된다. 따라서 측두화 현상이 자리 잡는 사춘기 이전에 좌반구가 손상되면 어느 정도 우반구가 좌반구의 역할을 대체하여 기능할 수 있으나, 사춘기 이후에 좌반구가 손상되면 언어기능에 중요한 손실을 가질 수 있다. 또한 2세 이전에 좌반구가 손상을 입게 되는 경우 아직 측두화 현상이 일어나지 않아 우반구가 언어기능을 담당하게 된다. 즉, 측두화 현상이 일어나기 이전에는 우뇌가 언어기능을 담당할 수 있지만 측두화 현상이 끝나는 사춘기 이후에는 두뇌기능이 분화된다고 할 수 있다.

Lenneberg 측두화 이론

- 좌뇌가 언어기능을 담당
- 2~12세에 측두화 일어남

실험 사례

- 좌뇌 손상 유아는 언어상실 확률 높음
- 우뇌 손상 유아는 언어상실 확률이 좌뇌의 경우보다 낮음

- 2세 이전에 좌뇌를 손상한 유아는 언어기능 영향 없음
- 측두화가 일어나기 전에는 좌뇌를 완전히 제거해도 언어기능 상실 없음
- 좌뇌를 제거한 어른은 언어를 완전히 상실하게 됨

| 그림 3-6 | Lenneberg의 측두화 이론과 실험 사례

뇌의 언어영역

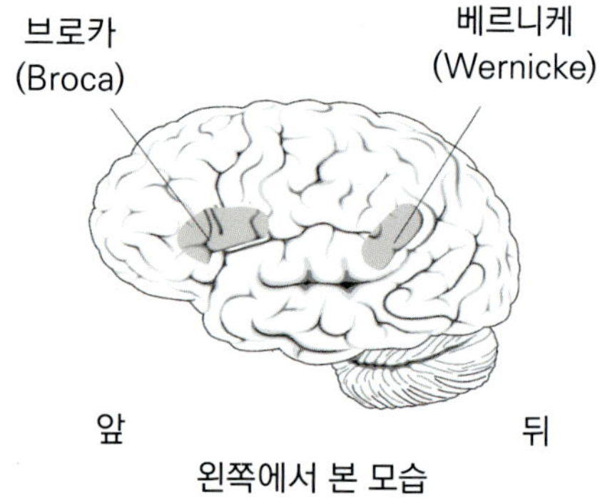

인간의 뇌는 언어 이해 및 산출과 관련된 영역을 가지고 있다. 좌반구에는 언어와 관련한 주요 영역이 두 개 있으며, 이는 브로카 영역과 베르니케 영역이다.

브로카 영역은 말을 산출하는 기능을 담당하는 영역으로서 말을 분명하게 발성하기 위한 조정을 실행한다. 베르니케 영역은 언어의 의미를 이해하는 영역으로서 수용언어 능력과 관련되어 있다. 따라서 브로카 영역이 손상되는 경우에 언어는 이해하나 말로 표현하지 못하는 표현적 실어증(expressive aphasia)이 나타난다. 그리고 베르니케 영역이 손상될 경우는 말은 유창하게 하는 것 같으나 무의미하고 이해할 수 없는 말을 사용하는 현상을 보이며, 타인의 말을 이해하지 못하는 수용적 실어증(receptive aphasia)이 나타나게 된다.

출처 : 위키백과 브로카 영역과 베르니케 영역의 위치.

3) 생득주의 이론에 대한 평가

생득주의 이론은 유아의 외적 행동뿐 아니라 내적 언어 수행과정을 고려함으로써 언어습득에 대한 설명을 행동주의의 한계에서 벗어나 생물학적 영역으로까지 확대하였다. 생득주의 이론은 영유아가 언어학습에 있어 외부 환경에 의해 지배되는 수동적인 학습자가 아닌 심리적으로 능동적이고, 언어적으로 창조적인 존재로 인식하게 하는 데에 기여하였다. 그리고 언어는 외부에서 주어지는 것이 아니라 내적 수행기제로 인해 발달하게 되는 보편적 능력이라는 점과 구문적 구조의 획득에 대한 설명을 제공함으로써 1960년대 후반과 1970년대 전반에 언어발달, 교육학, 심리학 등의 발달에 영향을 주었다(김은심·조정숙, 2015). 또한 문법발달에 대한 설명과 보편적인 언어발달 단계를 개념화하고 언어발달을 돕기 위한 준비도 활동을 제공하는 데에 기여하였다(서소정 외, 2017; Machado, 1999). 그러나 다음과 같은 제한점으로 인해 비판을 받고 있다(김은심·조정숙, 2015; 한유미 외, 2016).

첫째, LAD의 존재와 작동근거에 대한 구체성이 결여되어 있다.

선천적으로 타고난 언어습득기제인 LAD가 어떠한 과정을 거치고 어떠한 경험에 의해서 언어의 보편적 특성이 특정 언어로 산출되게 하는가에 대한 실증적 자료가 없어 객관성, 구체성이 결여되었다는 비판을 받는다.

둘째, 언어습득에 있어 환경의 영향을 간과하고 있다.

생득주의는 언어습득을 타고난 선천적 능력으로 보면서 환경적 요인, 사회적 요인을 간과하고 있다. 인간사회에서 격리되어 언어적 자극 없이 성장한 유아가 언어발달에 심각한 지체를 보였다는 연구는 언어발달에 있어 환경적 요인, 상호작용적 요인의 중요성을 제시한다.

셋째, 초기 언어습득 단계 설명에 한계가 있다.

생득주의는 새로운 문장을 이해하고 산출하는 창조적 측면을 강조하였으나, 이어문

출현 이전 유아의 발화를 들여다보면 모방이나 강화에 의해 언어가 습득되는 부분이 많다. 또한 성인과의 상호작용을 통해 반복적인 재생과정을 거치면서 발화가 창조적으로 나타난다는 점에서 언어습득에 대한 설명에 제한점이 있다. 그리고 언어 사용에서의 개인차와 언어습득이 13세까지 제한적으로 이루어지는 것이 아니라 평생 지속되어야 한다는 점에서 언어발달에 대한 설명의 한계점을 가지고 있다.

3. 상호작용주의 이론

행동주의와 생득주의 이론은 언어습득 및 언어발달 과정을 설명하는 데에 한계점을 지니고 있다. 두 이론은 유아의 언어발달이 선천적으로 미리 예정된 무엇에 의해 결정되거나 환경적 자극에 의한 결과로 이루어진다고 보는 극단적인 입장을 취하고 있다. 1970년대 중반에 이르러서 상호작용주의 이론은 언어 습득 및 발달의 과정에 있어 상호작용의 영향이 중요함을 주장하였다. 상호작용주의 이론은 유기체의 개인 내외적 요인들이 언어발달에 영향을 준다고 보아 생물학적, 인지적, 사회적, 언어학적 요인이 언어발달에 영향을 주며, 이러한 요인들이 상호의존적으로 상호작용하면서 언어가 발달한다고 본다. 상호작용주의 이론은 언어습득에 영향을 주는 주된 요인에 대한 관점에 따라 인지적 상호작용주의와 사회적 상호작용주의로 나누어진다.

1) Piaget의 인지적 상호작용주의

인지적 상호작용주의는 언어발달이 인지발달에 의존한다는 견해를 가지고 있다. 즉, 언어는 선천적 특성이라기보다 인지적 성숙의 결과로 얻게 되는 여러 능력 중 하나인 것으로 보고 있다. 따라서 언어발달은 인지발달에 따른 일반적인 변화에 기초하고 인지발달에서의 순서가 언어발달의 순서를 결정짓는다고 본다. 이러한 점에서 인지적 상호작용주의는 언어발달을 위해 유아의 사고를 촉진하고 발달시킬 수 있는 자극과 인지구조에 적합한 환경을 풍부하게 제공해 주는 것을 강조하였다.

인지적 상호작용주의의 대표적 학자로서 Piaget는 언어발달이 인지발달과 상징적 기능의 이해에 기초한다고 보았다. 따라서 인지체계 발달이 언어적 표현에 선행하며, 언어는 인간의 인지활동의 하나의 표현이라고 보았다. 언어발달이 급속히 이루어지는 감각운동기와 전조작기를 살펴보면, 첫째, 감각운동기 영유아는 주위 사물을 만져보고, 냄새를 맡아보고, 입에 넣어보는 등의 감각적 경험과 신체활동을 통해 주위 환경을 이해하고 이러한 감각운동적 지식이 영유아의 언어를 통해 나타나게 된다. 예를 들어, 감각운동기 영유아가 사용하는 초기 언어들은 주위 사물이나 일상생활에서 접할 수 있는 대상과 관련된 명칭이 대부분을 차지한다. 그리고 감각운동기에 획득되는 대상영속성 개념과 관련된 '있다', '없다'와 같은 단어가 이 시기에 나타난다(송경섭 외, 2019; Gopnik & Choi, 1990).

둘째, 감각운동기 말에 나타나는 지연모방과 표상능력의 발달은 영유아의 언어발달 과정에 그대로 반영되어 나타나는 것을 볼 수 있다. 지연모방이란, 관찰한 것을 그 자리에서 바로 모방하여 따라 하는 것이 아니라 일정한 시간이 지난 후에 재연하여 모방하는 것을 말한다. 감각운동기 말 어린 영아는 "민수 (꼬집는 행동을 하며) 했어"와 같이 아직 언어로 "민수가 꼬집었다"는 말을 하지는 못하지만 지연모방을 통해 현재 사건과 과거 경험에 대해 생각할 수 있다. 이러한 지연모방의 능력은 언어로 표현할 수 있게 되는 인지적 기초가 된다(이경화 외, 2003). 표상능력은 유아가 언어를 습득하는 데 중요한 상징적 사고의 기초라는 점에서 중요하다. 표상(representation)은 이전에 경험한 것을 머릿속에 떠올려 심상을 형상하는 것을 말하며, 내부에 정신적으로 표상한 것을 상징이나 기호(예 언어)로 표현할 수 있는 인지적 능력을 상징적 사고라고 한다(이지현 외, 2016). 예를 들어, 유아들이 목욕탕 놀이를 하는 가운데 교실 미술영역에 비치된 백업을 들고 와서 샤워기처럼 만들어서 "목욕한다. 머리 감는다"라면서 목욕하는 놀이를 하는 경우, 샤워기라는 대상을 백업이라는 상징물을 통해 재현하는 것을 볼 수 있다. 이러한 표상능력의 발달은 사물의 명칭뿐 아니라 상황에 대한 언어적 표현의 발달에 기초가 된다.

셋째, 전조작기 유아의 인지발달 단계의 특징으로서 자아중심성은 사물이나 상황을 자신의 입장에서만 보고 판단하는 특성을 말한다. 유아기의 인지적 특성인 자아중심성은 자기중심적 언어(ego-centric speech)로 나타나게 된다(이순형 외, 2010). 그리고 유아의 인지발달에 따라 유아의 자기중심적 언어는 사회적 언어(socialized speech)로 발달하게 된다.

자기중심적 언어
반복, 독백, 집단적 독백

→

사회적 언어
순응적 정보교환, 비난과 조롱, 명령·요구·협박, 질문과 대답

(1) 자기중심적 언어

자기중심적 언어는 다른 사람과 의사소통을 하려는 의도 없이 행하는 언어행동으로서 전조작기 단계 유아들에게 주로 나타나는 언어발달의 특징이다. 자기중심적 언어에는 반복, 독백, 집단적 독백의 세 가지 언어 유형이 포함된다.

■ 반복(repetition)

반복은 상대방에게 어떤 메시지나 내용을 전달할 목적을 가지고 하는 것이 아니라 영유아가 말하는 즐거움과 새로운 소리 학습을 위해 흥미 있는 어떤 발음이나 단어, 구절 등을 되풀이하는 것을 말한다.

반 복

음식을 입안에서 계속 씹기만 하고, 삼키지 않는 유아에게

엄마 : 민지야, 계속 입에 두지 말고 꿀떡 삼켜.
민지 : 꿀떡?
엄마 : 이렇게 꿀떡 삼키라고. (침을 삼키며 시범을 보인다)
민지 : 꿀떡 꿀떡 꿀떡 ㅎㅎ

■ 독백(monologue)

독백은 유아가 자신의 말을 들어주는 사람이 없어도 자신의 생각을 말하는 것으로 의사소통할 목적 없이 자신의 욕구를 충족하거나 동작을 조절하기 위한 도구로 사용된다.

독 백

- 역할영역에 비치된 옷, 가방, 구두 등을 보면서
  유빈 : 나는 엄마 할 거야. 여기 구두 신어야겠다.
- 미술영역에서 색칠을 하면서
  민희 : 사과는 빨간색이야. 빨간색으로 칠해야지.

■ 집단적 독백(collective monologue)

집단적 독백은 유아가 주변 사람을 의식하면서 말을 하기는 하지만 대화를 목적으로 하지 않는 언어표현이다. 따라서 주위 사람이 자신의 말에 주의를 기울이거나 반응해 주기를 기대하지 않는다. 자기중심적인 언어에서는 가장 사회화된 유형으로 병행놀이에서 나란히 앉아서 놀기는 하지만 놀이의 주제를 함께 공유하지 않고 각자 놀이하면서 혼자 말하는 형태로 잘 나타난다.

집단적 독백

- 추석 명절을 보내고 온 뒤 역할영역에서 추석과 관련된 놀이를 하고 있다.
  민수 : 할아버지 집에 감나무 있다.
  유빈 : (송편 모형을 만지며) 냠냠. 송편 맛있다.
  민수 : 할버지가 감 (따)줬다.
  유빈 : (그릇 치우는 척하며) 다 먹었다.

(2) 사회적 언어

사회적 언어는 유아가 듣는 사람을 고려하여 사용하는 언어형태를 말하는 것으로 5

세 이후에 발달하기 시작하여 전조작기에서 구체적 조작기로 전환되는 과정에서 나타난다. 사회적 언어의 유형에는 순응적 정보교환, 비난과 조롱, 명령·요구·협박, 질문과 대답이 있다.

■ 순응적 정보교환

유아가 자신이 흥미 있어 하는 사건을 전달하거나 유아 상호 간의 뜻을 모으는 과정에서 다른 사람과 자신의 생각을 나누는 형태로 나타난다. 유아들은 자신의 의견에 대해 말하고 다른 사람의 이야기를 들으면서 수용하고 반응하면서 낮은 차원의 논쟁적인 소통이 이루어지기도 한다.

순응적 정보교환

민수가 해님 달님 동화책을 읽고 그림을 그리면서 '달'을 노란색으로 색칠하고 눈을 그리고 있다.

혜민 : 달은 이렇게 안 노란데?
민수 : 달은 노란데?
혜민 : 달은 눈 없는데…
민수 : 눈이 있어서 밤에 볼 수 있거든?

■ 비난과 조롱

비난과 조롱은 상대방의 일이나 행동에 대해 비판하는 언어 유형으로 논쟁을 야기한다는 점에서 순응적 정보교환과 유사하지만, 자신의 우월성을 주장하면서 주로 반박하고 자랑하는 형태로 나타난다.

비난과 조롱

민수가 해님 달님 동화책을 읽고 그림을 그리면서 '달'을 노란색으로 색칠하고 눈을 그리고 있다.

혜민 : 이런 달은 없는데.
민수 : …
혜민 : 달 본 적 없어? 난 봤는데…
민수 : 나도 봤거든. 잘난 척하네.

■ 명령 · 요구 · 협박

유아들이 일상생활 속에서나 놀이 도중에 자신의 생각과 의견을 다른 사람과 교환하려는 의사소통 유형으로, 부드러운 요구에서 감정적인 위협에 이르는 명령, 협박에 이르기까지 광범위한 형태로 나타난다. 그러나 이때 나타나는 명령, 협박은 일상생활이나 놀이장면에서 자신의 의견 관철 등을 위해 나타나는 것으로 자신이 원하는 결과를 얻은 후에는 다시 순응적인 상태로 돌아와 즐겁게 놀이하는 특징을 가진다.

명령 요구 협박

민준이는 자전거를 타고 있는 미소에게 말한다.

민준 : 나도 타고 싶어.
미소 : (대답 없이 자전거에 앉아있다)
민준 : 너 많이 탔잖아.
미소 : (다른 데로 타고 가 버린다)
민준 : 야. 너 많이 탔어. 내려. 계속 혼자만 타면 선생님한테 이를 거야.

■ 질문과 대답

일상생활이나 놀이장면에서 유아–교사, 유아–유아 상호 간에 이루어지는 모든 질문과 대답에 해당하는 유형으로 명명을 질문하는 아주 쉬운 질문에서 추상적인 질문과 대답에 이르기까지 광범위한 형태의 질문과 대답으로 나타난다. 이 시기의 유아들은 자신의 인지적 도식과 불일치하는 것을 발견할 때 언제라도 질문을 할 수 있다. 따라서 상호작용자로서 교사는 유아의 질문의 의도를 파악하여 인지적 균형을 찾아갈 수 있도록 지원해 주는 것이 필요하다.

질문과 대답

태어나서 처음으로 눈 내리는 것을 본 영아가

민수 : 이게 뭐야?
선생님 : 눈이야. 눈이 얼었네.
민수 : (응달에 쌓여 굳어 있는 눈을 보며) 이건 뭐야?
선생님 : 눈이 얼었네.

2) Vygotsky의 사회적 상호작용주의

사회적 상호작용주의는 유기체가 환경과의 상호작용을 통해 지식을 구성해 간다는 인지적 상호작용주의를 토대로 하고 있다. 하지만 인지적 상호작용주의와 달리 인간의 능동적인 학습 능력을 지원하는 사회적 환경, 특히 성인이나 유능한 또래와의 상호작용이 인지발달에 중요한 영향을 미침을 강조한다. 또한 인지발달과 언어발달의 관계에서 인지적 상호작용주의는 인지발달이 언어발달의 기초가 되며 언어발달의 순서를 결정짓는다고 보는 반면, 사회적 상호작용주의는 언어의 발달이 인지발달에 선행하며, 인지발달의 원동력이 된다고 보았다.

사회적 상호작용주의의 대표적 학자로서 Vygotsky의 언어발달 이론의 특징을 살펴보면 첫째, 인지와 언어는 서로 독립된 근원을 가지고 발달하면서 별개의 발달곡선을 나타낸다(Butterworth, 1984). 둘째, 그러나 2세경이 되면 각각 독립적으로 발달해 오던 언어와 인지발달곡선이 서로 교차하게 되어 생각한 바를 말로 표현하는 것이 가능하고 말을 논리적으로 할 수 있게 된다. 셋째, 언어발달은 초기부터 사회적인 형태로 나타나며, 연령이 증가함에 따라 사회적 언어가 자기중심적 언어와 의사소통을 위한 사회적 언어로 분리된다. 이는 Piaget가 유아의 독백과 같은 자기중심적인 언어가 전조작기 유아의 인지적 미성숙으로 인해 나타나는 언어형태라고 보았던 반면에, Vygotsky는 혼잣말(private speech)이 인지적 미성숙이 아니라 자기 행동 조절, 규제 역할을 한다고 보는 입장에서 이해될 수 있다. 예를 들어, 영아가 처음 말을 배울 때 "물", "맘마"라고 하면서 요구사항을 사회적 언어를 통해 외적으로 표현하지만 점차 언어가 내면화되면서 혼잣말, 내적언어('물 마셔야지', '여기 밥이 있네' 등)로 자기 행동 조절, 자기 규제 및 지시를 할 수 있게 된다고 본다. 넷째, 언어발달에서 성인이나 유능한 또래와 같은 상호작용자의 역할이 절대적으로 필요하다고 보았다. 또한 Vygotsky는 근접발달지대(ZPD : Zone of Proximal Development)라는 개념을 통해 언어발달에서 이들의 사회적 상호작용의 중요성을 강조하였다(김은심 외, 2015; 이지현 외, 2016; Vygotsky, 1987).

(1) 언어발달 단계

Vygotsky가 제시한 언어발달의 단계는 초보적 언어 단계, 외적 언어 단계, 혼잣말 단계, 내적 언어 단계를 거쳐 발달하며 그 특징을 살펴보면 다음과 같다(한유미 외, 2016).

■ 초보적 언어 단계(primitive speech stage)

언어 이전의 인지 혹은 인지 이전의 언어 단계로서, 0~2세 시기의 영아 시기에 나타나는 형태로 언어와 인지 발달의 곡선이 아직 만나지 않아 말과 사고의 조작이 원초적인 형태로 나타난다.

■ 외적 언어 단계(external speech stage)

2세경 언어발달과 인지발달이 교차하면서 의사소통을 위한 외적 언어, 사회적 언어가 나타나는 단계이다. 외적 언어는 사고가 언어(단어)로 표현된 것으로 언어는 사고의 구체화된 표현이라고 할 수 있다. 아직 인지적으로는 인과관계나 시간관계를 충분히 이해하지 못하지만 언어구조나 표현에는 익숙해져서 '때문에', '어제'(실제로는 몇 주 전일 수 있음) 등의 단어를 사용할 수 있다.

■ 혼잣말 단계(private speech stage)

3~6세 유아들에게 있어 상호작용 대상에 대한 의식이나, 특별한 의사소통의 목적 없이 자신의 행동을 조절, 규제, 지시하기 위해 혼자 말하는 혼잣말 형태가 나타난다. 예를 들어, "제일 먼저 밥 먹고, 이 닦고 나가 놀아야지"라는 말을 하면서 자신의 생각을 말로 표현하면서 자신의 행동을 조절한다.

■ 내적 언어 단계(inner speech stage)

혼잣말이 내적인 사고로 내면화되면 내적인 언어의 형태로 나타나게 된다. 이때부터 언어구조는 사고의 기본으로 작용하게 된다. 혼잣말 단계에서는 "제일 먼저 밥 먹고, 이 닦고 나가 놀아야지"라는 말을 혼잣말로 표현했지만 내적 언어 단계에서는 사고로 내면화한다. 따라서 내적 언어는 아동의 사고발달이 논리적이고 상징적인 고등정신기능으로 발달하는 데에 중요한 역할을 한다고 볼 수 있다.

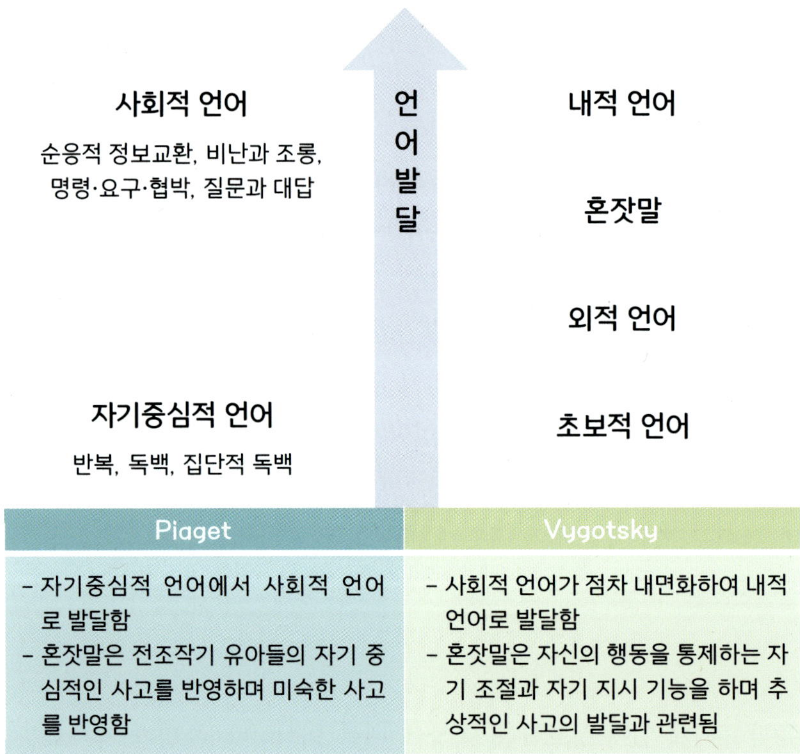

| 그림 3-7 | Piaget와 Vygotsky의 언어발달에 대한 견해

(2) 근접발달지대와 비계설정

Vygotsky는 근접발달지대(ZPD)와 비계설정(scaffolding) 개념을 통해 영유아의 언어발달 초기부터 가정에서 언어적 상호작용을 통해 부모가 영유아의 언어발달을 지원하여야 한다고 보았다.

■ 근접발달지대(Zone of Proximal Development)

근접발달지대란 현재 영유아가 스스로 문제를 해결할 수 있는 수준인 '실제적 발달수준'과 도움을 지원하면 해결할 수 있는 수준인 '잠재적 발달수준'의 차이를 의미한다.

■ 비계설정(scaffolding)

비계설정은 영유아가 잠재적 발달수준까지 도달할 수 있도록 물리적·사회적 환경을 지원하는 것을 의미한다. 즉, 실제적 발달수준에 머물러 문제를 해결하는 영유아에게 비계설정을 통해 잠재적 발달수준까지 도달하여 문제를 해결할 수 있도록 하는 것이다.

비계설정 제공 시 첫째, 성인은 영유아와의 상호작용을 통해 비계설정을 제공하는 과정에서 먼저, 영유아의 실제적 발달수준에 대한 파악과 잠재적 발달수준에 대한 이해가 기초되어야 한다. 그렇지 않을 때, 영유아의 잠재적 발달수준을 너무 높게 보아 근접발달지대를 넘어서면서 지나친 개입이 이루어질 수 있다. 이런 경우, 유아는 지원을 하여도 달성할 수 없는 수준에 대한 문제해결을 요구받게 되어 긍정적 영향을 줄 수 없다. 둘째, 잠재적 발달수준에 이르도록 지원하는 사회적·물리적 지원의 범위를 점차 축소시켜 감으로써 유아 스스로 문제를 해결할 수 있는 경험을 제공하는 전략이 필요하다.

근접발달지대와 비계설정 사례

유아가 공룡에 관한 책을 보고 있다.

유아1 : (티라노사우루스를 가리키며) 선생님, 얘 이빨 보세요. 우와 무섭다.

교사 : 정말 이빨이 크고 뾰족하게 생겼구나.

유아1 : (브라키오사우루스를 가리키며) 근데 얘는요. 이빨도 안 뾰족하고 착하게 생겼죠.

주위의 아이들이 공룡 이야기에 관심을 가지며 모여든다.

유아2 : 근데 티라노사우루스는 육식공룡이고, 브라키오사우루스는 초식공룡이에요.

유아3 : 나도 알거든. 트리케라톱스도 초식공룡이거든.

옆에 모여든 유아들도 저마다 알고 있는 육식공룡, 초식공룡의 이름을 이야기한다.

교사 : 그렇구나. 육식공룡도 있고 초식공룡도 있구나. 그럼 어느 공룡이 육식공룡이고 어느 공룡이 초식공룡인지 알려줄래?

교사는 언어영역 칠판에 반을 나누어 왼쪽에는 '육식공룡', 오른쪽에는 '초식공룡'이라고 적는다. 포스트잇을 들고 와 아이들과 함께 공룡의 이름을 적는다. 아이들이 적은 포스트잇 공룡 이름 카드를 해당하는 부분에 붙인다.

교사 : 여기 육식공룡 칸에 있는 공룡들에게 어떤 비슷한 점이 있니?

* 공룡의 모습, 이름 등에 관심을 갖던 유아가 공룡을 육식, 초식 공룡으로 나눌 수 있다는 것에 호기심을 갖는 것을 본다. 교사는 이러한 관심을 지원하고 유아의 관찰을 통한 비교분석을 통해 육식, 초식동물에 대한 개념을 구성해 나갈 수 있도록 공룡을 분류하고, 분류된 공룡의 공통점, 차이점을 비교해 볼 수 있도록 이야기를 나눈다.

3) 상호작용주의 이론에 대한 평가

상호작용주의 이론은 언어습득과 발달과정에 대한 행동주의의 환경적 자극과 수동적 학습자, 생득주의의 선천적 내적 기제의 자연적 발현의 입장과 달리 다음과 같은 의의가 있다.

첫째, 영유아가 언어를 습득하고 발달해 가는 과정에서 영향을 미치는 사회적 상호작용과 사회문화적 맥락의 중요성을 강조하였다.

둘째, 역동적인 상호작용의 과정에서 영유아를 능동적으로 지식을 구성해 가는 능동적 참여자로서 바라보았다. 따라서 언어 습득과 발달의 과정에서 영유아 스스로 음성언어나 문자언어에 대한 개념을 형성하기 위해 시행착오를 거치면서 오류를 조정해 가는 언어습득 과정의 중요성을 시사하였다는 점에서 의의가 있다.

셋째, 영유아의 언어발달에 있어 성인과의 의사소통의 기능과 성인의 촉진적 행동의 역할에 대한 이해를 갖는 데에 기여함으로써 언어교육 환경과 교수법의 변화에 공헌하였다.

그러나 인지발달은 언어발달에 선행한다는 Piaget의 이론은 언어가 인지발달에 미치는 영향력을 과소평가했다는 점에서 비판을 받는다.

또한 영아기부터 부모와 자녀 간의 의사소통이 영유아의 언어발달에 기초가 된다고 하나 실제로 어린 시기부터 부모와 자녀 간에 의사소통이 일어나지 않는 문화권도 있다는 점에서 설명의 한계점을 가지고 있다. 그리고 언어발달 과정에서 영유아가 어떻게 언어 구조를 획득하고, 다른 단계로 전환하게 되는지, 언어의 상징과 참조를 어떻게 관련짓게 되는지 설명하지 못하는 점에서 한계점을 가지고 있다(김은심 외, 2015; Owens, 2001).

난독증과 뇌신경발달

난독증은 과거에는 주로 시각적 문제로 인식됐지만 최근 연구들은 난독증을 뇌신경발달 문제로 보아 뇌가 언어의 소리 구조를 처리하고 인식하는 데 어려움을 겪는 상태로 본다.

- **음운 인식의 결함과 난독증 :** 난독증이 있는 개인은 단어를 구성하는 소리(음소)를 구별하고 조합하는 데 어려움을 겪는다. 이는 글자를 보고 그에 대응하는 소리를 정확하게 인식하거나, 소리를 듣고 이를 글자로 변환하는 과정에서 나타나며 이로 인해 읽기와 철자 능력에 지장이 생긴다.

- **뇌신경학적 관점 :** 난독증은 뇌의 특정 영역, 특히 언어 처리와 관련된 부위의 비정상적인 활성화와 연관이 있다. 이러한 신경학적 차이는 음운 정보를 처리하는 능력에 영향을 미쳐 난독증의 주요 원인으로 작용한다.

- **난독증의 예후 :** 조기 진단과 체계적 치료의 여부에 따라 크게 달라질 수 있다. 학령기 전에 난독증을 발견하고 적절히 치료한다면 대부분 어려움을 최소화하거나 극복할 수 있다.

참고 : MSD 매뉴얼 - 난독증

코로나19 팬데믹과 언어발달

상호작용주의 이론에 따르면, 언어발달은 사회적 상호작용을 통해 이루어진다. 이 이론은 영아가 주변 성인과의 상호작용을 통해 언어를 습득하며, 이러한 상호작용에서 시각적 단서(예 입 모양, 표정)가 중요한 역할을 한다고 본다. 따라서 영아와 상호작용을 하는 양육자의 마스크 착용은 이러한 시각적 단서를 제한함으로써, 영아의 언어발달에 부정적인 영향을 미칠 수 있다고 본다.

실제 우리나라에서도 코로나19 이후 여러 매체를 통해 영유아의 언어발달 지연에 대한 뉴스가 보도된 바 있다. 코로나19 팬데믹 동안 마스크 착용이 영아의 언어발달에 미치는 영향에 대한 연구 결과는 다양하다.

일부 연구에서는 마스크 착용이 영아의 언어발달에 부정적인 영향을 미칠 수 있다고 한다. 예를 들어, 다음 연구에서는 팬데믹 기간에 태어나고 자란 영아들이 30개월까지 언어발달이 저하되었다는 결과를 보여주었다(Otani, T., Kato, M. Haraguchi, H., & Goma, H., 2024).

일부 연구에서는 마스크 착용이 영아의 시각적 주의 집중에 영향을 주어, 말하는 사람의 입보다는 눈에 더 집중하게 만든다는 결과를 보여주었다. 이는 언어 학습에 필요한 시각적 단서의 활용에 변화를 초래한 것으로 보인다(Slivka, L. N., Clayton, K. R. H., & Reynolds, G. D., 2025).

이상의 결과들은 영유아의 언어발달에서 상호작용의 환경과 상호작용에서의 감각 정보 활용 등의 중요성을 알 수 있다.

출처 : EBS다큐멘터리K 〈책맹인류〉 4부 '코로나키즈, 말하지 않는 아이들'.

활동

EBS 아기성장보고서 : '언어습득의 비밀'을 시청하고 토의하기

- 영상에서 생득주의와 관련된 예를 찾아 말해보세요.

- 영상에서 행동주의와 관련된 예를 찾아 말해보세요.

- 영상에서 상호작용주의와 관련된 예를 찾아 말해보세요.

- 언어발달에 대해 어떠한 입장을 가지고 있는지 말해보세요.

- 언어발달을 지원하기 위한 교사, 부모의 지원방법을 토의해 보세요.

04장 음성언어 발달

영유아는 태어나면서 주위의 소리에 귀를 기울이면서 소리에 반응하기도 하고, 자신의 의사를 소리로 표현하기도 한다. 이렇게 태어날 때 말을 전혀 하지 못하던 영아가 돌을 즈음하여 점차 한 단어 말을 시작하게 되고 이후 갑자기 어휘의 수가 급격히 증가하게 되며, 다양한 단어를 결합하여 문장으로 의사표현을 할 수 있게 된다. 언어발달에 대한 연구는 주로 말하기 능력을 중심으로 이루어져 왔으나 음성언어의 발달에서는 듣기 발달이 말하기 발달에 선행하여 이루어진다. 듣기는 언어의 형태 중 수용언어, 말하기는 표현언어에 해당한다. 영유아기 음성언어의 발달을 듣기와 말하기로 구분하여 살펴보면 다음과 같다.

1. 듣기발달

1) 듣기 개념

우리는 일상생활 속에서 많은 소리의 자극에 노출된다. 하지만 노출되는 모든 소리에 주의를 기울이지 않으며, 듣지 않는다. 그렇다면 듣는다는 것은 단순히 소리가 감각적으로 수용되는 것만이 아니라 지각적 주의와 사고과정이 포함된 행위를 말하는 것이다.

듣기는 자연현상, 일상생활 속에서 나는 소리와 사람들의 말소리를 감각으로 수용하는 것만이 아니라 마음속에서 의미로 전환하는 과정을 말한다. 따라서 잘 듣는다는 것은 첫째, 소리를 감각적으로 인식하는 것, 둘째, 언어적·비언어적 메시지를 지각하여 그 뜻을 변별하고, 셋째, 의미를 이해하고 자신의 경험과 통합하여 종합적으로 의미를 해석하고 평가하는 것을 포함한다(Hoskisson, 1987).

이러한 듣기의 개념에 따라 Tyler(1973)는 듣기를 hearning(들리기), listening(듣기), auding(이해하기)으로 구분하여 설명하였다.

구분	내 용
들리기 (hearing)	말소리의 음파를 감각으로 받아들이는 단계로 소리가 들려오는 곳을 확인함 말소리와 말소리가 아닌 것을 구분할 수 있으며, 소리에 초점을 두고 말소리를 받아들이는 과정임
듣기 (listening)	말소리와 다른 소리를 구분하여 언어로 지각하고, 의미 있는 단위로 처리하는 과정임 즉, 감각을 통해 입력되는 말소리를 분석하고 조직하며, 저장된 지식이나 경험과 연결 짓는 과정임
이해하기 (auding)	듣기의 결과(말소리 분석, 조직, 지식 및 경험과 연결)를 바탕으로 종합적으로 언어의 의미를 이해하고 해석하며, 자신의 정서적 반응을 연결시킴 즉, 들리는 말에 대한 인지적, 정서적 수준의 종합적 이해를 처리하는 과정임

| 그림 4-1 | Tyler의 듣기 과정

출처 : 서동미 외(2018).

위의 듣기 과정을 바탕으로 듣기에 대한 개념을 정리하면 다음과 같다.

- 주변의 소리를 감각으로 받아들이고 인식하기
- 들리는 말소리들을 의미 있는 단어로 처리하여 해석하기
- 총체적 의미를 인지적, 정서적으로 이해 및 해석하고 적절하게 반응하기

의사소통에 있어 듣기는 말하기, 읽기, 쓰기와 관련되어 있을 뿐 아니라 말하기, 읽기, 쓰기의 기능발달과 사고발달을 유도한다(윤진주, 2007). 그러나 언어발달에서 말하기, 읽기, 쓰기 지도에 관한 관심에 비해 듣기 교육에 관한 관심은 적은 편이다. 듣기가 말을 인지적, 정서적으로 이해하고 이에 적절하게 반응하는 것을 의미한다는 점에서 볼 때, 듣기 능력은 일상생활에서 사고와 사회성 발달을 이끄는 데에 필수적인 능력임을 알 수 있다. 특히 문자언어에 익숙하지 않은 영유아의 경우에 듣기는 외부(사람, 지식, 상황)를 인식할 수 있게 하는 중요한 통로라고 할 수 있다. 따라서 유아교육 현장에서는 영유아의 듣기발달을 지원하는 상호작용과 교수법에 관심을 가질 필요가 제시된다.

2) 듣기발달

영아의 듣기 능력은 말하기보다 먼저 발달하며 음성언어 발달에서 중요한 역할을 한다. 감각 중 청각은 오감각 중 가장 먼저 발달하여 출생 전 태아기에 이미 들을 수 있는 능력을 갖추고 있다. 태내에서도 어머니의 목소리나 외부의 소리를 들을 수 있으며, 이러한 소리가 태아의 뇌신경체계를 자극하면서 음성학적 발달이 이루어지기 시작한다(이지현 외, 2016)고 한다. 따라서 출생 후 생의 초기에 영아는 태내에서부터 출생 이후 지속적으로 듣고 있는 모국어의 음소, 리듬, 억양을 선호하는 경향이 있다(Werker & Tees, 2005). 영유아의 듣기발달과 관련된 연구결과물을 기초로 시기별 듣기발달의 특징을 정리하면 다음과 같다.

〈표 4-1〉 영유아 시기별 듣기발달 특징

시 기	듣기발달의 특징
출생 후 2~3일	• 엄마의 목소리를 구분할 수 있음(Reich, 1986) • 소리가 나는 쪽으로 눈을 돌림
출생 후 4일	• 서로 다른 언어를 구분할 수 있음(Decasper & Spence, 1986) • 프랑스, 러시아 신생아들은 모국어를 들을 때 젖을 더 세게 빰

출생 후 2주	• 사람의 목소리와 다른 소리를 구별할 수 있음 • 사람의 목소리에 더 역동적으로 반응함(Vouloumanos & Werker, 2007)
1개월	• 강한 소리에 깜짝 놀람
2~3개월	• [b]와[p], [d]와 [t] 같은 유사한 자음을 구분할 수 있음(Elimas, 1975)
4~6개월	• 고개를 돌려 소리가 나는 방향을 찾을 수 있음 • 6개월 이후 소리의 위치를 확인하는 능력이 향상됨(최현석, 2009)
6~8개월	• 모국어에 사용되지 않은 음을 구별하기 시작함 (Anderson, Morgan, & White, 2003)
6~11개월	• 화난 말투, 부드러운 말투를 구별해서 반응함 • "안 돼", "하지 마" 등의 말에 행동을 주춤함
12~17개월	• 간단한 단어를 이해할 수 있음 • "무엇", "누구", "없다"의 의미를 이해할 수 있음
18~23개월	• "장난감 주워서 넣어라"와 같이 연결된 두 가지 지시어를 듣고 순서대로 할 수 있음 • 평서문과 의문문을 듣고 구별할 수 있음
24~29개월	• 일상적인 동사를 이해하고, 연결어미가 들어간 복문을 알아들음(고은영, 2009)
만 2세	• 만 2세 말 50~수백 개의 단어를 이해함 • 수용언어가 표현언어의 4배에 달함
만 5세	• 8,000 단어 정도 이해할 수 있음 • 직접 경험하지 않고도 듣고 상황을 이해할 수 있으며 이를 바탕으로 사고가 가능해짐

위의 표와 같이 신생아는 출생하면서 이미 소리를 듣고 변별할 수 있는 능력을 갖추고 있다. 그러나 양육자와의 상호작용을 통해 언어발달이 이루어지고, 소리는 변별하는 능력은 출생에서 6개월까지 가장 활발히 발달한다. 그리고 6개월 이후 모국어에 포함되어 있지 않은 음소를 구별하고 모국어에 없는 음소를 발음하는 능력이 없어지는 음소축소가 일어난다. 연속되는 말소리를 듣고 단어를 구별하고, 간단한 단어를 이해할 수 있는 능력은 생후 1년 이내 초기에 꽤 많이 발달한다. 첫 단어를 말하는 시기는 10개월에서 1년 사이이지만 그 무렵 영아가 듣고 이해할 수 있는 단어의 수는 훨씬 많다.

2. 말하기 발달

말하기 발달은 개인마다 발달 속도에 차이는 있지만 비슷한 발달의 순서를 따라 나타난다. 유아의 언어발달은 언어 이전 시기에는 울음, 쿠잉, 옹알이로 나타나고 유아에 따라 사용빈도의 차이는 있으나 몸짓언어가 나타나며, 언어 시기에는 일어문, 이어문, 문장사용기 순으로 발달한다. 언어발달 과정을 언어 이전 시기와 언어 시기로 구분하여 살펴보면 다음과 같다.

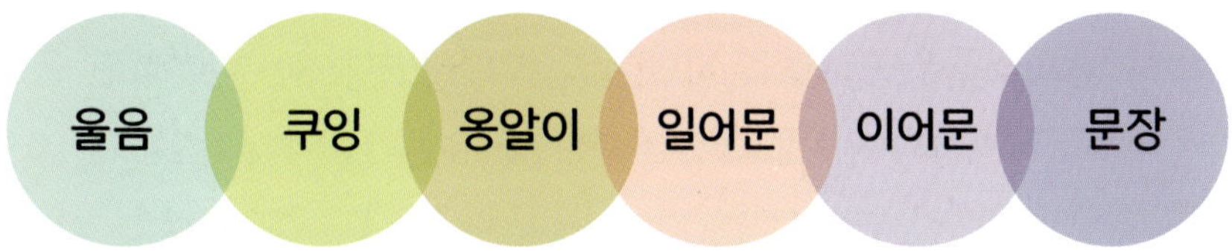

| 그림 4-2 | 말하기 발달의 순서

1) 언어 이전 시기

(1) 울음(crying)

울음은 영아가 출생 직후에 내는 최초의 발성으로 자신의 욕구를 표현하는 의사소통의 방법이다. 아기의 울음소리를 들으면 대부분 양육자는 즉각적으로 달려간다. 즉, 울음은 영아의 요구를 표현하는 도구이며, 양육자로 하여금 울음에 반응하여 울음의 원인을 해결하도록 하는 자극이 된다고 할 수 있다.

그러나 초기 울음은 영아의 폐 사용과 발성기관의 사용이 정상적으로 발달할 수 있도록 지원하는 역할을 하는 것으로 숨을 내쉬면서 일어나는 반사적인 반응이라 할 수 있다. 따라서 발성과 호흡을 협응하는 신체 능력이 발달하면서 울음은 점차 조절되고, 의미 있는 울음과 습관적인 울음으로 나타나게 된다. 울음소리의 분화과정을 살펴보면 다음과 같다.

■ 미분화된 울음

출생 후 1개월까지 영아의 울음소리는 분화되지 않아 양육자는 울음소리로 영아의 요구를 이해하기 힘들다. 이 시기의 울음은 발성을 위한 신체기능 발달과 관련된 반사적인 울음이라 할 수 있다. 이 시기의 울음은 자기조절(self-regulatory)적 특성을 가지고 있어, 녹음된 다른 영아의 울음소리와 자신의 울음소리에 노출되었을 때 영아들은 자신의 울음소리에 더 반사적으로 많이 우는 특징을 보인다(Florez, 2011). 그리고 출생 12시간 된 영아조차도 영어로 말하는 소리, 중국어로 말하는 소리, 모음을 뺀 말소리, 규칙적으로 두드리는 소리에 노출되었을 때 말소리(영어, 중국어)에만 미분화된 울음으로 반응을 보이는 등 상호작용적 동조성을 지닌 것으로 나타났다. 즉, 미분화된 울음은 양육자가 영아의 의사를 파악할 수는 없으나 외부의 자극에 반응적인 의사소통 표현임을 알 수 있다.

■ 분화된 울음

생후 1개월이 지나면 영아의 울음소리는 분화되기 시작하여 영아가 현재 배가 고픈지, 몸이 아픈지, 기저귀가 젖어 불편한지 등과 같은 신체적 상태, 정서적 상태, 요구 등을 양육자가 파악하게 한다. 양육자는 영아의 울음소리 특성을 파악하여 영아의 상태를 파악하고 영아의 요구에 민감하게 반응하는 것이 중요하다. 영아의 울음소리를 울음의 강도, 음의 고저, 억양 등의 특징에 따라 정상, 통증, 불만 울음으로 분류할 수 있다. 영아의 울음소리 유형은 다음과 같다.

〈표 4-2〉 울음소리 유형에 따른 특징 및 내용

구분	특징	내용
정상 울음	• 규칙적인 높낮이와 평균 음높이 • 숨을 고를 때 잠시 끊겼다가 계속됨	• 배가 고프거나 기저귀가 젖어 불편한 경우
통증 울음	• 울음소리가 길고 높은 톤의 소리를 냄	• 아픈 경우
불만 울음	• 낮고 작은 소리로 칭얼거림	• 짜증, 불만을 나타내는 경우 • 관심을 끌고 싶은 경우

영아의 울음소리에 따라 양육자는 영아의 상태나 요구를 파악하여 민감하게 반응해야 한다. 정상 울음소리를 내는 영아에게 양육자는 "배가 고팠어?", "기저귀가 젖어서 불편했구나", "엄마가 안아줬으면 좋겠어?" 등과 같은 적절한 언어적 상호작용을 하면서 반응하는 것이 필요하다.

정상 울음

통증 울음소리를 내는 영아에게 양육자는 먼저, 통증의 원인을 제거하기 위해 적절한 조치를 취하는 것이 필요하다. 그러나 통증의 원인을 제거하여도 계속 우는 경우가 있어, 이럴 때는 아이를 조용히 토닥거려 주면서 안정시켜 주는 반응이 필요하다. "왜 울어?", "엄마가 어떻게 하라고" 등과 같이 아픔의 이유를 묻거나 양육자의 힘듦, 불안 등을 표현하기보다 "아팠구나", "놀랐구나" 등과 같이 간단하게 언어적으로 반영하면서 진정시켜 주는 것이 필요하다.

그리고 마지막으로 불만 울음소리를 내는 영아에게 양육자는 대화하듯이 언어적 반응을 하면서 영아의 불만사항을 읽어주고 반응해 주는 것이 필요하다. 예를 들면, "계속 누워 있어서 싫어~", "엄마가 서서 안아줬으면 좋겠구나" 등과 같다.

불만 울음

(2) 쿠잉(cooing)

쿠잉은 1~2개월경에 나타나는 발성으로 울음과 구별되는 소리를 말한다. 생후 6주경부터 아기가 식사 후나 좋아하는 대상과 있어서 편안하고 만족감을 느낄 때, 기분이 좋

을 때 목을 울려서 낮게 내는 발성[oooo], [aaaaa]으로 비둘기 울음소리와 같은 소리를 낸다. 이러한 특징을 가진 쿠잉은 대체로 기분이 좋은 편안한 상태에서 나타난다는 점에서 해피사운드(happy sound)라고도 한다.

쿠잉 단계에서부터 양육자와 영아 간에 상호작용이 일어난다. 쿠잉 초기에는 양육자와 영아 간에 상호발성이 이루어지며, 약 3개월이 되어 영아가 쿠잉을 하면, 양육자가 그 소리를 따라서 유사한 소리를 내고, 영아는 그 소리를 받아 쿠잉으로 반응하게 된다(이영자 외, 2018). 이러한 쿠잉을 통해 영아는 양육자와 상호교환적 의사소통을 하게 된다.

(3) 옹알이(babbling)

옹알이는 자·모음으로 구성된 음절을 연속적으로 발성하는 음성적 행동을 말한다. 쿠잉과 옹알이는 단순한 발성과 자·모음이 포함된 음성이라는 점에서 차이가 있다고 할 수 있다. 옹알이를 시작하는 시기에 대해서는 다양한 견해가 있지만 대체로 4~6개월경에 시작하여 생후 1년 즈음 단어를 표현할 수 있는 시기가 되면 사라진다고 본다.

옹알이는 모국어 획득에서 필요한 음소를 획득하게 한다는 점에서 매우 중요하다. 아기들은 옹알이를 하면서 다양한 발성을 연습하게 되는데, 옹알이 초기에 영아는 발성할 수 있는 모든 소리를 내는 음소 확장(phonemic expansion)의 현상을 보인다. 그러나 옹알이를 하는 과정에서 주고받는 상호작용을 통해 모국어에서 쓰지 않는 소리는 점차 내지 않고 모국어에서 사용하는 소리를 발성하게 되는 음소 축소(phonemic contradiction) 현상이 나타난다. 이러한 발달의 특성으로 인해 우리나라 영아는 [l]과 [r]의 소리를 변별하지만, 성인은 [l]과 [r]을 변별하지 못한다고 볼 수 있다.

옹알이는 발성연습을 통해 언어발달을 촉진하기도 하지만 성인과의 상호작용 경험을 제공함으로써 언어발달에 큰 영향을 준다고 볼 수 있다. 예를 들어, 청각장애 부모를 둔 영아가 청각, 발성기관이 정상적으로 태어났으나 옹알이를 하는 동안 부모의 청각장애로 인해 상호작용이 거의 일어나지 못할 때 영아는 주위에서 소리를 내는 자극을 받지 못하고, 들리는 소리를 흉내 내는 과정을 통해 생활에 필요한 음소를 학습할 수 없다. 이럴 때 정상적으로 출생한 영아라 하더라도 상호작용의 결여로 인해 언어발달에 장애를 초래할 수 있다고 한다. 또한 완전한 청각장애 아동은 발성기관이 정상적이라 하더라도 외부와의 상호작용 결여로 인해 역시나 언어발달에 장애를 갖게 된다.

이처럼 옹알이는 언어발달에 필요한 선천적인 능력이기는 하나 환경과의 상호작용 또한 언어발달에 영향을 줌을 알 수 있다(Owens, 2001).

■ 자기 소리 모방(자폐적 옹알이)

생후 6~7개월 즈음부터 영아들은 자기 스스로 만들어 내는 소리를 반복해서 모방하는 자기 소리 모방 현상을 보인다. 이 시기의 영아들은 발음기관 중 혀와 입술 움직임의 발달이 시작되면서 여러 소리를 만들 수 있게 되며, 자기가 낸 소리를 듣고 만족을 느끼게 되면서 스스로 반복 모방을 하게 된다. 이 시기에는 자음과 모음의 분화가 일어나 구분된 발음할 수 있고 자음에서는 순음이 가장 먼저 발달하게 되며, 일반적으로 [m, b, p, a] 등이 나타나게 된다. 자음과 모음의 결합을 통해 '마마', '바바'와 같은 반복적인 소리를 낼 수 있게 된다. 자기 소리 모방 단계의 영아가 옹알이를 하는 경우에 충분히 즐기고 연습할 수 있도록 개입하지 않고 지켜보며, 영아가 옹알이를 멈추었을 때에 상호작용을 시도할 필요가 있을 것이다.

■ 타인 소리 모방(사회적 옹알이)

생후 9~10개월이 되면 영아들은 주변의 말소리를 모방하려는 모습을 보인다. 이 시기 영아들의 옹알이는 성인과 비슷한 강세와 억양을 갖는 특성을 보이는 등 메아리처럼 그대로 소리를 모방한다고 하여 반향적 모방(echolalia)이라고도 한다. 따라서 영아들이 사회적 옹알이를 시도할 때에 성인은 아이와 상호작용을 하는 자세를 가지고 눈을 맞추며, 아이의 소리에 반응하여 상호작용을 해주는 것이 중요하다. 그러나 아이의 옹알이에 앞서 너무 큰 소리, 너무 빠른 속도, 너무 많은 말들을 하게 되면 영아는 옹알이에 대한 흥미를 잃고 소리내기에 대한 의지가 위축될 수 있다는 점에 유의해야 한다.

옹알이에 대한 입장

- **환경론(행동주의 입장)**
  - 음소의 축소 현상은 옹알이가 환경의 영향을 받는 것을 보여줌
  - 옹알이 높낮이의 다양성은 모국어의 특성이 다름을 보여주는 것임

- **유전론(성숙주의)**
  - 옹알이는 발음을 관장하는 뇌 영역과 성대의 성숙 결과임

- **시사점**
  - 청각장애 영아의 옹알이도 초기에 정상아와 같은 형태를 취함. 이는 옹알이 능력의 생득적 특성을 의미함. 그러나 적절한 연습, 상호작용 환경을 제공하지 않으면 언어발달이 지체됨(Lenneberg, 1967)
  - 대화 시 필요한 사회적 양상(말할 차례 기다리기 등)을 학습하기 위해 반응적인 성인이 필요함

(4) 몸짓언어(baby sign)

영아는 자신이 표현하고자 하는 바를 언어로 충분히 전달할 수 없기에 의사소통을 위해 손짓, 얼굴 표정 등 몸짓을 사용한다. 몸짓은 말하고자 하는 바를 신체로 표현하는 것으로 숨겨진 언어(secret language)라고도 한다(Lewis, 2002, 송경섭 외, 2019 재인용). 몸짓언어는 언어 이전 시기에만 사용되는 것이 아니라 유아기에도 자기 생각과 느끼는 바를 언어로 충분히 표현하지 못할 때 표현을 보충하는 방법으로 사용되기도 한다.

영아들에게 "안녕", "빠이빠이"라는 말을 하면 손을 옴지락거리면서 "빠이빠이"를 표현하기도 하고, "고맙습니다. 해야지"라는 말에는 고개를 꾸벅거리기도 한다. 때로는 선풍기의 돌아가는 날개를 손바닥을 펴서 돌리는 모습으로 표현하기도 한다. 이처럼 어휘력, 표현력의 부족으로 자신이 말하고자 하는 바를 언어로 표현하지 못할 때 몸짓언어를 사용하여 의사소통한다는 점에서 몸짓언어를 효과적인 소통도구(Machado, 2003)로 보는 견해도 있다.

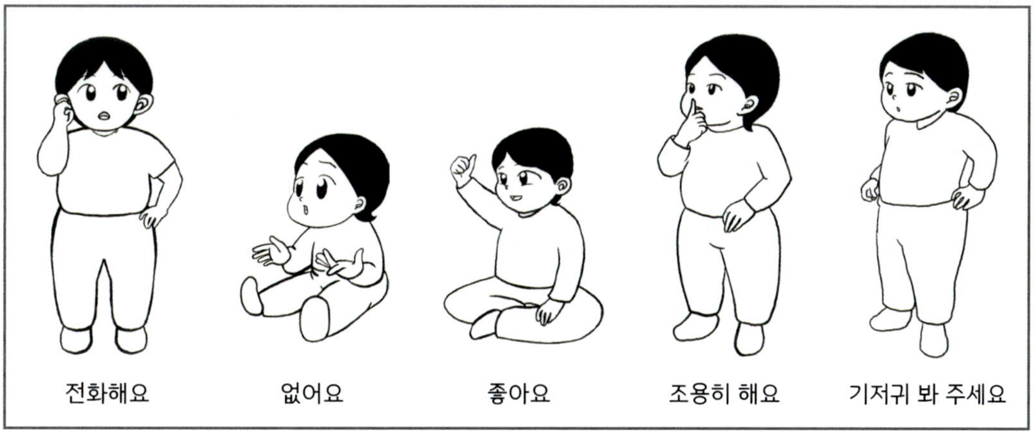

| 그림 4-3 | 베이비 사인의 예

베이비 사인

• **장점**

- 양육자와 영아의 상호작용을 동반함
- 영아의 감성개발에 유익함
- 양육자와의 좋은 관계 개발에 이바지함
- 음성언어가 발달하면 베이비 사인은 사라짐

• **유의점**

- 몸짓언어에 대한 사회문화적 해석이 같지 않으므로 언어를 보충하는 경우, 언어의 의미를 강조하는 경우 이외에는 과잉 사용되지 않도록 지도하는 것이 필요함

[참고 영상]
EBS 육아를 부탁해. [엄마 몰래 쪽쪽! 엄지공주/ 베이비사인, 손으로 말해요]

2) 언어 시기

(1) 한 단어 시기

10~13개월 즈음에 유아는 일반적으로 첫 단어를 표현하기 시작한다(Whitehurst, 1982). 대체로 첫 단어는 '엄마'가 가장 많고, 그 다음이 '아빠'와 '맘마'인 것으로 나타난다. 첫 단어가 나타난 이후, 어휘발달의 속도는 더디게 나타나다가 18개월 즈음에 어휘가 급증하는 일명 '명명 폭발기(naming explosion)'에 들어서게 된다. 이 시기에 영아들은 사물이 이름을 가지고 있다는 것을 알며, 사물, 대상의 이름을 아는 것에 관심이 많다(Markman, 1991).

한편 이 시기 영아는 문장을 표현할 수 없으며, 기억력의 제한성으로 문장을 그대로 표현할 수 없어 하나의 단어로 말하고자 하는 바를 표현한다. 따라서 하나의 단어로 한

문장을 표현한다는 의미에서 일어문(holophrase)시기라고 한다.

그러므로 일어문은 표현된 단어를 단순히 지칭하는 것이 아니라 다양한 의미가 있다고 할 수 있다. 예를 들어, "엄마"라고 하는 단어는 "엄마, ~ 주세요", "엄마, 여기와 보세요", "엄마, 나 여기 있어요" 등 다양한 의미로 사용될 수 있다.

그래서 한 단어 시기 영아의 말을 해석하는 데는 신중을 기해야 하며, 이런 이유로 주 양육자인 엄마나 가족만이 영아가 말하고자 하는 바를 이해하는 때도 많다.

한 단어 시기에 나타나는 영아들의 언어 표현방식에 나타나는 주요 특징을 살펴보면 다음과 같다.

■ 의미의 과잉확장과 과잉축소

한 단어 시기에 영아가 사용하는 한 단어의 의미는 성인이 사용하는 의미와 달리 과잉확대되거나 축소되어 사용되기도 한다. 과잉확장은 일반적인 의미보다 확대되어 사용되는 것을 말하는 것으로 영아가 성인 남자를 보고 '아빠'라고 부르는 경우와 같다. 이것은 영아가 '성인 남자'를 정말 자신의 아빠로 여긴다기보다 성인 남자를 지칭하는 '아저씨', '삼촌' 등의 단어를 몰라서 '아빠'라는 단어로 확장하여 사용한다는 것이다.

과잉축소는 위와 반대로 일반적인 의미보다 축소하여 단어를 사용하는 것을 말하는 것으로, 예를 들어 우리 집에서 키우는 몰티즈를 '강아지'라고 부르는 영아는 산책길에서 만나는 웰시코기는 강아지가 아니라고 하는 것이다.

이러한 현상은 영아의 발달 특성상 유목포함 개념 발달이 미흡하여 생기는 현상이며, 동시에 어휘 수의 제한성으로 인해 나타나는 특징으로 인지발달과 어휘발달에 따라 자연스럽게 사라지게 된다.

〈표 4-3〉 의미의 과잉확장과 과잉축소

구 분	의 미	예
과잉확장	일반적인 의미보다 확장되어 사용	아빠 : 아빠, 삼촌, 아저씨 등 성인 남자 전체를 지칭함
과잉축소	일반적인 의미보다 축소하여 사용	강아지 : 우리 집 강아지만 강아지라 지칭함

■ 의미의 수평적 발달과 수직적 발달(Whitehurst, 1982)

단어의 의미는 수평적 발달과 수직적 발달 과정을 거친다. 수평적 발달이란 현재, 알고 있는 단어의 의미에 새로운 속성을 추가해 가면서 단어의 의미를 풍부하게 발달시키는 것을 말한다. 예를 들어, 위에서 몰티즈만 '강아지'라고 부르던 영아가 가지고 있는 강아지의 개념은 '몸집이 작고 털이 희고 복슬복슬하고 귀여운'과 같을 수 있다. 그러나 영아가 강아지와 관련된 여러 번의 경험을 통해 '갈색 털을 가진', '몸집이 큰', '다리가 긴' 등과 같은 개념을 기존의 '강아지'에 대한 개념에 점차 더해가면서 성인과 같은 단어의 의미에 도달하게 된다.

수직적 발달은 어떤 대상에 대한 속성을 알고 그에 관련되는 단어들을 습득함으로써 단어들이 군집화되는 것을 말한다. 예를 들어, '꽃'에 대한 속성을 습득한 영아가 꽃에 해당하는 '해바라기', '장미', '백합' 등을 알게 되면서 '꽃'의 범주를 이루게 된다. 그리고 이후에 '튤립'을 보게 되었을 때 '꽃'의 범주에 '튤립'을 추가하면서 '꽃'의 의미를 발달시켜 가는 것이다.

〈표 4-4〉 의미의 수평적 발달과 수직적 발달

구 분	의 미	예
수평적 발달	• 현재 알고 있는 단어의 의미에 새로운 속성을 추가함 • 단어의 의미가 풍부해짐	• 강아지 : 하얀 털, 작은, 귀여운, 짧은 꼬리 → 의미확대 : 점박이 무늬, 누런색 털, 큰, 무서운, 긴 꼬리
수직적 발달	• 어떤 대상에 대한 속성을 알고 군집화하게 됨 • 대상을 상위-하위 개념으로 위계화함	• 꽃 : 해바라기, 장미, 백합을 포함 → 튤립, 나리, 히야신스 등 포함

(2) 두 단어 시기

12개월을 전후하여 한 단어를 내뱉은 영아가 두 단어를 말하기까지는 시간이 걸린다. 명명 폭발기(naming explosion) 또는 어휘 폭발기(word spurt)라고 부르는 18개월 즈음이 되면 영아는 표현할 수 있는 단어가 급증하게 되고(주영희, 2001; Benedict, 1979) 이때부터 두 단어로 된 문법적으로 불완전한 문장을 사용하기 시작한다. 두 단어 시기의 언어 표현방식에 나타나는 주요 특징을 살펴보면 다음과 같다.

■ 전보식 문장

전보식 문장(telegraphic speech)은 문장에서 핵심 단어만 사용하여 문장을 구성한 문장을 말하는 것으로, 조사, 전치사, −s, −ed 등의 기능어는 생략하고 의미를 전달하는 데에 필요한 명사, 동사, 부사, 형용사 등의 내용어(content word)를 사용하여 문장을 구성한다. 이는 이전에 실제로 사용한 '전보'에서 핵심적인 단어만으로 의미를 전달하던 것에서 유래한 이름으로 Brown(1973)이 전보문이라고 명명하였다.

예를 들어, "엄마, 물"이라는 말은 "엄마, 물 주세요", "엄마, 물 쏟았어요" 등의 의미전달을 위해 사용될 수 있다. 그리고 "양말, 여기"라는 말은 "양말이 여기 있어요"이거나 "여기서 양말 신을래요"라는 말로 사용될 수 있다. 이것은 영아의 어휘 수가 제한되어 있거나 성인의 문장을 모방할 기억력의 한계로 전보식 문장으로 표현될 수 있다.

엄마, 물

엄마, 물 주세요
엄마, 물 쏟았어요.
엄마, 물 있어요.

양말, 여기

양말이 여기 있어요.
여기서 양말 신을래요.
여기 양말 둘래요.

전보

- 우체국 등에서 편지나 소포 대신에 간략하게 문서를 전달하던 통신수단을 말함
- 전보 배달지를 작성하면, 우체국 간에 전신기나 전화로 연락을 하고 수신한 우체국에서 전보지를 작성하여 받을 사람에게 보내거나 받을 사람이 우체국으로 와서 받았음
- 1965년 기준 시외 전보는 10자에 50원을 받았으며, 당시 삼양식품 라면이 한 봉지에 10원이었음. 기본 10자 외에 한 글자라도 추가되면 추가 요금을 내야 했음
- 비용을 절약하기 위해 주요 핵심 내용어만을 사용하는 전보문 특유의 문장을 사용함
  - (축승진) 승진을 축하드립니다
  - (조부위독) 할아버지가 위독하십니다.
  - (부친사망급래) 아버지가 돌아가셨으니 빨리 집으로 오너라

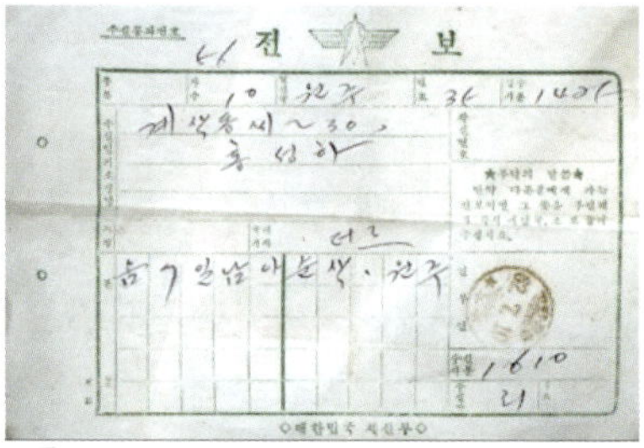

출처 : 나무위키(https://namu.wiki/w/%EC%A0%84%EB%B3%B4).

■ 주축문법

영아들이 사용하는 전보식 문장을 살펴보면, 두 개의 단어를 마음대로 배열한 것이 아니라 일정한 규칙이 있음을 알 수 있다. 전보식 문장에 있는 언어표현 방식의 특징을 주축문법이라고 한다(Braine, 1963). 이어문에서 공통적으로 사용되는 단어를 주축어(pivot word)라고 하며, 주축어와 함께 사용되는 단어를 개방어(open word)라고 한다. 영아는 주축어와 개방어를 결합하여 '엄마, 물', '엄마, 쉬', '아, 추워' 등과 같은 이어문을 표현한다. 이어문 시기에 영아가 주축어와 개방어를 구별하여 사용한다는 것은 두 단어를 조합하는 문법적 규칙을 이해하고 있음을 알 수 있다. 그러나 이어문의 의미 관계를 분석하면 모두 주축어와 개방어로 구성되어 있지 않다는 점에서 이어문을 주축문법으로 이해하는 데에는 한계점이 있다.

주축문법 사용의 예

엄마	물
엄마	쉬
엄마	책
엄마	까까
[주축어]	[개방어]

언니	이뻐
엄마	이뻐
야옹이	가
빵빵	가
[개방어]	[주축어]

■ 의미론적 관계 분석

주축문법이 이어문의 의미관계를 충분히 설명하지 못한다는 제한점으로 인해 단어의 조합인 문장의 의미에 관심을 둔 의미론적 관계분석이 등장하게 되었다. 의미론적 관계분석은 주축문법이 갖는 의미 해석에 대한 제한점을 극복하면서, 의미 해석에 대한 '행위자+목적어', '소유자+소유'와 같은 다양한 접근을 가능하게 하였다(Dale, 1976). 이는 이어문 초기에는 주축문법적 접근을, 그리고 이어문 후기에는 의미론적 관계분석을 통해 의미관계를 파악하는 것이 적절하다는 시사점을 주었다.

엄마, 양말

주축문법 적용
- 주축어 + 개방어
- 엄마가 양말을 신겨준다.

의미론적 관계분석
- 행위자 + 목적어 : 엄마가 양말을 신겨준다.
- 소유자 + 소유 : 엄마의 양말

(3) 문장 시기

사용할 수 있는 어휘가 증가하면서, 2세 6개월 즈음이 되면 유아는 세 단어 이상의 문장으로 말하기 시작한다. 이 시기 유아들은 명사, 동사, 형용사 등의 내용어뿐 아니라 조사, 어미 등과 같은 기능어를 포함하여 문장을 말할 수 있게 된다. 따라서 이 시기에는 단순히 일어문, 이어문에 비해 결합하여 사용하는 단어 개수의 증가만이 아니라 조사, 어미와 같은 문법형태소가 사용된다는 점에서 차이점이 있다. 그리고 문법형태소의 사용으로 인해, 단어의 결합이 아닌 말하기가 부정문, 의문문, 피동문 등과 같은 문장으로 나타난다는 특징을 가지고 있다.

■ 문법형태소 발달

문법형태소는 어휘 간 관계를 나타내는 형태소로, 우리말의 경우에 조사와 어미가 속한다. 문법형태소는 핵심 어휘인 내용어의 관계를 나타내는 것으로 문장 내용을 전달하는 데에 있어 기능적, 부차적 역할을 하며, 이어문 단계에서는 나타나지 않는다. 문법형태소를 사용한다는 것은 어휘 간의 관계를 이해하고, 문법 체계를 인식하고 있음을 의미한다. 문법형태소는 공존격 조사(같이, 랑, 하고), 처소격 조사(에, 에게, 한테), 주격 조사(이, 가), 목적격 조사(을, 를), 도구격 조사(로, 으로)의 순서로 발달하게 된다(조명한, 1982). 공존격 조사나 처소격 조사보다 주격 조사는 늦게 습득되며 "엄마이가 줬어", "곰이가 어딨지?" 등과 같이 주격 조사를 사용하는 데에 오류를 보이기도 한다.

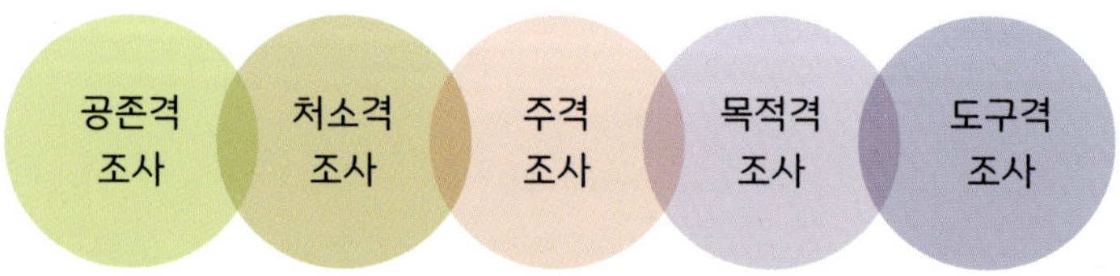

| 그림 4-4 | 문법형태소 발달의 순서

또한, 동사의 어미는 서술형 어미(다, 이다, 야, 라, 자), 과거형 어미(ㄴ, 았, 었), 미래형 어미(ㄹ), 수동형 어미(이, 히), 현재형(ㄴ다)의 순서로 나타난다. 간혹 유아들이 서술어미 '다' 뒤에 공손어미 '요' 등을 붙이는 것('~했다요')과 같은 어미 사용의 오류가 발생하기도 하나 대체로 어미 사용의 오류는 거의 없는 것으로 보고되고 있다.

문법형태소의 종류에 따라 발달순서가 다른 것은 다음의 이유와 같다(이지현 외, 2016; 한유미 외, 2016).

- **언어의 사회적 소통기능** : 사회적 의사소통에 필요한 것일수록 먼저 습득된다. 따라서 공존격 조사는 다른 사람과 함께하려는 욕구와 필요를 표현하기 위해 먼저 습득될 수 있다. 목적격 조사는 생략되어도 우리말에서 의사소통하는 데에 무리가 따르지 않으므로 늦게 출현하는 것으로 보인다. 진행형 어미 역시 사회적 소통의 요구가 적어 가장 늦게 발달한다고 본다.
- **인지발달 요인** : 공간개념이 2세를 전후해서 발달하므로 장소를 나타내는 처소격 조사가 비교적 일찍 출현한다. 그리고 과거의 정확한 시점을 말할 수 없으나 과거사건 등을 기억할 수 있는 인지발달에 따라 과거형 어미를 사용하게 된다. 즉, 문법형태소의 발달은 인지발달의 영향을 받는다고 본다.
- **지각의 현저성** : 지각적으로 두드러지는 것을 먼저 습득한다. 즉, 우리말의 형태소는 단어의 끝에 오게 되고, 유아들은 인지적 제한성으로 인해 단어나 문장의 끝부분에 주의를 집중하게 된다. 따라서 우리말의 공존격 조사(with ~), 처소격 조사(at ~, in ~)와 같은 전치사가 단어의 앞에 있는 영어권에 비해 우리나라 유아들이 문법형태소를 빨리 획득한다고 본다.
- **문법의 복잡성** : 문법적 구조가 복잡할수록 늦게 습득한다. 예를 들어, 우리나라 말에서 수동태는 '이', '히' 등의 접미사를 붙이지만 영어의 경우에는 주어와 목적어의 위치를 바꾸고, 동사를 과거분사로 바꾸고 행위자 앞에 by라는 전치사를 넣는 등 복잡한 문법적 변환과정을 거쳐야 한다. 따라서 우리나라 아이들이 영어권 아이들에 비해 수동태 습득이 빠르다고 본다(예 도둑을 잡다.→ 도둑이 잡혔다. / I made the desk. → The desk was made by me).

■ 문법형태소 과잉일반화

문법형태소를 점차 사용하게 되면서 문장을 풍부하게 표현할 수 있게 되지만, 문법형태소를 처음부터 적절하게 사용하는 것은 아니며 과잉일반화와 같은 오류과정을 거치면서 발달하게 된다. 문법형태소의 과잉일반화는 유아들이 알고 있는 문법 규칙을 예

외 없이 모두 적용하는 과정에서 나타나게 된다. 예를 들어, 불규칙 동사인 'go'는 과거를 나타내기 위해 과거형인 'went'를 사용해야 하지만 유아는 'I goed to the shop'과 같이 과거를 표현하게 된다. 그러나 우리말의 경우에는 영어권과 달리 과거형 어미(ㄴ, 았, 었)로 나타내기에 동사 시제에서 잘 나타나지 않고 조사 습득 과정에서 주로 나타난다(예 공이가 굴러간다. 삼촌이가 잔다).

▪ 문장발달

• 부정문

1년 7개월 즈음이 되면 영아는 부정어 'no', 'not'('안', '못', '싫어')을 사용하기 시작한다. 이어문, 문장기로 말하기의 발달이 이루어지면서 부정어는 점차 부정하려는 말의 앞에 놓이게 되고, 문장으로 들어가게 된다(예 No, daddy. → Daddy is not here. 아빠 없어). 그러나 '안', '못'과 같은 부정어가 문장 속에서 사용되는 과정에서 유아들은 부정형태소의 위치에 대한 오류를 보인다. 예를 들어, '밥 안 먹어'의 표현을 '안 밥 먹어', '이빨 안 썩어'를 '안 이빨 썩어'와 같이 부정을 나타내는 형태소를 잘못 사용하기도 한다. 언어발달 시기에 따른 부정어 출현 및 발달의 특징은 다음과 같다.

부정어 출현 및 발달

- 한 단어 시기 : 없다. 아니
- 두 단어 시기 : '안'을 사용하기 시작함 예 (우유) 안 먹어.
- 문장 시기(세 단어 이후) : '못'의 사용 예 초콜릿 못 먹어. 못 해.

부정어는 부재(없다), 거부(싫어), 부정(아니야), 금지(안 돼. 하지 마), 무능(못)과 같은 의미로 주로 사용되고, 부정어 형태 중 유아들은 '안'을 가장 많이 사용하는 것으로 나타난다. 유아들이 부정어의 사용에 있어 '안 이빨 썩어', '안 계란 먹어' 등과 같이 부정어 위치 오류를 보이기도 하지만 연령이 증가함에 따라 점차 바른 배치가 나타나며 5세 이후에 성인과 같은 부정문을 사용하게 된다(이영자, 2013). 그러나 영어권의 경우에는 'don't', 'can't'와 같이 부정문을 만들기 위해 조동사와 부정어를 함께 사용해야 하는 문법의 특성으로 인해 부정문 사용이 8~9세 이후에 나타나게 된다. 이처럼 우리나라 유아들이 영어권 유아들보다 부정문의 습득이 빠른 것은 문법적 복잡성과 관련된다고 할 수 있다.

• 의문문

유아는 의문문에 대해 대답을 할 수 있게 된 다음에 의문문을 사용할 수 있다. 예를 들어, "이거 뭐야"라는 질문에 "인형"이라고 대답을 할 수 있어야 "이게 뭐야"라는 질문을 산출할 수 있다는 것이다. 유아의 의문문 사용은 영어 사용에 서툰 사람이 시장에서 가방처럼 생긴 무언가를 보고 질문할 때와 같다. 의문문을 만들지 못하는 여행객은 평서문으로 "This bag?"(←Is this a bag?)으로 묻지만 듣는 사람은 억양이 의문문의 억양으로 올라가는 것을 이해하고, 의문문에 맞는 대답을 해줄 수 있다. 이처럼 유아가 처음 의문문을 사용할 때 평서문의 끝을 올려 의문문을 표현하다가(예 엄마 가방?) 점차 의문형 어미와 의문사를 사용하여 의문문을 만들 수 있게 된다.

This bag? → Is this a bag?
엄마 가방? → 이거 엄마 가방이에요?

의문형 어미에는 '~지?'("이게 뭐지?"), '~까?'("이게 뭘까?"), '~야?'("이게 뭐야?") 등이 있고 의문사에는 5W 1H가 있고 이들은 무엇, 어디, 어떻게, 왜, 누구, 어떤, 언제의 순서로 사용하게 된다. 주영희(2001)는 이와 같은 의문사 사용의 발달은 유아의 인지발달 특성을 반영한다고 보았다. 예를 들어, '무엇'이나 '왜'는 영유아의 지적 호기심과 밀접한 관련이 있는 의문사로서 주변 세계 탐색을 위해 자주 사용되며, '언제'라는 의문사 사용은 시간개념이 발달하여야 사용할 수 있기에 다른 의문사에 비해 사용이 늦다고 하였다.

• 피동문과 사동문

피동문은 영어의 수동태에 해당하는 것으로 문장 주어에 해당하는 사람이 어떤 행동을 당하는 것을 의미하며, 사동문은 어떤 행동을 하도록 시키는 것을 말한다.

〈표 4-5〉 피동문과 사동문 예

피동문 예	사동문 예
물고기가 잘 잡힌다.	(주어 생략) 물고기에게 밥을 먹인다.
영화가 나를 울린다.	내가 아이를 울렸다.
구멍이 뚫린 타이어다.	(주어 생략) 타이어에 구멍을 뚫었다.

일반적으로 유아는 피동문보다 사동문을 먼저 습득한다. 이것은 유아의 일상생활 속에서 부모나 양육자가 유아에게 사동문으로 무언가를 요구하는 경우들이 많아 피동문보다 사동문에 대한 노출이 더 많은 이유가 있을 것이다(이인섭, 2001). 그리고 영어권 유아에 비해 우리나라 유아들이 피동문을 빨리 습득하게 되는데, 그것은 문법적 복잡성에 의한 것이라 할 수 있다.

■ 복문

복문이란 한 개의 문장에 두 개 이상의 절이 있는 것을 말한다. 문법형태소를 사용하게 되면서 유아는 문장 사용에 있어 자유롭고 다양한 표현을 할 수 있게 된다. 복문은 두 개의 절이 나란히 나오는 병렬문과 한 개의 절이 다른 절 안에 포함되는 내포문이 있다. 병렬문에 의한 복문을 대등접속문이라하고 내포문에 의한 복문을 종속접속문이라고 한다. 이인섭(1986)은 접속문이 2~3세경에 발달하여 대등접속문을 먼저 사용하고 이어 종속접속문을 사용한다고 한다.

〈표 4-6〉 대등접속문과 종속접속문의 예

구 분	복문 예
대등접속	나는 사과를 좋아하고 수박도 좋아해(I like an apple and a water melon).
	나는 사과를 좋아하는데 딸기는 싫어해(I like an apple but don't like a strawberry).
종속접속	그 집은 우리 이모가 사는 집이야(This house is which my aunt lives in).
	나는 흰 털 강아지를 좋아해(I like dogs whose hair are white).

활동

1 다음 자료를 활용하여 유아의 듣기 능력 발달을 지원할 수 있도록 활동을 계획해 보세요. (유아의 듣기발달 단계 중 auding 단계에 적합한 활동)

출처 : KBS 환경스페셜 [북극곰 얼음 위를 걷고 싶다]

- 활동 주제 :
- 활동 전개 방법 :

2 아이들의 말을 적절하게 해석한다는 것은 아이의 요구나 의도 등에 민감하게 반응할 수 있는 선행조건이 됩니다. 그런 의미에서 다음에 제시된 이어문의 표현과 의미관계를 파악하고, 가능한 해석을 빈칸에 적어보세요.

의미관계	이어문 표현	의미관계론적 해석
행위자-행위	아기, 코(잔다 뜻)~	
목적-행위	빵 줘	
행위자-목적	엄마 밥	
장소-행위	여기 앉아	
장소-실체	저기 새	
실체-장소	사탕 여기	
행위자-장소	아빠야 일루	
소유자-소유	아빠 책	
실체-수식	선생님 이뻐	
지시-실체	요거 불	

05장 문자언어 발달

유아들은 일상생활 속에서 자연스럽게 문자를 접하게 된다. 책, TV, 광고, 간판, 과자의 상표 등을 통해 유아들은 문자에 호기심을 가지고 읽는 경험을 하게 된다. 특히 유아교육기관에서 자신의 이름과 친구들의 이름을 통해 문자언어를 접하게 된다. 문자언어 발달에 관한 관점에서는 읽기 준비도를 고려하여 읽기 준비가 되어 있을 때 지도해야 한다는 입장과 유아가 읽고 쓸 수 있도록 미리 준비시키기 위해 체계적으로 지도해야 한다는 주장이 있었다. 현대에는 영아기부터 읽기와 쓰기의 문자언어 발달의 기초가 있다고 강조하며 언어 자극이 풍부한 환경을 제공해야 함을 강조하고 있다. 이 장에서는 먼저 문식성의 개념을 살펴보고, 영유아기의 읽기와 쓰기 발달 특성을 살펴보고자 한다.

1. 영유아 문식성 발달

문식성(literacy)이란 문자언어를 사용하여 읽고 쓸 수 있는 능력 즉, 글을 통해 의미를 구성하고 전달하여 의사소통하는 것을 의미한다. 즉, 문식성은 일상생활에 필요한 문장을 읽거나 쓰지 못하는 상태인 문맹(文盲, illiteracy)에 상대되는 개념이다(윤여탁, 2014). 초등교육의 경우, 2015 개정 교육과정이 적용된 2017년부터 '한글책임교육'이라는 명명하에 한글 해독교육이 강화되면서 기초 문식성 교육에 대한 관심이 증대되고 있다(제민경, 2021). 문식성의 궁극적인 목적은 다른 사람의 글을 읽고 내용을 파악하고, 이에 대한 자신의 생각과 아이디어를 정리하여 전달하는 것이라고 할 수 있다. 이를 바탕으로 정리하면 유아교육기관에서의 문식성이란 일상생활 속에서 인쇄물을 이용하여 읽고 쓰면서 의미를 형성하고 다른 사람과 의사소통하는 능력을 말하는 것으로 단순히 읽고 쓰는 것 이상의 언어능력을 의미한다. 1900년대부터 현재까지의 문식성 발달을 관점에 따라 정리하면 다음과 같다.

1) 읽기 준비도 관점

전통적 관점에서 문식성은 유아가 시각적·지각적 하위 기술을 습득하여 실제로 읽고 쓰는 행위를 하는 것으로 형식적 교육을 통해 가르쳐질 수 있다고 여겨졌다. 이러한 관점에 기초하여 초기 유아의 읽기 준비도에 대한 시각은 1920년대에서 1950년대에 이르기까지 미국의 교육 실제와 발달 연구에 지대한 공헌을 한 Gesell의 영향을 받았다.

Gesell은 발달은 성숙의 결과이며, 특정 분야의 교육을 위해서는 준비될 때까지 기다려야 한다고 주장하였다. 이에 초기 읽기 준비도 관점에서는 읽기는 자연적인 성숙의 결과이며 적절한 경험이 읽기를 촉진한다고 보았다. 문해발달에 있어 성숙주의적 관점을 보인 Morphett와 Washbume(1953)은 읽기 성취도에서 가장 좋은 결과가 나온 6.5세가 읽기 지도의 적절한 시기임을 밝혔다. 즉, 그 이전의 유아들은 발달적으로 충분히 성숙할 때까지 읽기, 쓰기 학습을 기다려야 한다는 것이다. 이러한 사상들은 발달은 성숙이나 내적 성장의 결과이므로 좋은 교육은 자발적 성숙에 따라 정해진 과정을 방해하지 않는 환경을 마련하는 것임을 주장하고 있다.

1920년대에서 1940년대에 걸쳐 읽기 준비도 개념은 단순히 기다리기보다는 가르칠 수 있는 어떤 것으로 점차 변화되어 가면서 성숙주의의 강조가 줄어들기 시작하였다. 특히 1957년 스푸트닉 쇼크와 1960년대 행동주의 관점의 등장으로 인해 학습과 교육에 관한 관점 변화와 함께 유아의 문해발달에 대한 시각도 달라졌다. 이 시기 학자들은 영아기의 중요성을 강조하면서 환경적 요인과 형식적이고 직접적인 교수활동을 통해 읽기 준비도에 도달하는 시기를 앞당길 수 있다고 보았다. Bloom(1956)은 대부분 유아는 조직적이고 체계적인 교수 방법과 충분한 학습 시간이 주어지면 높은 수준의 학습도 가능하다고 보았다. 이와 함께 헤드스타트 운동의 결과 역시 유아의 학업성취를 준비시키기 위해 직접적인 교수가 중요함을 강조하였다. 이러한 읽기 준비도 개념은 특히 두 가지 중요한 측면에서 의미를 찾아볼 수 있다. 첫째, 유아기는 진정한 읽기, 쓰기의 시기로 여러 가지 읽기 준비도 하위기술을 숙달시킨 후에 읽기를 시작해야 한다는 것이다. 둘째, 행동주의적 관점을 가진 교사와 부모들은 영유아가 읽고 쓸 준비가 될 때까지 기다리기보다 빨리 읽고 쓸 수 있도록 반복적으로 훈련해야 한다는 생각을 하게 되었으며, 읽기, 쓰기의 학습이 준비도 기술을 가르치는 학교에서 시작되어야 함을 주장하였다. 읽기 지도에 대한 행동주의 이론의 관점은 읽기 준비도에 대한 개념을 변화시켰으며, 이후 상호작용론적 관점의 이론이 나타나면서 유아의 문식성에 대한 시각은 다시 변화되었다.

2) 발생적 문식성 관점

1960년대~1970년대에는 문식성 발달을 성숙주의나 행동주의 이론보다 상호작용적인 관점으로 설명하려는 시도가 나타났다. 특히 Piaget의 인지발달 이론이 심리학 분야에서 대두되면서 인지발달과 언어발달을 비롯한 교육 분야에도 큰 변화가 나타났다. Piaget는 지식습득을 유아와 유아가 속한 물리적 환경과의 상호작용으로 설명하면서 지식을 구성하는 능동적 학습자로서 유아의 존재를 확인하였다. Vygotsky로 대변되는 사회적 상호작용주의 이론에서도 유아의 발달이 생득적인 요소와 함께 사회적 상호작용의 경험에 따라 달라진다고 하며 사회적 상호작용 속에서의 언어발달을 강조하였다. 특히 Vygotsky는 언어발달 과정에서의 성인의 역할을 명료화하기 위해 '근접발달영역(ZPD : Zone of Proximal Development)'이라는 용어를 사용하여, 교수(instruction)와 학습(learning)이 일어나는 곳으로서 근접발달영역을 강조하였다. 이러한 관점에서는 글을 읽고 쓸 줄 아는 사람들이 유아의 초기 읽기활동에 중재자로서 참여할 때 유아의 문해 능력이 더 잘 발달하기 때문에 유아를 둘러싼 사회적이고 협력적인 관계(Teale, 1982)가 중요하다고 본다.

발생적 문식성 관점이 나오게 된 배경으로 Durkin(1966)과 Clay(1975)의 연구를 들 수 있다. Durkin(1966)은 문자를 일찍 해독한 유아들은 어린 시기부터 풍부한 문자 환경에 노출되었으며 부모와의 상호작용을 통해 문자언어 학습이 가능했음을 강조했다. 그의 연구에서 유치원 시기에 문자를 해독한 유아들은 그렇지 못한 유아들에 비해 집에 책이 많았고 부모가 인쇄물을 많이 보았으며, 자녀들이 문자에 호기심을 보이면 질문에 대답해 주고, 어린 시기부터 그림책을 자주 읽어준 것으로 나타났다. 발생적 문식성(Emergent Literacy)이라는 용어를 최초로 사용한 Clay(1976)는 유아의 문식성은 적절한 경험과 상호작용을 통해 자연스럽게 발현한다(emerge)고 하였다. 그는 문식성이란 단순히 해독하는 것이 아니라 책을 다룰 줄 아는 것, 책을 읽을 때는 왼쪽에서 오른쪽으로, 위에서 아래로 읽는다는 것, 글자의 기능을 이해하는 것 등을 포괄하는 것으로 보았다.

0~1세 영아의 책 보기

2세 영아의 책 읽는 척하는 행동

발생적 문식성은 영유아가 주변의 문자언어를 접하게 되면서 발달한다. 일반적으로 글자를 정확하게 읽기 이전의 책을 잡고 읽는 척하는 행동(pretended reading)이나 정확한 글자가 나타나지 않지만 끼적이기 등도 문해/문식성에 포함된다. 책을 읽는 척하는 행동은 책 속의 글에는 어떤 의미가 있다는 것을 이해하고, 책을 읽는 행동을 모방하는 것이고, 정확한 글자는 모르지만 끼적이면서 자신의 의미를 표현하려고 하는 것이므로 문식성에 해당한다.

발생적 문식성 관점은 유아 문자교육에서의 교육내용이나 방법에서 변화를 가져와 형식적으로 직접적인 교수법보다는 유아에게 의미 있는 자료를 중심으로 하는 자연스러운 접근이 강조되었다. 즉, 발생적 문식성 관점에서 읽기와 쓰기는 유아가 문자를 사용하는 사회에서 태어난 순간부터 나타나는 자연스러운 과정으로, 문식성은 읽기, 쓰기, 말하기, 듣기의 학습과정의 통합적인 부분으로 본다. 이에 유아는 실제적인 일상생활의 맥락 속에서 다양하고 의미 있는 용도로 자주 사용되는 과정을 거치면서 자연스럽게 문식성을 습득하게 된다(Neumann, Hood, & Food, 2013).

3) 새로운 관점

1980년대에서 1990년대 동안에는 발생적 문식성 관점이 영유아기 문자언어 발달을 설명하는 대표적인 이론적 관점으로 유아를 위한 문자언어 교육은 발생적 문식성 관점에서 나온 총체적 언어로 접근하는 것이 가장 바람직하다고 여겨졌다(이지현 외, 2015). 그러나 1990년대부터 2000년대 이후 미국에서는 초기 문해교육에 영향을 미치는 일련의 움직임이 나타났는데, 먼저 1990년대 말 미국에서는 유치원에서 고등학교 학생들이 반드시 성취해야 하는 지식과 기술을 규정한 K–12 기준(standards)이 개발되었다. 1998년에는 전미유아교육협회(NAEYC)와 국제읽기협회(IRA)가 "읽기·쓰기 학습 : 발달에 적합한 실제"라는 공동의 입장을 발표하였으며, 2001년 "No Child Left Behind(NCLB)" 법령이 통과되면서 기준(standards)에 근거한 읽기교육 개혁과 교육 책무성이 더욱 강조되기에 이르렀다.

이러한 움직임들로 초기 문해교육에서 읽기 기술을 중심으로 하는 교수 방법 활용이 급증하였다. 과학에 기초한 읽기 연구(SBRR : Scientifically Based Reading Research) 운동은 성공적인 문해자가 되기 위해 유아가 갖추어야 하는 핵심적 지식과 기술을 밝히는 데 공헌이 있다. SBRR 운동에 따르면 유아의 음성언어, 음운인식, 알파벳 자모음 지식이 초등학교에서 읽기 성취를 예측한다는 사실이 밝혀졌으며, 문자에 대한 관계를 포함하는 문자인식과 책에 대한 개념, 시각적 재인 역시 초등학교에서의 읽기 능력과 정적인 상관을 가진다. 이러한 핵심적 읽기 기술들은 명시적이고 체계적인 교수를 통해 효과적으로 증진될 수 있는데, 게임이나 활동 등의 형태로도 가능하지만, 대집단이나 소집단의 교사의 설명이나 모델링, 안내된 연습 및 혼자 연습 등의 직접적 교수로도 가능하다 (Snow, Burns, & Gliffin, 1998, 이지현 외, 2019 재인용).

영유아기 문자언어 교육에 있어서 발생적 문식성과 SBRR은 모두 나름대로의 장단점을 가지고 있다. 최근 지지를 받고 있는 균형적 문해 접근법은 발생적 문식적 관점과 SBRR 관점의 핵심적 요소를 함께 혼합한 교수 방법으로 볼 수 있다. 혼합적 교수 방법에 대한 설명은 다음 그림과 같다.

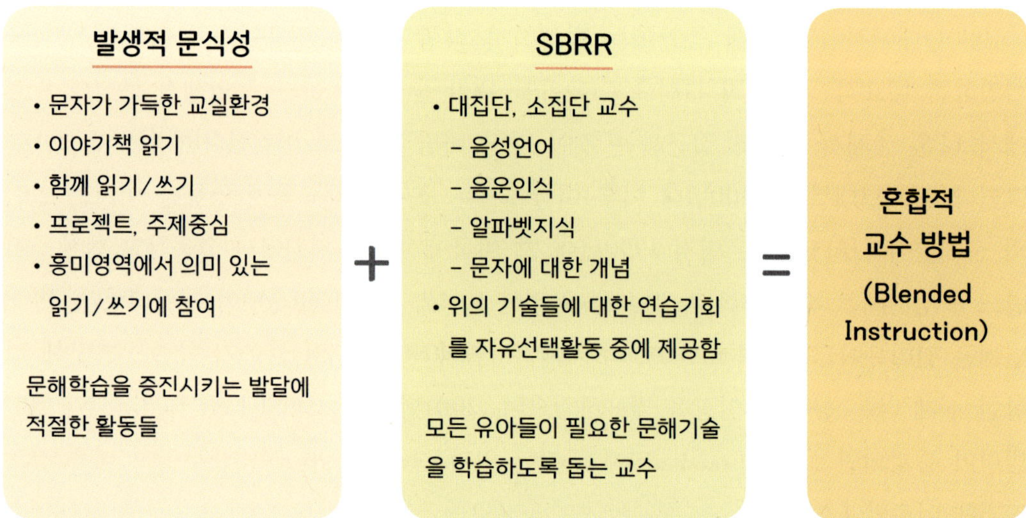

| 그림 5-1 | 혼합적 교수 방법

출처 : Vukelich, Christie, & Enz(2008).

2. 읽기발달

읽기란 독자가 인쇄된 문자를 보고 해독(decoding)하고 의미를 이해하는 복잡한 정신 과정이다. 읽기를 해독으로 보는 입장은 전통적 관점으로 시각적으로 제시된 글자를 부호화하고 그것을 말소리로 바꾸는 것, 즉 문자를 소리로 전환하는 것을 말한다. 반면 읽기를 의미이해로 보는 입장에서는 소리내기 여부와 상관없이 독자가 나름대로의 방식으로 읽고 그 의미를 이해할 수 있다면 읽기 능력이 있다고 본다. 유아교육 분야에서는 유아의 문자언어 발달에 있어서는 단순한 해독의 관점에서보다는 의미이해로서의 읽기를 진정한 읽기라고 보는 연구들이 많이 이루어지고 있다.

1) 읽기발달에 필요한 지식

유아가 글자를 읽기 위해서는 먼저 문자를 해독하는 과정, 이후 글자와 말소리의 관계를 이해하고 이러한 단어의 의미를 이해하는 과정이 필요하다. 읽기의 심리적 처리과정에는 인쇄된 글자를 언어 형태로 바꾸는 부호화 과정, 단어의미를 찾아내는 어휘처리 과정, 문장 속에 들어 있는 단어를 이해하는 과정, 그리고 문장의 의미를 분석하고 그것을 종합하여 이해하는 과정을 포함한다(이차숙, 노명완, 2003). 이를 다시 크게 단어 재인(word recognition)의 과정과 언어이해(language comprehension)의 과정으로 나눌 수 있다(Calfee, 1981). 단어재인 능력은 인간이 언어를 산출하고 단어재인이란 시각적으로 제시된 단어를 부호화(encoding)하여 그 부호에 해당하는 어휘 정보를 자신의 심성어휘집(mental lexicon)에서 탐색하여 의미와 연결짓는 것을 말한다(Stanovich, 1986, 1991). 심성어휘집이란 어휘처리 과정을 조작적으로 설명하기 위해 도입된 개념으로서 어휘에 관한 여러 가지 정보들이 내적으로 저장되어 있는 일종의 마음속의 사전과 같은 것이다(이차숙, 노명완, 2003). 정리하면 단어재인이란 제시된 단어를 눈으로 보고, 그 의미를 해석하는 인지처리 기술을 의미한다.

아동의 읽기 문제는 언어 이해보다는 단어 재인을 못해 생기기 때문에(Perfetti, 1985),

단어 재인은 앞서 제시한 읽기를 위한 4개의 복잡한 심리적 과정(부호화, 어휘처리, 문장 분석, 의미 분석) 중에서 발달시켜야 하는 중요한 기술이다. 단어를 잘 해독하지 못해 읽기 장애를 보이는 경우가 훨씬 더 많다는 점을 감안하면(Stannovich, 1986) 단어재인의 중요성을 확인할 수 있다. 한편, 읽기는 시각 경로와 음운 경로의 이중 경로로 이루어지는데(Coltheart, 2006) 친숙한 단어는 시각 경로를 통해 형태를 인식함으로써 어휘집에 도달할 수 있지만, 친숙하지 않은 단어는 자소-음소 대응을 통한 음운 경로가 더 큰 영향을 미친다(제민경, 2021). 따라서 초기 유아기에는 유아가 일상생활 속에서 단어를 자주 접할 수 있도록 하여 친숙해 지도록 하는 것이 중요하다.

▸ **단어재인 :** 제시된 단어를 말소리로 발음(해독)함으로써 단어가 무엇을 의미하는지 인지하는 과정

- 음운인식 - 말소리의 여러 단위를 지각하고 인식하는 것
- 해독 - 자소음소 대응, 철자와 말소리 대응을 통해 글자를 해독하는 것
- 시각적 재인 - 해독된 단어를 심성어휘집에서 찾아 부합하는 의미정보를 순간적으로 파악해내는 것

▸ **언어이해 :** 언어를 통해 의미를 구성하고 이해하며 사고하고 분석하는 과정

- 어휘 - 어휘가 풍부할수록 언어이해가 수월해지고, 문자 자료를 많이 읽을수록 새로운 단어를 접할 기회가 많아짐
- 구문지식 - 문자 자료는 맥락적 요소가 배제된 상황에서 문자만을 통해 의미를 전달해야 하므로 정확한 문장과 문법이 제시되어야 함
- 언어추론 - 저자의 표현이 무엇을 의미하는지 배경지식을 끌어와 생각해서 가능한 의미를 추론하는 것
- 문해지식 - 탈맥락적인 문자언어의 화용규칙

Scarborough(2002)는 단어재인과 언어이해가 상호의존적으로 발달해 간다고 설명하며 읽기발달을 여러 가닥의 실이 함께 짜여지는 과정과 같은 것으로 설명하였다. 단어재인

의 발달은 음운인식(phonological awareness), 해독(decoding), 시각재인(sight recognition)이 서로 합쳐지면서 형성되는 것이다. 언어이해의 발달은 배경지식(background knowledge), 어휘(vocabulary), 언어구조(language structure), 언어추론(language reasoning), 문해지식(literacy knowledge)이 서로 합쳐지면서 형성되는 것이다. 초기 단계에서 읽기는 주로 단어재인과 해독의 과정이므로 말소리와 문자가 어떻게 관련되는지의 인식이 가장 중요하게 작용하기 때문에 음운인식 기술이 읽기 성취를 예언하는 가장 강력한 변인으로 제시된다. 이에 반해 해독이 숙달된 이후에 읽기발달 과정에서는 읽은 내용, 즉 언어이해에 관한 기술이 더 중요해진다.

따라서 숙련된 읽기라는 굵은 밧줄은 단어재인(word recognition)과 언어이해(language comprehension)라는 각각의 밧줄이 점차 상호 관련되고 합쳐지면서 이루어지는 과정이라는 것이다. 이러한 과정을 그림으로 나타내면 다음과 같다.

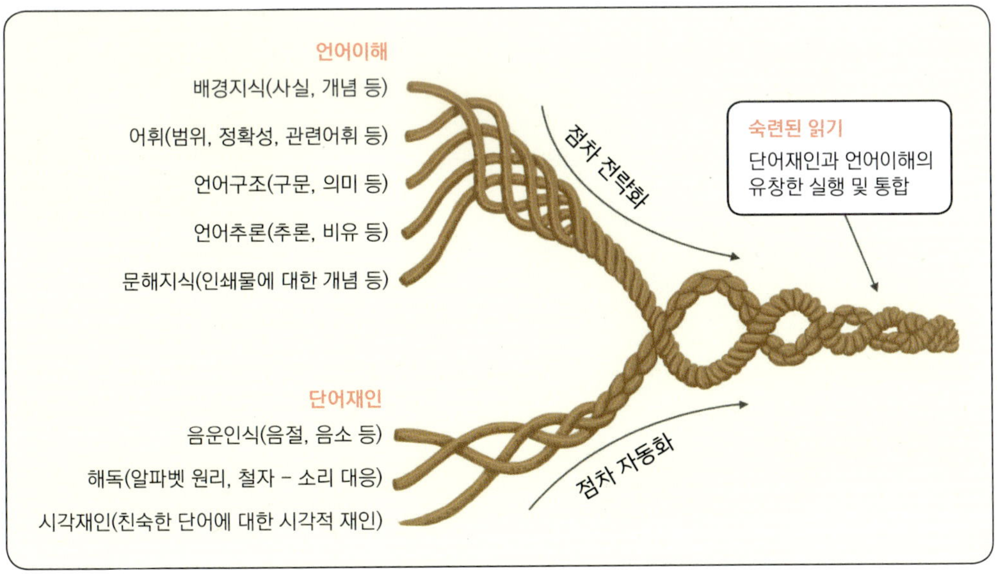

| 그림 5-2 | 숙련된 읽기를 위한 기술과 과정

출처 : Scarborough(2002).

2) 읽기발달 단계

(1) Jalongo의 읽기발달 단계

Jalongo(2003)는 유아의 읽기발달 단계를 다음과 같이 제시하였다.

- 1수준 : 책이 무엇인지 이해한다.

후기 영아기 걸음마기 시기에 해당하며 이 시기의 영유아는 책과 장난감을 구별한다. 책을 잠깐 보다가 다른 것이 관심이 생기면 멈춘다. 헝겊, 비닐, 플라스틱으로 만든 책을 좋아한다.

- 2수준 : 책의 기능을 이해한다.

2세 반에서 3세경이 되면 책의 기능에 대해 학습하기 시작한다. 책을 똑바로 세워 책장을 넘기고 다른 물건과 다르게 다룰 수 있다. 유아들은 그림책 속의 물건을 가리키며 이름을 말하고 자신의 경험을 이야기한다.

그림책 속 물건 가리키기

- 3수준 : 청취자와 참여자가 된다.

제훈이는 「심술꾸러기 두두」를 하루에도 여러 번 교사에게 읽어달라고 한다. 오늘 아침에도 교사가 읽어준 후 자리를 떠나자 혼자 앉아서 계속 책을 본다. 제훈이는 글씨를 아직 읽지 못하지만 내용을 외워서 "나를 채워 줘, 속이 비어 있으면 난 아무것도 아니야", "게딱지 괴물은 다시 물었어. 어때 화났지?" 하고 책을 넘겨가며 반복되는 부분을 적절하게 사용하며 읽는다.

3세 이후가 되면 유아는 책을 물리적으로 조작하는 법을 알게 되고 혼자서 책을 볼 수 있다. 익숙한 이야기를 그림을 단서로 외워서 소리 내 읽기도 한다. 유아들이 동일한 이야기를 반복해서 듣고 싶어 하는 경우 성인들은 귀찮아하지 않고 모든 단어가 익숙해지도록 반복해서 읽어주는 것이 중요하다.

■ 4수준 : 그림에 맞추어 이야기를 한다.

이 시기 유아들은 좋아하는 책이 있으면 익숙한 책의 내용에 새로운 내용을 첨가하기도 하고 문학적 관점으로 연결하기도 한다. 혼자서 책을 읽기도 하고 책에 나와 있는 단어와 같은 소리를 내면서 문어적으로 이야기할 수도 있다.

■ 5수준 : 글자, 의미, 이야기 지식에 초점을 둔다.

이 단계가 되면 유아는 책의 내용이 읽을 때마다 동일하다는 것을 안다. 또한 그림뿐만 아니라 글자를 볼 필요가 있으며 단어를 연결해야 함을 안다.

■ 6수준 : 단어 형태와 소리-글자 관계에 초점을 둔다.

이 시기의 유아들은 알고 있는 글자, 단어, 소리를 이용해서 글자를 정확하게 읽으려고 한다. 모르는 단어가 나오면 이야기 맥락에 맞지 않더라도 아는 단어로 바꾸어서 읽는다.

글을 읽을 수 있는 수빈이가 「괴물들이 사는 나라」를 펴서 손가락으로 글을 가리키며 읽고 있다. "괴물들이 소리쳤어"에서 '소', '리', '쳤', '어'로 발음한다. 옆에서 예은이가 "소리쳤어([소리쳐써])라고 읽어야지" 하자, 수빈이는 손가락으로 글자를 한 자씩 짚어가며 "아니야 소, 리, 쳤, 어"라고 읽으며 "정확하게 읽어야지" 한다.

■ 7수준 : 글자와 이야기에 대한 지식을 연결한다.

이 시기는 개인차에 따라 초등학교 1~2학년 시기가 될 수도 있고 훨씬 이후가 될 수도 있다. 모든 경험을 통합하여 읽기 독자로서 유용한 정보를 이용한다. 철자법을 읽고 익숙해질 때까지 계속 반복해서 단어를 연습한다.

(2) Clay의 읽기발달 단계

발생적 읽기(emergent reading)는 넓은 의미에서 초기 문해의 한 영역이다. 영유아는 관례적인 의미의 읽기를 할 수 있기 전에도 읽기활동을 즐기며 능동적으로 참여한다(Sulzby & Teale, 1991). Clay(1972; 1982)는 유아의 초기 읽기에 관하여 연구한 결과 초기 읽기 단계를 다음과 같이 구분하였다.

- 1단계 : 글자는 이야기로 전환될 수 있는 것임을 이해하는 단계

이 단계에서는 책의 그림을 보고 내용과 관계없이 이야기를 만들어 내며 자신이 쓴 것도 정확히 읽지 못하고 읽는 흉내만 낸다.

그림을 보고 이야기 만들기

- 2단계 : 구어에서는 잘 사용되지 않는 특별한 형태의 문어체 이야기를 만들어 내는 단계

(예 '여기는 ~입니다', '엄마가 ~라고 말했습니다')

- 3단계 : 그림을 보고 적절한 문장을 생각해 내는 단계

이 단계에서는 그림이 이야기 내용의 단서(cue)가 됨을 이해한다.

- 4단계 : 책에 적혀 있는 문장의 대부분을 기억하는 단계

이 단계에서는 자신이 기억한 이야기 내용과 그림의 도움을 받아서 책을 읽는다.

- 5단계 : 단어의 시각적 단서를 사용하여 문장을 재구성하는 단계

이 단계에서는 글자를 손가락으로 짚으며 읽기도 하고 특정한 단어가 어디 있는지 질문하기도 한다.

(3) 이영자와 이종숙(1985; 1990b)의 읽기발달 단계

이영자와 이종숙(1985)은 Clay(1972)와 Rossman(1980)의 단계를 기초로 유아의 글자와 관련된 규칙의 이해발달 과정과 상징적 기능의 이해에 초점을 두어 책 읽기 행동을 7단계로 제시한 바 있다. 이 단계에 대해서 이영자와 이종숙(1990b)에서는 유아들의 반응을 중심으로 6단계로 제시하였는데 그 내용을 구체적으로 살펴보면 다음과 같다.

■ 1단계 : 읽기 이해 전 단계

2, 3세가 주로 이 단계에 속한다. "책을 읽을 수 있니?" 하는 질문에 반응을 보이지 않거나 무턱대고 끄덕이는 반응이 나타난다. "책을 읽으려면 무엇을 알아야지?" 하고 질문하면 대답하지 못한다. 책 다루는 기술이나 경험이 없어 책의 앞뒤에 대한 이해가 없고 책을 여러 장 한꺼번에 넘기면서 그림을 보거나 그림의 명칭을 말한다. 그림을 지적하면서 자신이 명칭을 잘 모르는 인물이나 사물을 지적하며 "이게 뭐예요?" 하고 질문하기도 하고, "여기 토끼 있어요" 하고 그림의 명칭을 이야기하기도 한다. 이 단계 유아들의 읽기는 여러 하위 단계들(말없이 그림만 쳐다보기, 그림을 지적하기, 그림의 명칭을 이야기하기, 그림에 대해 질문하기)이 섞여서 나타나는 것을 볼 수 있다.

■ 2단계 : 이야기 구성 능력이 없어 "난 ~ 못 읽어요" 같은 의사표현을 하는 단계

이 단계의 유아들은 아직 글자를 익히지 못한 단계이고 그림만으로도 이야기를 구성할 수 있는 능력이 아직 형성되지 않은 단계이다. 제목이 있는 책의 앞을 지적하며 "사람들이 읽을 때 무엇을 보고 있을까?" 하는 질문에 그림을 지적한다. "이 책 좀 읽어줄래?" 하는 요청에 "나는 못 읽어요" 하고 표시하거나 가만히 있는다.

■ 3단계 : 그림을 보고 마음대로 이야기 만들기 단계

이 단계의 유아들은 "책을 읽을 수 있니?" 하면 고개를 끄덕이고, "책 읽는 사람은 무엇을 보고 읽지?" 하는 질문에 그림을 지적한다. 이 단계의 유아들은 자신이 들은 이야기책의 내용에 기초하여 그림에 있는 물체에 의해 떠오르는 내용이나 물체와의 경험을

기초로 이야기를 만든다. 예를 들어, 글의 내용이 '그날 밤 맥스는 이런 장난을 했어. 또 이런 장난도 했지'일 경우 '맥스는 계단에서 뛰고 소리도 질렀습니다' 하고 내용을 만들어 말하는 것이다.

■ 4단계 : 의미를 비슷하게 꾸며 말하기 단계

그림을 보면서 이야기의 의미를 비슷하게 꾸며 말하는 단계이다.

■ 5단계 : 단어나 구절을 암기하여 이야기하는 단계

그림을 보면서 단어나 구절을 암기하여 말하는 단계이다.

■ 6단계 : 글자를 읽어야 한다는 것을 이해하거나 실제 글자를 읽는 단계

• 하위 1단계 : 글자를 읽어야 한다는 것은 이해하지만 "글자를 읽을 줄 몰라요", "난 못 읽어요"와 같은 의사를 표현하는 단계

글자를 읽어야 한다는 것은 이해하나 읽을 줄 모를 때 "글자를 못 읽어요" 하는 대신 글자와 그림을 유심히 쳐다보며 가만히 있는 행동을 보인다. "책을 읽을 때 무엇을 읽니?"라고 질문하면 "글자요"라고 한다. "그럼 이 책을 읽으려면 어디부터 읽어야 하지?" 하면 첫 페이지의 글자 시작 부분을 손으로 제시한다. 그림만 있는 페이지를 지적하며 "여기서는 무엇을 읽지?" 하면 "못 읽어요" 하며 글자가 없어서 읽을 수 없다고 한다. 책을 한번 읽어달라고 하면 "읽을 줄 몰라요" 한다. 이 단계 유아들에게 "네가 읽는 방법대로 읽어줄래?" 하면 대강의 핵심 줄거리를 요약해서 말해준다.

• 하위 2단계 : 실제 글자를 읽는 단계

글자를 읽을 줄 아는 유아들은 읽기를 어떻게 배웠는지 묻는 질문에 "나 혼자 생각해서 했어요", "그냥 알았어요", "엄마한테 배웠어요", "배우지 않았지만 글씨를 읽고 싶어서 외웠더니 읽을 수 있었어요" 등으로 대답한다.

- 하위 2–1단계 : 글자를 보고 한 문장을 기준으로 25% 이하로 똑바로 읽기
  이 단계의 유아들의 읽기 특징은 단어 전체를 읽지 않고 단어 중 아는 글자 하나 또는 둘을 읽는 행동(예 가, 다, 니다, 나, 이, 기, 사)이 대부분이다.
- 하위 2–2단계 : 글자를 보고 한 문장을 기준으로 50% 이하로 똑바로 읽기
  이 단계의 유아들은 처음에는 "못 읽어요" 하고는 글자를 보고 손으로 한 자 한 자 짚으며 읽는다. 부분적으로 비슷한 글자를 잘못 읽는 현상도 나타난다.
- 하위 2–3단계 : 글자를 보고 한 문장을 기준으로 75% 이하로 똑바로 읽기
  이 단계의 유아들은 낱자로 읽다가 반복적으로 자주 나타나는 단어는 단어 전체를 읽는다. 억양은 아직 자연스러운 연결적 읽기가 아니라 낱자로 읽기 현상이 지배적이다.
- 하위 2–4단계 : 글자를 보고 한 문장을 기준으로 75~100% 똑바로 읽기
  이 단계는 유아들이 읽는 소리를 듣고 내용 파악이 가능하다. 글자를 읽으나 아직 자연스러운 연결적 읽기가 나타나지 않는 유아들도 있다. 일부 유아는 유창하게 읽으며 때로는 "눈으로 읽고 싶어요", "어른들은 눈으로 읽을 수 있어요" 하고 표현하기도 한다.

3. 쓰기발달

일반적으로 쓰기를 보는 두 가지 견해가 있는데 하나는 글자의 형태를 강조하는 입장이고 다른 하나는 의미표현을 강조하는 입장이다. 전자는 쓰기에 대한 전통적인 입장으로 다른 사람의 말을 듣고 그대로 옮겨 쓰거나 글자를 베껴 쓰는 것을 쓰기라고 본다. 후자는 자신의 생각이나 느낌을 글로 쓰는 것을 강조하는 입장이다. 글자의 형태를 강조하는 전통적 관점에서는 소근육 발달, 눈과 손의 협응 등의 쓰기 준비도를 강조하여 맞춤법에 따라 맞춰 쓴 관례적인 글자 쓰기만을 인정한다. 이에 반해 발생적 문식성

관점에서는 유아들이 의미표현이나 전달을 위해 끼적이거나 창안적 글자쓰기(invented spelling) 등의 자발적인 쓰기 행동이 관례적인 글자와 동일한 기능을 하고 있음을 주장한다(Sulzby, 1990).

영아의 끼적이기 행동

발생적 문식성 관점에서는 유아들의 의사소통과 의미표현을 위한 쓰기를 중요시한다. 유아들은 성장하면서 끼적이거나 책이나 환경 인쇄물에 있는 글자와 단어를 베껴 쓰기도 하고 성인에게 글자를 써 달라고 하기도 한다. 특히 자신과 친구의 이름이나 주변에서 자주 접할 수 있는 사물 등의 환경 인쇄물은 유아의 쓰기발달을 촉진하는 요소가 된다. 이와 함께 일상생활 속에서 쓰기의 필요성과 쓰기 학습에 대한 동기를 부여하는 상황, 예를 들면 친구에게 "○○아, 내일 같이 놀자"라고 쪽지를 쓰거나 교사에게 "선생님, 사랑해요"라고 편지를 쓰는 등의 활동은 쓰기에 대한 흥미를 고조한다.

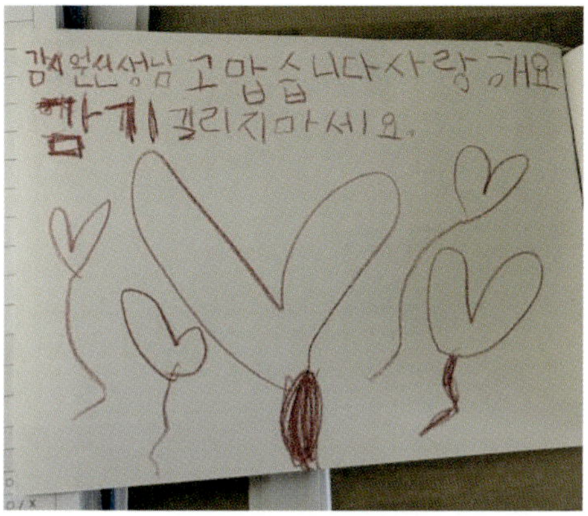

선생님에게 편지쓰기

환경 인쇄물을 보고 따라 쓰기

1) Sulzby의 쓰기발달 범주

Sulzby(1985)는 쓰기발달의 궤도를 설명하였는데 이것은 발달적 순서에 의한 것은 아니라고 하였다. 즉, 유아가 관례적인 쓰기를 할 수 있기까지 정해진 위계적 순서를 거치는 것은 아니지만 몇 가지 보편적인 형태가 나타난다고 하였다.

〈표 5-1〉 Sulzby의 쓰기발달 범주

유 형	내 용
그림으로 쓰기 (writing via drawing)	그리기를 해서 쓰기를 하며 그리기와 쓰기를 혼동하지 않고 이해한다. 그리기와 쓰기를 의사소통의 목적으로 사용하며 그림으로 쓰는 유아는 쓰기인 것처럼 그림을 읽는다.
끼적거리기로 쓰기 (writing via scribbing)	끼적여 놓고 쓰기를 했다고 하며 연필을 사용해서 왼쪽 오른쪽으로 긁적거리기도 하고 쓰기도 한다.
글자 비슷한 형태로 쓰기 (writing via making letter-like forms)	쓴 모양이 글자와 비슷하며 관례적이지는 않지만 창의적인 글자 형태이다.
낱글자들을 연속해서 쓰기 (writing via making letter strings)	유아 자신의 이름처럼 익숙한 글씨를 일렬로 펼쳐서 쓴다. 글자의 순서를 바꾸어 쓰기도 하며 동일한 글자를 다양한 방식으로 쓴다.

창안적 글자 쓰기 (writing via invented spelling)	창안적 글자 쓰기는 유아에 따라서 다양하며 관례적인 철자법을 잘 알지 못하기 때문에 유아 자신의 방식에 따라서 창안해서 쓴다. 하나의 낱자가 전체 음절 혹은 하나의 단어로 나타나기도 하며 띄어쓰기도 하지 않는다.
관례적 철자법으로 쓰기 (writing via conventional spelling)	성인들이 쓰는 방식과 유사하게 쓴다.

한편 이영자와 이종숙(2004)은 우리나라 3~6세 유아를 대상으로 한 연구를 통해 쓰기발달 단계를 다음과 같이 제시하고 있다.

〈표 5-2〉 우리나라 유아의 쓰기발달 단계

단 계	쓰기의 형태
0단계	**미분화 단계**  '타요(애니메이션 자동차)'라고 쓴 것(20개월)
1단계	**긁적거리기 단계** 하위 1단계 : 글자의 형태가 나타나지 않으나 세로선이 나타남  '자동차'라고 쓴 것(24개월)

	하위 2단계 : 글자의 형태가 나타나지 않으나 가로선이 나타남  '버스'라고 쓴 것(30개월)
2단계	**한두 개의 자형이 우연히 나타나는 단계**  '이민성'이라고 쓴 것(34개월)
3단계	**한두 개의 자형이 의도적으로 나타나는 단계** 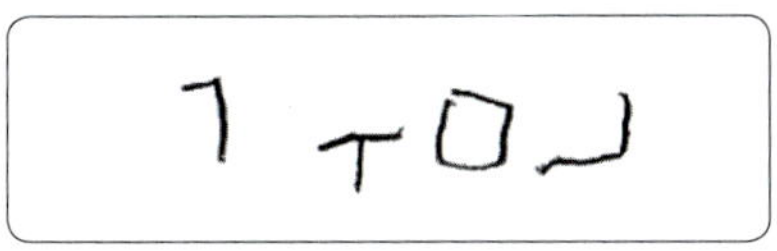 자기 이름 쓴 것(만 3세) 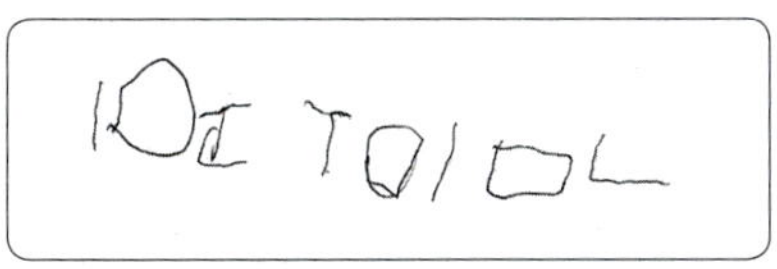 '아빠, 엄마'라고 쓴 것(만 4세)
4단계	글자의 형태가 나타나고 가끔 자모음의 방향이 틀리거나 부분적으로 틀림 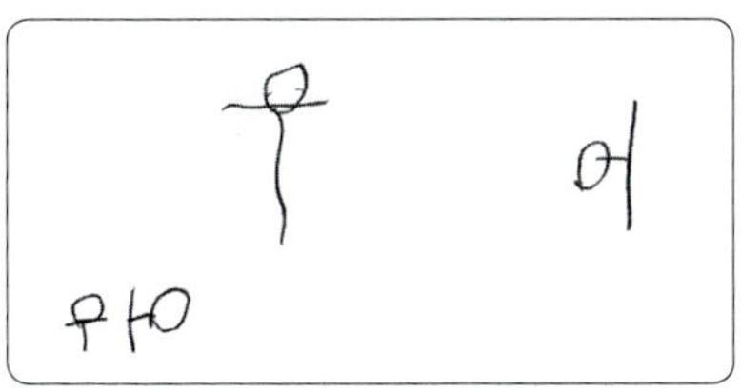 친구 이름 쓴 것('이상')(만 4세)

<table>
<tr>
<td>5단계</td>
<td>

단어 쓰기 단계

하위 1단계 : 완전한 단어형태가 나타나고 자모음 방향이 틀리거나 글자가 부분적으로 틀림

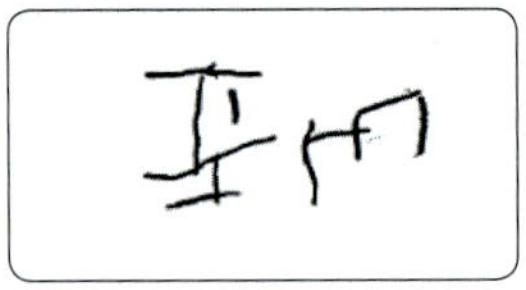

'포도'라고 쓴 것(만 3세)

'수박'이라고 쓴 것(만 3세)

하위 2단계 : 완전한 단어형태가 나타나고 자모음 방향이 정확함

자기 이름 쓴 것(만 4세)

</td>
</tr>
<tr>
<td>6단계</td>
<td>

문장 쓰기 단계

하위 1단계 : 문장형태가 나타났으나 부분적으로 틀린 글자가 있는 단계

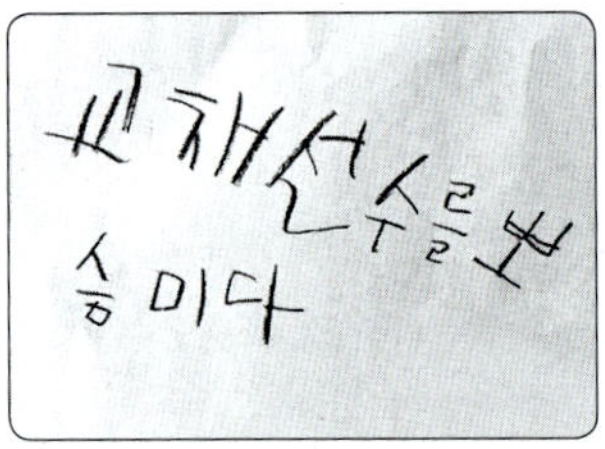

축구 놀이 중 선수교체를 위한 글쓰기(만 5세 6개월)

하위 2단계 : 틀린 글자 없이 완전한 문장 형태가 나타나는 단계

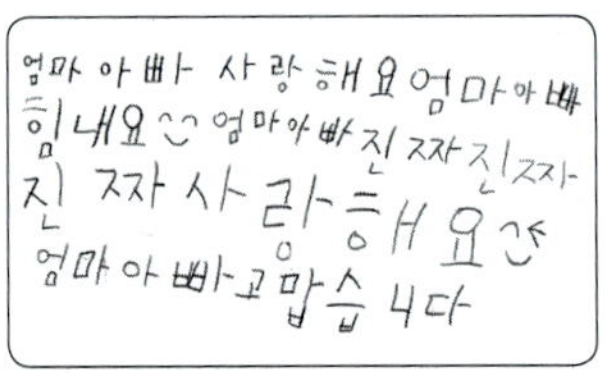

엄마 아빠에게 편지쓰기(만 6세 9개월)

</td>
</tr>
</table>

활동

1 일상생활 속에서 유아에게 의미를 주는 글자가 들어 있는 환경 인쇄물은 유아의 언어발달을 촉진하는 문해환경으로 매우 중요합니다. 유아들을 관찰하여 유아들에게 최근 가장 관심이 있는 환경 인쇄물에는 어떤 것이 있는지 찾아보세요. 단, 외래어를 제외하고 한글로 쓰이고 사용되는 환경 인쇄물을 10가지 찾아보세요.

2 아이들이 "선생님 사랑해요"라고 써서 보내는 편지는 쓰기를 촉진하는 매우 중요한 행동입니다. 아이들이 준 편지를 받고 교사가 아이들의 쓰기활동을 촉진하기 위해 할 수 있는 행동(활동) 3가지를 생각해 보세요.

1.

2.

3.

3부

영유아 언어지도

06장 영유아 언어교육의 목표와 내용*

* 이 장의 내용은 2019 개정 누리과정(교육부 고시 제2019-189호, 보건복지부 고시 제2019-152호)과 2024 개정 표준보육과정(교육부 고시 제2024-23호) 해설서를 참고하여 정리하였습니다.

현재 우리나라 영유아를 대상으로 한 국가수준 교육과정은 2019 개정 누리과정(교육부 고시 제2019-189호, 보건복지부 고시 제2019-152호)과 2024 개정 표준보육과정(교육부 고시 제2024-23호)이다. 표준보육과정과 누리과정의 개정 배경은 다음과 같다.

먼저 누리과정의 변천 과정은 다음과 같다. 2012년 제정된 '3~5세 연령별 누리과정'은 국가수준의 교육과정으로 구성 체계를 확립해야 한다는 요구와 함께 역량중심으로 교육내용을 줄여 교육과정을 대강화한 '2015 개정 초·중등학교 교육과정'과의 연계성을 고려한 결과 '2019 개정 누리과정(이하 '누리과정'이라고 함)'으로 개정되었다. 누리과정의 목적은 유아가 놀이를 통해 심신의 건강과 조화로운 발달을 이루고 바른 인성과 민주 시민의 기초를 형성하는 데 있으며 신체운동·건강 영역, 의사소통 영역, 사회관계 영역, 예술경험 영역, 자연탐구 영역의 5개 영역으로 구분되어 있으며, 언어교육과 관련된 영역은 '의사소통 영역'이다.

표준보육과정의 경우 영유아보육법 제29조에 의거하여 2005년 연구·개발되어 2007년 최초로 '표준보육과정의 구체적 내용'이 고시된 이후, 표준보육과정은 2012년 제2차, 2013년 제3차를 거쳐 2019년 9월에 「2019 개정 누리과정」이 고시됨에 따라 2020년 '제4차 어린이집 표준보육과정(이하 '표준보육과정'이라 함)'이 고시되었다. 유보통합의 배경에서 2024년 5월에 표준보육과정 개정을 위한 정책연구가 추진되고, 이 결과를 반영하여 교육부는 2024년 12월 0–2세 표준보육과정을 일부 개정하여 고시하였다. 2024 개정 표준보육과정은 신체운동·건강, 의사소통, 사회관계, 예술경험, 자연탐구의 5개 영역으로 구성되며, 영역별 목표는 0–1세와 2세를 통합하여 제시된다. 이 장에서는 2019 개정 누리과정과 2024 표준보육과정의 의사소통 영역을 중심으로 내용을 살펴보고자 한다.

1. 의사소통 영역의 목표

표준보육과정에서는 '일상생활에서 의사소통 능력을 기른다'를 의사소통 영역의 목표로 제시하고 있다. 누리과정에서는 '일상생활에서 필요한 의사소통 능력과 상상력을 기른다'를 의사소통 영역의 목표로 제시하고 있다.

〈표 6–1〉 표준보육과정 및 누리과정의 의사소통 영역의 목표

구분	연령	목표
표준보육과정	0~2세	1) 일상생활에서 듣기와 말하기를 즐긴다. 2) 읽기와 쓰기에 관심을 가진다. 3) 책과 이야기에 재미를 느낀다.
누리과정	3~5세	1) 일상생활에서 듣고 말하기를 즐긴다. 2) 읽기와 쓰기에 관심을 가진다. 3) 책이나 이야기를 통해 상상하기를 즐긴다.

표준보육과정 의사소통 영역의 목표는 영아가 일상생활에서 다양한 소리와 말을 듣고 말하며 소통하는 즐거움을 느끼고, 그림, 상징 등의 의미를 읽는 것과 끼적이기와 같은 쓰기에 관심을 가지고, 책과 이야기를 즐기며 의사소통 능력을 기르는 데 있다. 구체적인 내용은 다음과 같다.

- **듣기와 말하기 :** 영아가 자신에게 말하는 사람의 표정 몸짓, 주변 소리, 말소리, 이야기 등에 주의를 기울여 듣고, 상대방의 이야기에 표정, 몸짓, 말소리로 의사를 표현하고, 자신의 요구나 느낌 등을 말하는 내용이다.
- **읽기와 쓰기에 관심 가지기 :** 영아가 그림과 상징에 관심을 가지고, 그림과 같은 끼적이기를 하며 자신의 느낌이나 생각을 소통하려고 하는 내용이다.
- **책과 이야기 즐기기 :** 영아가 책과 이야기에 관심을 가지고, 이야기를 만들고 이어 가는 것을 반복하며 이를 즐기는 내용이다.

누리과정의 의사소통 영역의 목표와 내용 범주는 유아가 일상생활에서 다른 사람의 말이나 이야기를 듣고 말하기를 즐기며, 주변의 상징을 읽고 글자와 비슷한 형태로 써보기에 관심을 가지고, 다양한 책과 이야기를 통해 상상하기를 즐기는 내용으로 구성되어 있다. 구체적인 내용은 다음과 같다.

- **듣기와 말하기 :** 유아가 다른 사람의 말이나 이야기를 관심 있게 듣고, 자신의 경험, 느낌, 생각을 상황에 적절한 단어를 사용하여 말하고, 고운 말을 사용하는 내용이다.
- **책과 이야기 즐기기 :** 유아가 다양한 책에 관심을 가지고 상상하며, 동화, 동시에서 말의 재미를 느끼고, 말놀이와 이야기 짓기를 즐기는 내용이다.
- **읽기와 쓰기에 관심 가지기 :** 유아가 말과 글의 관계에 관심을 가지고, 주변의 상징, 글자 등을 읽으며, 자신의 생각을 글자와 비슷한 형태로 표현해 보는 내용이다.

2. 의사소통 영역의 내용 범주 및 내용

의사소통 영역의 내용 범주는 표준보육과정과 누리과정 공통으로 '듣기와 말하기', '읽기와 쓰기에 관심 가지기', '책과 이야기 즐기기'의 세 가지 내용 범주로 구성되어 있다. 각 내용 범주별 내용을 정리하면 다음과 같다.

1) 듣기와 말하기

먼저 표준보육과정과 누리과정의 내용 범주 중 '듣기와 말하기'에 해당하는 부분을 정리하면 다음과 같다.

〈표 6-2〉 '듣기와 말하기' 내용 범주의 내용

내용 범주	연 령	내 용
듣기와 말하기	0~1세	• 표정, 몸짓, 말과 주변의 소리에 주의를 기울인다. • 상대방의 이야기를 들으면서 말소리를 낸다. • 표정, 몸짓, 말소리로 의사를 표현한다.
	2세	• 표정, 몸짓, 말에 주의를 기울여 듣는다. • 상대방의 이야기를 듣고 말한다. • 자신의 요구와 느낌을 말한다.
	3~5세	• 말이나 이야기를 관심 있게 듣는다. • 자신의 경험, 느낌, 생각을 말한다. • 상황에 적절한 단어를 사용하여 말한다. • 상대방이 하는 이야기를 듣고 관련해서 말한다. • 바른 태도로 듣고 말한다. • 고운 말을 사용한다.

표준보육과정에서는 0~1세의 '듣기와 말하기'에 해당하는 내용을 다음의 세 가지로 설명하고 있다.

■ 표정, 몸짓, 말과 주변의 소리에 주의를 기울인다.

영아가 상대방의 얼굴에 나타나는 느낌이나 기분, 상대방이 만드는 몸의 움직임을 바라보고, 교사나 또래의 말이나 주변에서 나는 소리에 귀를 기울여 의도를 알아차리려고 듣는 것을 알아가는 내용이다.

■ 상대방의 이야기를 들으면서 말소리를 낸다.

영아가 자신에게 향하는 교사나 또래가 말하는 소리, 단어와 문장을 들으면서, 표정, 몸짓 등을 포함하여 짧은 음절의 소리, 단어 등으로 호응하는 것을 알아가는 내용이다.

■ 표정, 몸짓, 말소리로 의사를 표현한다.

영아가 자신의 느낌, 상태, 감정, 생각, 요구 등을 비언어적 소통 방식을 포함하여 음성이나 단어로 표현하여 상대방과 소통하는 것을 알아가는 내용이다.

영아 경험의 실제

뒷산 산책로에서 나뭇가지를 들고 바닥을 치던 이강이는 우연히 나뭇가지에 낙엽이 꽂힌 것을 발견하였다. 이강이는 신기한 듯 나뭇가지를 들어 교사에게 보여준다.

이강 : (나뭇가지를 들어올리며) 으~
교사 : (미소를 지으며) 우와? 신기해?
이강 : (웃으며) 이어.
교사 : 이강이가 나뭇가지에 낙엽을 꽂았네?

영아 경험의 이해

- 이강이는 교사에게 자신이 나뭇가지에 낙엽을 꽂은 것을 보여주려고 말소리를 내어 상호작용을 시도하였다.
- 이강이는 교사의 이야기를 듣고 소리를 내며 반응하였다.
- 교사는 온정적인 상호작용을 통해 이강이의 말하려고 하는 욕구를 인정하고, 이강이의 행동을 다양한 언어로 표현해 주었다.

<table>
<tr><th colspan="2">영아 경험의 실제</th></tr>
<tr><td>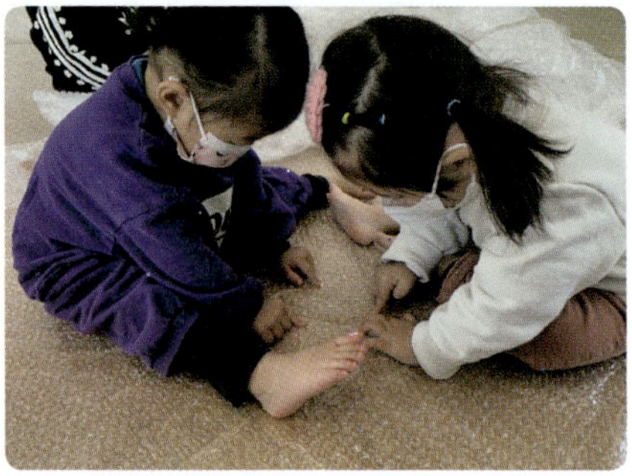</td><td>교사는 교실 바닥에 지우가 집에서 가져온 뽁뽁이(bubble wrap)를 깔아 주었다. 지우가 앉아서 뽁뽁이를 터트리려고 하자 현정이가 다가와 지우 옆에 자리를 잡고 앉았다. 현정이가 지우를 관심 있게 쳐다보다가 손가락으로 뽁뽁이를 가리키며 질문하듯 "어?(이거)" 한다. 지우는 현정이의 말에 "어" 하며 고개를 끄덕인다.</td></tr>
<tr><th colspan="2">영아 경험의 이해</th></tr>
<tr><td colspan="2">• 지우는 현정이가 보이는 표정과 몸짓, 말소리에 관심을 가지고 이야기를 들었다.
• 지우와 현정이는 표정과 몸짓과 말소리로 자신의 의사를 표현하였다.</td></tr>
</table>

〈표 6-3〉 '듣기와 말하기' 교사의 배움 지원(0~1세)

표정, 몸짓, 말과 주변의 소리에 주의를 기울인다.	• 교사는 영아의 이름을 부르거나 흥미로운 소리를 내어 영아가 말하는 사람을 향해 몸을 돌리거나 시선을 맞추며 주의를 공유할 수 있도록 한다. • 영아가 교사의 목소리에 친숙함을 느끼며 말소리에 주의를 기울일 때, 교사는 영아의 말소리를 반복하거나 운율이 있는 표현 등으로 영아와 소통하고 있음을 표현해 준다. • 교사는 영아에게 말할 때 미소 짓기, 활짝 웃기, 박수 치기, 눈을 크게 뜨며 놀라움과 경이로움을 표현하기 등의 다양한 표정, 손짓, 몸짓 같은 비언어적 방법을 함께 사용하여 소통한다. • 교사는 높은 음조, 간단한 단어, 긴 모음, 리듬감 있는 짧은 말소리, 따뜻하고 부드러운 말소리 등 영아가 평소 좋아하는 목소리를 사용한다. • 소리 나는 책, 악기, 빗소리, 동물 소리와 같은 자연에서 들리는 소리, 사람의 말소리 등 다양한 소리를 들을 수 있는 일상 환경을 제공하여 영아가 다양한 소리를 경험하도록 해 준다.

상대방의 이야기를 들으면서 말소리를 낸다.	• 영아가 흥미를 느끼는 것을 응시하면서 표정을 짓거나 소리를 내면 교사는 영아와 함께 바라보며 구체적인 말과 몸짓을 사용하여 영아의 의사 표현을 도와준다. 교사가 영아의 의사 표현에 민감하게 반응하면, 영아는 자신이 내는 소리 중에 의미 있는 말소리가 있음을 알게 되고 말소리 내는 것을 즐기게 된다. • 영아는 교사의 표정과 말소리와 몸짓을 모방하려는 경향을 보이므로, 교사는 상황에 맞게 다양한 표정, 목소리의 높낮이와 크기 등을 조절하여 정확한 발음으로 말하고 이를 반복해준다. • 교사의 말에 영아가 소리나 옹알이로 반응하면, 교사는 짧고 알아듣기 쉬운 말소리로 반응하여 영아의 발성 시도를 격려한다. • 교사는 영아의 의사 표현 방식에 개인차가 있음을 고려하여, 영아가 몸짓만으로 표현하거나 옹알이로 반응할 때에도 이를 존중하고 민감하게 반응한다. 영아에게 말소리를 내도록 무리하게 요구하기보다 영아의 현재 표현 수준에 맞추어 자연스럽게 상호작용한다.
표정, 몸짓, 말소리로 의사를 표현한다	• 영아가 울음을 포함하여 짧은 소리나 표정, 몸짓 등으로 의사를 표현하거나 어떤 것에 관심을 보이며 응시할 때, 교사는 이를 민감하게 알아차리고 적절한 말이나 질문을 한다. 예를 들어, 영아가 우유를 가리키며 손을 뻗는다면 "우유를 마시고 싶구나! 우유 주세요~"와 같이 상황에 맞는 표현으로 자연스럽게 언어 모델을 제공할 수 있다. • 교사는 영아와 눈을 맞추고, 친근한 목소리로 천천히 말하며, 생생한 표정과 명확한 몸짓을 사용하여 영아가 자연스럽게 교사를 따라 할 수 있는 모델을 제공한다. • 교사는 상황에 어울리는 말과 함께 풍부한 표정과 몸짓을 사용하여 영아가 교사의 의도를 쉽게 이해하도록 지원한다.

출처 : 교육부(2024). 2024 개정 표준보육과정(0-2세) 해설서.

표준보육과정에서는 2세 '듣기와 말하기' 해당하는 내용을 다음의 세 가지로 설명하고 있다.

■ 표정, 몸짓, 말에 주의를 기울여 듣는다.

영아가 상대방의 얼굴에 나타나는 느낌이나 기분, 상대방의 움직임을 바라보고, 교사나 또래의 대화나 이야기에 귀를 기울여 상대방의 의도를 파악하려고 듣는 것을 알아가는 내용이다.

■ 상대방의 이야기를 듣고 말한다.

영아가 교사나 또래의 표정, 몸짓, 말에서 이야기의 내용과 대화의 흐름을 알아차리고 자신의 말로 표현하여 대화하는 것을 알아가는 내용이다.

■ 자신의 요구와 느낌을 말한다.

영아가 자신에게 필요한 것과 자신의 느낌, 상태, 감정, 생각, 의도를 몸짓 등의 비언어적 방식과 함께 단어나 문장으로 짧게 표현하여 상대방과 소통하는 것을 알아가는 내용이다.

영아 경험의 실제

승준이가 곤충도감을 꺼내어 보고 있다.

교사 : 승준이 사슴벌레 보고 있네.
승준 : (고개를 내저으며) 아니, 아니야.
교사 : 아니야? 다른 거 찾고 있어?
승준 : 응. 따마귀(사마귀).
교사 : 아, 승준이는 사마귀를 찾고 있었구나. 사마귀가 어디에 있을까? 우리 같이 찾아볼까?
승준 : 아니. 내가.
교사 : 아, 승준이가 찾고 싶어? 그럼 승준이가 찾아서 보여줘.

영아 경험의 이해

- 승준이는 교사의 이야기를 듣고 자신의 의사를 정확하게 표현하였다.
- 교사는 승준이의 언어를 보다 완전한 문장으로 재진술하여 들려줌으로써 승준이가 정교하고 긴 문장을 학습하는 기회를 주었다.

〈표 6-4〉 '듣기와 말하기' 교사의 배움 지원(2세)

표정, 몸짓, 말에 주의를 기울여 듣는다.	• 교사는 영아의 비언어적 의사소통 방식에 주의를 기울여 영아의 관심과 의도를 언어로 말해 주어 소통하고 있음을 보이고, 영아가 이어서 소통을 시도하도록 기다려준다. • 교사는 영아가 자신의 이름이나 일상생활에서 자주 경험하는 사물, 놀잇감, 행동의 명칭 등을 반복적이고 구체적인 말소리로 들려주어 자연스럽게 의미를 알도록 지원한다. • 교사는 영아가 교사나 또래의 표정, 눈길, 손짓, 몸짓 등을 바라보고 다가가거나 따라 할 때, 긍정적으로 반응하고 격려하며 소통을 즐기도록 충분한 시간을 제공하여 상호작용을 한다. • 교사는 영아가 또래와 표정, 몸짓, 말 등으로 소통할 때 서로 충분히 호응할 수 있도록 격려한다.
상대방의 이야기를 듣고 말한다.	• 영아는 자신의 의도나 관심을 구체적으로 확장해 주는 이야기에 흥미를 느끼므로, 교사는 영아의 말이나 이야기에 민감하게 반응하고 이를 반복하거나 확장하여 적극적으로 말과 이야기를 주고받는다. • 영아와 대화할 때 교사는 영아가 말할 차례에 눈길을 주거나, 미소를 짓거나, 고개를 끄덕이는 등 영아가 이야기할 수 있도록 긍정적인 신호를 보내며 기다려 주고, 교사가 혼자서 일방적으로 말하지 않도록 주의한다. • 교사는 영아가 단어 또는 문장으로 말하면 영아의 반응을 수용하여 "응, 공이야! 빨간 공이지?"와 같이 영아의 이야기를 다시 말해 주거나 확장해 주어, 영아가 상대방의 이야기를 듣고 흐름에 적합하게 말하는 시도를 즐기도록 지원한다. • 교사는 영아가 흥미를 보이는 사물이나 상황을 구체적으로 말해 주거나 간단한 질문을 한다. • 교사는 영아가 상대방의 질문이나 이야기에 귀를 기울이며 말하는 것을 자연스럽게 알아 갈 기회를 제공한다.
자신의 요구와 느낌을 말한다.	• 영아가 자신의 요구나 감정을 명확하게 표현하지 못할 때에도, 교사는 영아의 요구나 느낌을 알아차려 이를 구체적인 언어로 모델링하여 반복적으로 들려줄 수 있다. • 교사는 영아가 또래와 이야기를 나눌 때 자신의 요구나 느낌을 말로 할 수 있도록 필요한 언어 표현을 지원한다. 예를 들어, "친구가 책을 같이 보자고 하네."와 같이 영아의 언어 표현을 도와줄 수 있다. • 선천적인 요인으로 의사소통 장애가 있는 영아의 경우, 교사는 그림이나 사진으로 된 의사소통 책, 의사소통 목걸이 등을 사용해 보완·대체 의사소통을 시도함으로써 영아가 자연스럽게 자신의 의사를 표현해 보는 경험을 제공할 수 있다. • 자폐성 장애가 있는 영아의 경우, 사람의 목소리를 듣고 반응하기보다 시각적 단서에 더 잘 반응하므로, 교사는 그림이나 사진을 이용하여 효율적으로 의사소통하도록 지원한다.

출처 : 교육부(2024). 2024 개정 표준보육과정(0-2세) 해설서.

한편 누리과정에서는 '듣기와 말하기'에 해당하는 내용에 대해 다음과 같이 설명하고 있다.

■ 말이나 이야기를 관심 있게 듣는다.

유아가 다른 사람이 하는 말과 흥미로운 주제, 익숙한 경험이 담긴 이야기에 관심을 가지며 듣는 내용이다.

■ 자신의 경험, 느낌, 생각을 말한다.

유아가 상대방에게 자신의 경험, 느낌, 생각을 자유롭게 말하는 내용이다.

■ 상황에 적절한 단어를 사용하여 말한다.

유아가 때와 장소, 대상과 상황을 고려하여 적절한 단어와 문장을 선택하여 말하는 내용이다.

■ 상대방이 하는 이야기를 듣고 관련해서 말한다.

유아가 다른 사람이 이야기하는 내용을 듣고 말하는 사람의 생각, 의도, 감정을 고려하여 말하는 내용이다.

■ 바른 태도로 듣고 말한다.

유아가 말하는 사람에게 주의를 기울이며 듣는 내용이다. 말을 끝까지 듣고, 자신의 의견을 말하는 내용이다.

■ 고운 말을 사용한다.

유아가 일상생활에서 자주 쓰는 유행어, 속어, 신조어, 상대방을 비난하는 말을 사용하지 않고, 우리말을 바르게 사용하는 내용이다.

<table>
<tr><th colspan="2">유아 경험의 실제</th></tr>
<tr><td></td><td>비 오는 날 텃밭 앞에서 우연히 지렁이를 발견한다.

현수 : 야. 지렁이다. 지렁이가 비를 맞고 있어.
지윤 : 알고 있어. 내가 먼저 발견했거든.
미지 : 맞아. 지렁이는 비 오면 밖으로 나오거든.
현수 : 저 지렁이는 저번부터 내가 봤어. 잘 봐 봐. 길고 또 꼬리가 납작하지?
지윤, 미지 : 어, 정말 그렇네?</td></tr>
<tr><th colspan="2">유아 경험의 이해</th></tr>
<tr><td colspan="2">• 현수는 비 오는 날 지렁이를 발견하고 이를 친구들이 들을 수 있도록 적절하게 이야기하고 있다.
• 지윤이와 미지는 현수의 이야기에 주의를 기울이며 듣고 그 내용과 관련하여 자신의 생각을 이야기하고 있다.</td></tr>
</table>

2) 읽기와 쓰기에 관심 가지기

먼저 표준보육과정과 누리과정의 내용 중 '읽기와 쓰기에 관심 가지기'에 해당하는 부분을 정리하면 다음과 같다.

〈표 6-5〉 '읽기와 쓰기에 관심 가지기' 내용 범주의 내용

<table>
<tr><th>내용범주</th><th>연 령</th><th colspan="2">내 용</th></tr>
<tr><td rowspan="3">읽기와 쓰기에 관심 가지기</td><td>0~1세</td><td rowspan="2">주변의 그림과 상징에 관심을 가진다.</td><td>• 끼적이기에 관심을 가진다.</td></tr>
<tr><td>2세</td><td>• 끼적이며 표현하기를 즐긴다.</td></tr>
<tr><td>3~5세</td><td colspan="2">• 말과 글의 관계에 관심을 가진다.
• 주변의 상징, 글자 등의 읽기에 관심을 가진다.
• 자신의 생각을 글자와 비슷한 형태로 표현한다.</td></tr>
</table>

표준보육과정에서는 '읽기와 쓰기에 관심 가지기'에 해당하는 내용에 대해 다음과 같이 설명하고 있다.

■ 주변의 그림과 상징에 관심을 가진다(0~2세 공통).

영아가 주변의 사진, 그림책을 포함한 인쇄물의 그림, 글자, 숫자 등과 같은 기호가 의미하는 바가 있음을 알고 그 의미를 읽어 보려고 하는 내용이다.

■ 끼적이기에 관심을 가진다(0~1세).

영아가 쓰기나 그리기 도구를 사용하여 흔적을 만드는 것에 흥미를 느끼고, 만들어진 흔적에 주의를 기울이는 등 초기 쓰기를 알아가는 내용이다.

■ 끼적이며 표현하기를 즐긴다(2세).

영아가 쓰기나 그리기 도구를 사용하여 선이나 모양, 그림, 말로 의미를 나타내는 것을 좋아하고 반복하여 초기 쓰기를 알아가는 내용이다.

<table>
<tr><th colspan="2">영아 경험의 실제</th></tr>
<tr><td>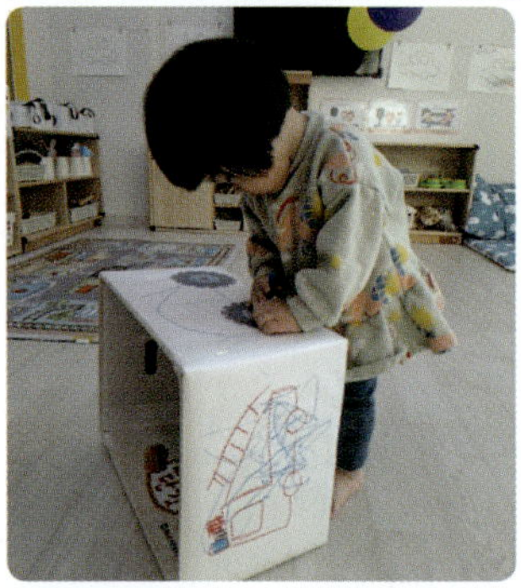</td><td>정윤이가 상자에 끼적거리고 있다. 교사가 다가가니 정윤이가 말한다.

정윤 : 이거 바바.
교사 : 어. 정윤이가 상자에 뭐라고 적었네?
정윤 : 타요 버스.

정윤이는 상자의 윗면에 계속해서 끼적거린다.</td></tr>
<tr><th colspan="2">영아 경험의 이해</th></tr>
<tr><td colspan="2">• 정윤이는 그림과 함께 끼적이기를 통해 생각을 표현하였다.
• 교사는 정윤이의 그림과 끼적이기에 관심을 보이고 반응하여 정윤이의 쓰기행동을 촉진하였다.</td></tr>
</table>

영아 경험의 실제

민성이가 동네에서 볼 수 있는 자동차 사진으로 만든 책을 읽고 있다. 그림을 보고 자동차 이름을 소리 내어 말한다.

민성 : 이거 구급타(구급차).
교사 : 구급차가 있네.
민성 : 삐뽀삐뽀.
교사 : 구급차가 삐뽀삐뽀하고 사이렌을 울리고 있어?
민성 : 응. 따이렌. 삐뽀삐뽀.

(중략) 민성이는 책을 들고 수영이한테 가서 "따이렌", "삐뽀삐뽀" 하고 말한다.

영아 경험의 이해

- 민성이는 책에 나오는 그림과 상징에 관심을 가지고 읽는다.
- 민성이는 교사에게 구급차에 대해 자신이 알고 있는 것을 말하며 소통을 시도하였다.
- 교사는 민성이에게 보다 완전한 문장으로 다시 말하며, 문장에 정보를 추가 부연하여(삐뽀삐뽀 사이렌) 민성이의 어휘력 발달을 도왔다.

〈표 6-6〉 '읽기와 쓰기에 관심 가지기' 교사의 배움 지원(0~2세)

주변의 그림과 상징에 관심을 가진다 (0~2세 공통)	• 교사는 영아와 함께 그림책, 인쇄물을 함께 보며 영아가 관심을 보이는 그림이나 상징의 의미를 말해준다. "귀여운 강아지네!", "여기 무엇이 있을까?"와 같이 설명하거나 질문을 던져 영아가 그림과 상징의 의미를 알아차리고 간단한 말소리, 몸짓, 이야기로 표현하도록 지원해 줄 수 있다. • 영아가 그림이나 상징을 보고 반응하거나 표현하려고 할 때, 교사는 영아가 자신의 생각이나 느낌을 표현할 수 있는 시간을 충분히 제공하고 기다려 주고, 그림이나 상징의 의미에 대한 영아의 표현을 그대로 존중한다. • 영아의 눈에 잘 띄는 곳에 친숙한 동물, 과일, 가족사진, 영아의 사진이 있는 이름표 등을 붙이거나, 퍼즐, 그림 카드 등과 같이 간단한 상징이나 그림이 있는 자료를 제공하여 그 의미를 알아 가도록 지원해 준다. • 크기가 다양한 그림책, 그림이나 상징이 있는 인쇄물을 두는 공간을 마련하여 영아가 자유롭게 볼 수 있도록 해 줄 수 있다.

끼적이기에 관심을 가진다 (0~1세)	• 교사는 영아가 자유롭게 끼적이기를 시도할 수 있는 안전하고, 편안하며, 여유로운 공간을 마련한다. 예를 들어, 큰 종이를 바닥이나 테이블, 벽에 붙여 영아가 다양한 자세로 끼적이도록 지원할 수 있다. • 영아가 부담 없이 끼적이기를 시도할 수 있도록 끼적인 흔적을 쉽게 지울 수 있는 재료나 벽면 공간을 제공한다. • 영아가 끼적이기에 자연스럽게 흥미를 가지도록 촉감과 질감이 다양한 종이, 매끄럽거나 거친 벽면과 바닥 등 감각적으로 흥미로운 표면을 제공하여 끼적이기를 자유롭게 탐색하도록 한다. • 두꺼운 크레용, 물에 쉽게 씻기는 마커, 손에 잡기 편한 색연필 등 안전하고 쉽게 사용할 수 있는 도구를 제공하여 영아가 끼적이기에 자연스럽게 참여하도록 지원한다. • 영아가 끼적이기를 시도할 때 교사는 미소를 짓거나 칭찬하며 긍정적으로 반응하고, 영아의 끼적거림을 따라 하며 "와! 선이 생겼네!", "빨간색이 예쁘구나!"와 같이 언어로 표현한다.
끼적이며 표현하기를 즐긴다 (2세)	• 교사는 영아의 끼적이기가 자신의 생각, 느낌 등을 선, 그림, 상징 등으로 나타내고 그 의미를 나누거나, 이야기를 만들어 또래 혹은 교사와 소통하려는 것임을 알고 다양한 표현 방식을 인정한다. • 영아가 자유롭게 끼적이기를 시도하도록 끼적이기를 하고 싶을 때 자연스럽게 끼적일 수 있는 화이트보드나 물감 보드 등을 활용한 끼적이기 공간을 준비한다. 색종이, 골판지, 부드러운 종이 등 질감과 크기가 다양한 종이와 두꺼운 크레용, 색연필, 물에 씻기는 마커 등 손쉽게 사용할 수 있는 쓰기 도구를 제공할 수 있다. • 교사는 영아가 끼적이기를 즐길 수 있도록 지켜보며 미소를 짓는 등의 관심을 나타낸다. 혼자 끼적이기를 어려워하는 영아에게는 손에 쥐기 쉽거나 손으로 잡기에 부담이 적은 초크, 물붓, 색 모래 등 재미있는 도구를 탐색하고 활용하게 해 보거나 그리기 도구를 손에 쥐는 것을 함께 잡아 도와줄 수 있다. • 영아가 끼적이며 만든 결과물을 벽이나 게시판에 전시하거나, 책으로 만들어 책 읽기 공간에 비치하여 또래와 함께 볼 수 있도록 한다.

출처 : 교육부(2024). 2024 개정 표준보육과정(0-2세) 해설서.

한편 누리과정에서는 '읽기와 쓰기에 관심 가지기'에 해당하는 내용에 대해 다음과 같이 설명하고 있다.

■ 말과 글의 관계에 관심을 가진다.

유아가 일상에서 말이 글로, 글이 말로 옮겨지는 것에 관심을 가지는 내용이다. 주변의 상징, 글자 등의 읽기에 관심을 가진다.

■ 주변의 상징, 글자 등의 읽기에 관심을 가진다.

유아가 일상에서 자주 보는 상징(표지판, 그림문자 등)이나 글자 읽기에 관심을 가지는 내용이다. 유아가 상징이나 글자에는 사람들의 생각과 감정, 정보가 담겨있다는 것을 이해하는 내용이다.

■ 자신의 생각을 글자와 비슷한 형태로 표현한다.

유아가 자신의 생각이나 말을 끼적거리거나 글자와 비슷한 선이나 모양, 글자와 비슷한 형태로 표현하는 내용이다.

유아 경험의 실제

아이들이 명절 음식을 주제로 놀이를 하다가 떡집 놀이를 하게 되었다. 역할놀이 영역을 떡집으로 꾸미면서 떡집 간판을 글로 쓰고, 가게 문 입구에 손님들에게 알리는 안내문을 써서 붙였다.

유아 경험의 이해

- 아이들은 스스로 만든 집에 '무지개 떡집'이라는 글자를 써서 붙였다.
- 아이들은 '떡 사세요'라고 말하고 그 말을 글자로 다시 옮겨쓰면서 글자 쓰기에 관심을 가졌다.

3) 책과 이야기 즐기기

표준보육과정과 누리과정과의 '책과 이야기 즐기기' 내용 범주에 해당하는 내용은 다음과 같다.

〈표 6-7〉 '책과 이야기 즐기기' 내용 범주의 내용

<table>
<tr><th>내용범주</th><th>연 령</th><th colspan="2">내 용</th></tr>
<tr><td rowspan="3">책과 이야기 즐기기</td><td>0~1세</td><td>• 책에 관심을 가진다.</td><td rowspan="2">• 말놀이와 이야기에 재미를 느낀다.</td></tr>
<tr><td>2세</td><td>• 책에 관심을 가지고 상상한다.</td></tr>
<tr><td>3~5세</td><td colspan="2">• 책에 관심을 가지고 상상하기를 즐긴다.
• 동화, 동시에서 말의 재미를 느낀다.
• 말놀이와 이야기 짓기를 즐긴다</td></tr>
</table>

표준보육과정에서는 '책과 이야기 즐기기'에 해당하는 내용에 대해 다음과 같이 설명하고 있다.

■ 책에 관심을 가진다(0~1세).

영아가 책 자체를 탐색하는 것을 포함하여 책의 그림과 상징의 의미, 책 보는 것을 알아가는 내용이다.

<table>
<tr><th>영아 경험의 실제</th><th>부우웅 붕붕</th></tr>
<tr><td></td><td>소유(10개월)가 '부우웅 붕붕' 책을 보며 그림에 관심을 가진다. 붕붕이를 한번 보고 교사를 바라본다.

교사 : 소유 붕붕이 보고 있네?
소유 : (손가락으로 비행기를 가리키며 '으으으' 소리를 낸다)
교사 : 그래. 붕붕이 있네. (손바닥을 허공으로 날리며) 붕붕이가 '붕~' 하고 날아가요?
소유 : (웃으며 버둥거린다)</td></tr>
</table>

영아 경험의 이해
• 소유는 그림에 관심을 기울이고 교사를 응시하며 소통을 시도하였다. • 소유는 교사의 이야기에 주의를 기울이고, 교사의 말에 옹알이로 반응하며 소통하였다. • 교사는 소유의 언어 경험을 확장하기 위해 손바닥을 허공으로 날리며 '붕' 하고 소리를 내서 언어와 행동 간의 연결을 보여주었다.

■ 책에 관심을 가지고 상상한다(2세).

영아가 책 속의 그림, 등장인물, 상황 등과 관련지어 이야기를 지어내며 책 보는 것을 즐기는 내용이다.

■ 말놀이와 이야기에 재미를 느낀다(0~2세 공통).

영아가 말로 만드는 다양한 운율, 리듬, 패턴을 즐기고, 이야기를 반복하거나 바꾸는 것에 흥미를 느끼고, 이야기를 만들고 나누는 것을 좋아하는 내용이다.

영아 경험의 실제	함께 책 읽기
	연서와 효정이가 헝겊 책을 보고 있다. 연서 : 이것 봐. 효정 : 그거 다리. 연서 : 흔들흔들. (효정이가 장난치듯 흔들흔들 소리를 내며 문어발을 잡아당긴다. 다시 연서가 당긴다. 순서가 빨라지더니 둘의 손이 부딪히자 갑자기 웃는다)
영아 경험의 이해	
• 연서와 효정이는 문어에 대한 헝겊책을 보면서 '흔들흔들'이라고 소리를 내며 문어 다리를 잡아당겼다. 연서가 잡고 흔들고 난 후 효정이가 잡고 흔들면서 '흔들흔들' 소리를 내었다. 책 읽기로 시작된 '흔들흔들' 소리내기가 우연히 놀이로 되어 가는 것을 볼 수 있다.	

〈표 6-8〉 '책과 이야기 즐기기' 교사의 배움 지원(0~2세)

책에 관심을 가진다 (0~1세)	• 영아는 책을 손과 입으로 탐색하는 경우가 많으므로, 교사는 헝겊책, 비닐책, 두꺼운 보드북 등 재질과 촉감이 다양한 책을 제공한다. 또한 입체 그림책이나 촉감 책 등을 활용하여 영아가 책을 만지고 탐색하며 책에 흥미를 느낄 수 있도록 지원한다. • 영아가 책을 보거나 책에 손을 뻗는 등의 반응을 보일 때, 교사는 "책을 보고 있구나!", "책을 읽고 싶구나. 같이 넘겨 볼까?" 같은 긍정적인 반응을 보임으로써 책을 즐길 수 있도록 지원한다. • 영아가 시선이나 손짓으로 그림책의 그림이나 부분을 가리킬 때, 교사는 영아와 함께 그림을 보며 "이게 강아지야!", "여기 고양이가 있네!"와 같이 구체적으로 말해 주어 영아가 책을 함께 보는 즐거움을 느끼도록 한다. • 교사는 영아가 책에 자연스럽게 관심을 가지도록 큰 그림과 짧은 이야기가 담긴 그림책을 읽어 준다. 책을 읽는 동안 음성의 높낮이를 조절하고, 다양한 목소리를 사용하여 영아가 소리와 이야기에 관심을 가지게 해 주며, 등장인물이나 사물의 소리를 흉내 내거나 소품을 활용하여 이야기를 생생하게 전달하도록 한다. • 영아가 자유롭게 책을 보고 놀이할 수 있도록 즐겨 보는 책을 비치해 두는 공간을 마련해 준다.
책에 관심을 가지고 상상한다 (2세)	• 동물 그림책, 일상생활을 다룬 이야기책 등 영아가 흥미를 느낄 수 있는 다양한 책을 제공하고, 영아가 책에 쉽게 접근하여 편안하게 책을 볼 수 있는 공간을 마련해 준다. • 교사는 영아와 함께 책을 읽는 시간을 마련하고, 책을 함께 보며 영아가 관심을 보이는 부분에 대해 말하거나 이야기할 수 있는 기회를 충분히 제공한다. 또한 구체적으로 설명하거나 질문을 던져 책의 내용을 상상하고 이야기하며 함께 책을 보는 즐거움을 나눈다. • 영아가 책 속의 그림이나 이야기를 자신만의 방식으로 해석하고 이야기를 풍부하게 만들 때, 교사는 이야기를 적어 주거나, 영아가 만든 이야기를 다시 들려주어 영아가 책의 이야기를 풍성하게 만드는 과정을 즐길 수 있도록 해 준다. • 교사는 책 속의 이야기나 등장인물과 관련된 동물 인형, 모형 집, 모자 등 놀잇감이나 소품을 제공하여 영아가 이야기 속 장면을 놀이로 확장하고, 책 속의 이야기를 상상하며 풍부하게 만들며 즐기도록 지원한다. • 교사는 놀이와 일상생활에서 책의 내용을 연계하여 영아가 상상하는 즐거움을 느끼도록 지원한다. 예를 들어, 책에 등장한 동물의 몸짓과 소리를 표현하며 영아의 상상놀이를 장려하고, 상자, 천, 종이, 물감 등을 활용하여 책 속 배경이나 캐릭터를 영아가 탐색하고 이야기를 재현해 보는 놀이를 적극적으로 지원한다.

말놀이와 이야기에 재미를 느낀다 (0~2세 공통)	• 교사는 짧고 운율이 있는 말소리나 짧은 단어와 소리를 반복하는 말놀이를 자주 사용하여 영아가 말놀이와 이야기에 흥미를 느끼고 참여할 수 있도록 지원한다. 예를 들어, '도리도리 까꿍!', '개구리가 개굴개굴', '자동차가 부릉부릉'과 같이 반복적인 표현과 의성어, 의태어를 사용하여 말놀이나 이야기를 유도할 수 있다. • 영아가 옹알이, 짧은 음절, 간단한 단어를 흉내 낼 때, 교사는 긍정적으로 반응하며 언어 표현을 확장하고 격려한다. 예를 들어, 식사를 하거나 놀잇감을 정리하거나 옷을 입다가 "내가, 내가"와 같은 말을 할 때, 교사는 "내가, 내가 할 게요."라고 맞장구치면서 말놀이를 함께 할 수 있다. • 교사가 책을 읽어 줄 때 길고 복잡한 이야기는 영아의 반응을 중심으로 간단하게 각색하여 들려준다. • 영아의 관심이 줄어들면, 목소리의 높낮이나 크기를 조절하여 주의를 환기하거나 이야기를 짧게 마무리한다. 또한 "뒷이야기는 낮잠 시간에 들려줄게."와 같이 이후 활동으로 자연스럽게 연결하거나, 영아가 관심을 보였던 부분을 개별적으로 이야기하며 상호작용을 지속할 수 있다. • 교사는 다양한 표정과 몸짓을 사용하여 생동감 있게 이야기를 전달하고, 영아가 이야기에 흥미를 가지도록 목소리의 높낮이를 조절하거나 등장인물의 소리를 흉내 내며 이야기의 분위기를 느낄 수 있도록 지원한다. • 식사 시간에 "냠냠, 맛있다!", 놀잇감을 정리할 때 "쏙쏙 담아요!"와 같이 리듬감 있는 표현을 활용하여 영아가 일상 생활에서 언어를 놀이처럼 경험할 수 있도록 지원한다.

출처 : 교육부(2024). 2024 개정 표준보육과정(0-2세) 해설서.

한편 누리과정에서는 '책과 이야기 즐기기'에 해당하는 내용에 대해 다음과 같이 설명하고 있다.

■ 책에 관심을 가지고 상상하기를 즐긴다.

유아가 책에 흥미를 느끼며 책 보는 것을 즐기고 상상하는 즐거움을 경험하는 내용이다.

■ 동화, 동시에서 말의 재미를 느낀다.

유아가 동화와 동시를 자주 들으며 우리말의 재미와 아름다움을 느끼는 내용이다.

■ 말놀이와 이야기 짓기를 즐긴다.

유아가 끝말잇기, 수수께끼, 스무고개 등 다양한 말놀이를 즐기는 내용이다. 자신의 경험, 생각, 상상을 기초로 새로운 이야기를 만드는 과정을 즐기는 내용이다.

유아 경험의 실제	함께 책 읽기
	희진이와 소영이가 선생님이 읽어준 책을 보며 이야기를 지어낸다. 희진 : 할아버지가 빨간 씨앗을 줬습니다. 소영 : 할머니가 고마워요 말했습니다. 희진 : 어. 그런 말 없는데? 소영 : 있는데? 희진 : 그래? (둘이 얼굴을 쳐다보며 웃는다)
유아 경험의 이해	
• 소영이는 책의 내용을 지어 내어 말하며 새로운 이야기를 만들어 내는 것을 즐기고 있다. • 소영이가 시작한 말놀이에 희진이도 즐겁게 참여하고 있다.	

3. 2022 개정 초등학교 국어과 교육과정

초등학교에서는 2015 개정 교육과정이 적용된 2017년부터 '한글 책임교육'이라는 명명하에 한글 해득 교육이 강화되면서 기초 문식성 교육에 대한 관심이 증대되고 있다. 한글 책임교육이란 교육적 개념이라기보다는 교육부가 주도한 정책의 이름이라 할 수 있는데(제민경, 2021) 1학년 1학기부터 한글 교육을 집중적으로 실시하여 초등학생의 한글 능력을 높이고자 하는 것이다.

이와 같은 취지에서 교육부에서는 미래 사회가 요구하는 '포용성과 창의성을 갖춘 주도적인 사람'을 궁극적인 목표로 「2022 개정 교육과정」을 확정·발표하였다(교육부 보도자료 2022년 12월 22일자). 2022 개정 교육과정은 2024학년도에 초등 1~2학년을 시작으로, 매년 확대되어 2027년 모든 학년에 적용된다.

국어과 개정사항을 교육부(2022)가 발표한 자료를 중심으로 요약하면 다음과 같다. 첫째, 초등 저학년(1~2학년)의 국어시간을 34시간 증배하여 한글 해득 및 기초 문해력 교육을 강화하였다. 이에 따르면 초등학교 1~2학년의 경우 한글 해독 교육을 위해 국어 시간이 기존 448시간에서 482시간으로 34시간이 늘어나게 되었다. 둘째, 학생들에게 깊이 있는 학습이 일어나게 하기 위해서 기본적인 지식과 기능을 심화, 확장하는 방식으로 내용 체계를 구성함으로써 초등학교의 경우 성취기준이 82개에서 87개로 늘었다. 셋째, 디지털 환경 변화에 따른 매체 환경 변화를 반영하여 초등학교 저학년부터 매체를 영역 설정하여 중요하게 다룰 수 있도록, 초·중학교에 '매체' 영역을, 고등학교 선택 교육과정에 '문학과 영상', '매체 의사소통' 등의 선택과목을 신설하였다.

초등학교 국어과 공통교육과정의 설계 개요는 다음과 같다.

국어과 목표

- 비판적으로 이해하고 창의적으로 표현하는 사람
- 타인을 존중하고 협력적으로 의사소통하는 사람
- 민주시민으로서 공동체 구성원과의 의사소통에 능동적으로 참여하는 사람
- 자신의 언어를 성찰하고 지속적으로 성장하는 사람
- 문화를 향유하고 창조하는 사람

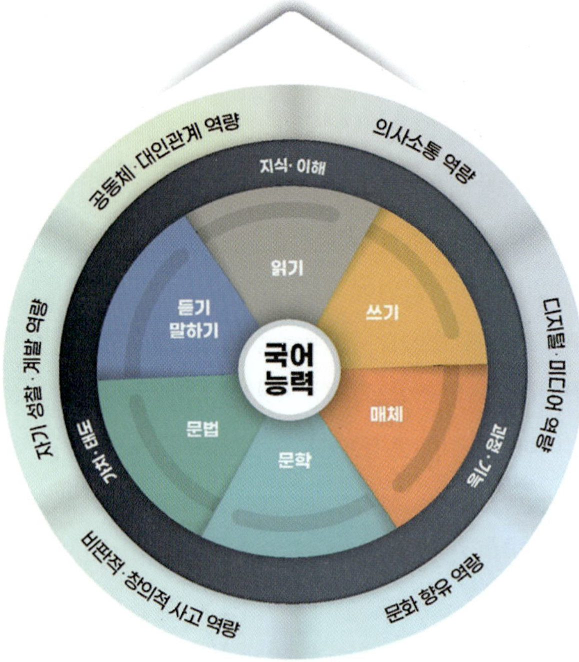

| 그림 6-1 | 초등학교 국어과 공통 교육과정의 설계 개요

김윤옥(2023)은 국어과의 개정사항에서 특징을 다음과 같이 제시하고 있다.

첫째, 통합적 국어 활동의 강화이다. 하근희(2022)의 논의와 같이 비판적·창의적 사고와 문제 해결 능력을 길러주기 위한 것으로 읽기-말하기-듣기-쓰기 활동을 유기적으로 연계하는 통합적 국어 활동의 강화를 의미한다. 둘째, 학생의 실제 언어생활에 도움이 되는 의미학습을 강조한다. 실생활과의 연계성 강화는 통합적 국어 활동과 밀접하게

연결된다. 이는 역량중심 교육과정을 강화하는 방법이며 미래 대비 교육에 필요한 요소이다. 셋째, 기초 학습력 강화이다. 한글 해득 교육의 강화와 문해력의 향상을 위하여 학생이 필요한 지식과 기능을 심화·확장하는 방식으로 반복하여 학습하도록 한다. 넷째, 타 교과 학습과의 연계성 강화이다. 이는 교과 간의 통합으로 국어과의 도구, 교과적 특성이 드러나면서 다른 교과 학습에 국어과 학습이 실질적으로 도움을 줄 수 있도록 하겠다는 의미이다. 다섯째, 디지털 역량 학습 강화이다. 매체 영역을 신설하여 학생들에게 교육 내용과 방법으로 교육하여 학생들에게 도움을 주고 미래 사회를 살아가는데 필요한 기초 소양을 기른다는 의미이다.

2022 초등학교 국어과 교육과정의 하위 내용 체계 및 성취기준은 다음과 같다(교육부, 2022 자료를 요약함).

1) 목 표

2022 초등학교 국어과 교육과정(교육부, 2022)의 목표는 다음과 같다.

국어 의사소통의 맥락과 요소를 이해하고 다양한 의사소통의 과정에 협력적으로 참여하면서 언어생활을 성찰하고 국어문화를 향유함으로써 미래 사회에서 요구되는 높은 수준의 국어 능력을 기른다.

(1) 다양한 유형의 담화, 글, 국어 자료, 작품, 복합 매체 자료를 비판적으로 이해하고 자신의 생각을 창의적으로 표현한다.
(2) 다양성에 대한 이해를 바탕으로 타인의 의견과 감정, 가치관을 존중하면서 협력적으로 의사소통한다.
(3) 민주시민으로서 의사소통에 적극적으로 참여하여 개인과 공동체의 문제를 해결한다.
(4) 공동체의 언어문화를 탐구하고 자신의 언어생활을 성찰하고 개선한다.
(5) 다양한 사상과 정서가 반영되어 있는 국어문화를 감상하고 향유한다.

2) 성취기준

초등학교 1~2학년의 각 내용 체계별 성취기준은 다음과 같다.

〈표 6-9〉 초등학교 1~2학년 국어과 영역별 성취 기준

내용체계	성취기준
듣기·말하기	[2국01-01] 중요한 내용이나 일이 일어난 순서를 고려하며 듣고 말한다. [2국01-02] 바르고 고운 말로 서로의 감정을 나누며 듣고 말한다. [2국01-03] 상대의 말을 집중하여 듣고 말차례를 지키며 대화한다. [2국01-04] 자신의 경험이나 생각을 바른 자세로 발표한다. [2국01-05] 듣기와 말하기에 관심과 흥미를 가진다.
읽기	[2국02-01] 글자, 단어, 문장, 짧은 글을 정확하게 소리 내어 읽는다. [2국02-02] 의미가 잘 드러나도록 문장과 짧은 글을 알맞게 띄어 읽는다. [2국02-03] 글을 읽고 중심 내용을 확인한다. [2국02-04] 인물의 마음이나 생각을 짐작하고 이를 자신과 비교하며 글을 읽는다. [2국02-05] 읽기에 흥미를 가지고 즐겨 읽는 태도를 지닌다.
쓰기	[2국03-01] 글자와 단어를 바르게 쓴다. [2국03-02] 쓰기에 흥미를 가지며 자신의 생각이나 느낌을 문장으로 표현한다. [2국03-03] 주변 소재에 대해 소개하는 글을 쓴다. [2국03-04] 겪은 일을 표현하는 글을 자유롭게 쓰고, 쓴 글을 함께 읽고 생각이나 느낌을 나눈다.
문법	[2국04-01] 한글 자모의 이름과 소릿값을 알고 정확하게 발음하고 쓴다. [2국04-02] 소리와 표기가 다를 수 있음을 알고 단어를 바르게 읽고 쓴다. [2국04-03] 문장과 문장 부호를 알맞게 쓰고 한글에 호기심을 가진다.
문학	[2국05-01] 말놀이, 낭송 등을 통해 말의 재미와 즐거움을 느낀다. [2국05-02] 작품을 듣거나 읽으면서 느끼거나 생각한 점을 말한다. [2국05-03] 작품 속 인물의 모습, 행동, 마음을 상상하여 시, 노래, 이야기, 그림 등으로 표현한다. [2국05-04] 시나 노래, 이야기에 흥미를 가진다.
매체	[2국06-01] 일상의 다양한 매체와 매체 자료에 흥미와 관심을 가진다. [2국06-02] 일상의 경험과 생각을 글과 그림으로 표현한다.

활동

■ **다음 상황을 보고 누리과정의 의사소통 영역의 내용 범주와 내용을 기준하여 아이의 경험을 지원할 수 있는 방안을 생각해 보세요(내용 범주별 1개씩).**

여름 산책길에서 우연히 물을 본 두 명의 아이가 대화를 하고 있다.

진수 : (손으로 큰 바위에 흐르는 물을 치며) 야, 이것 봐!
하영 : 뭐야?
진수 : 바닥은 뜨거운데 물이 차가워.
하영 : 반대네?
진수 : (웃으며) 너도 만져봐.
하영 : 어 진짜네. 물이 시원하다. 발 넣어볼까? (발을 넣고) 앗 차가.

진수와 하영이 웃고 있다.

[교사의 지원 방안]

- 듣기와 말하기

___

- 읽기와 쓰기에 관심 가지기

___

- 책과 이야기 즐기기

___

07장 영유아 언어교육 접근법

1. 부호중심 접근법

1) 출현배경 및 기본 가정

부호중심 접근법(code emphasis approach)은 행동주의 이론에 기초를 둔 언어교수 방법으로 발음중심 접근법, 음운중심 접근법, 분석적 접근법 등으로도 불린다. 행동주의 이론에 의하면 언어발달은 성숙에 의해서 저절로 이루어지는 것이 아니라 환경의 영향을 받는다고 본다. 특히 읽기, 쓰기와 같은 문자언어는 저절로 발달하는 것이 아니라 강화와 반복적인 연습을 통해 체계적으로 가르쳐야 한다는 입장이다. 따라서 읽기, 쓰기에 대한 동기나 태도보다는 표준적인 읽기, 쓰기에 비추어 얼마나 정확하게 읽기, 쓰기를 하는가에 관심을 둔다(이경화 외, 2003).

카네기 재단 지원으로 진행된 Chall(1967)의 연구에서는 초기 읽기 지도는 체계적으로 발음중심으로 하는 것이 훨씬 효과적임을 증명하였다. 또한 Flesch(1955)는 『존은 왜 읽을 수 없는가(Why Johnny Can't Read)』라는 그의 책을 통해 아이들에게 44개의 글자와 말소리의 대응을 가르치기만 하면 유아들은 어떤 글자든 다 읽을 수 있다고 주장하였다. 이러한 연구들을 통해 발음중심 접근법이 널리 사용되기 시작하였다(이차숙, 2005).

발음중심 접근법의 목적은 글자를 올바르게 해독(decoding)하고 부호화(encoding)하는 것이다. 바꾸어 말하면, 읽기와 쓰기는 글(문자언어)을 소리(음성언어)로 바꾸는 해독과 소리(음성언어)를 글(문자언어)로 바꾸는 부호화의 과정이 포함된 기술이다. 부호중심 접근법에서는 읽기를 유창하고 정확하게 하기 위해서는 자음·모음 체계나 조합원리에 대한 지식, 즉 글자와 소리 간의 대응관계 간의 읽기 하위기술을 명시적으로 가르쳐야 한다고 본다.

2) 부호중심 접근법의 언어 실제 특징

부호중심 접근법의 특징은 다음과 같다.

첫째, 상향식 언어교육

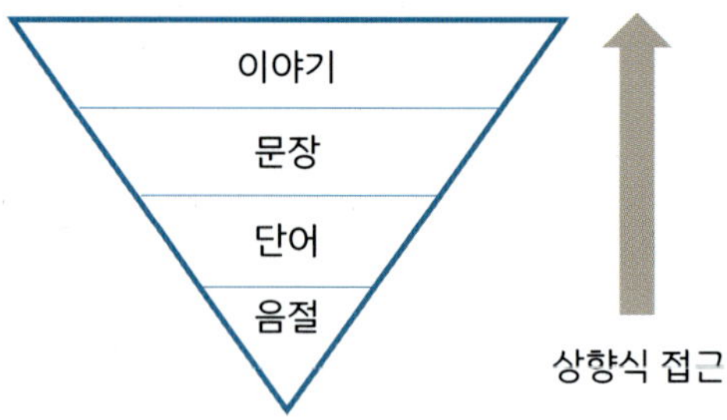

언어교육은 낱자에서부터 시작하여 단어로, 단어에서 문장으로, 문장에서 문단으로, 문단에서 이야기 전체로의 위계적인 순서에 따라 읽기, 쓰기를 가르쳐야 한다. 글의 작은 단위부터 시작하여 큰 단위로 진행된다고 하여 상향식 언어교육 방법이라고 한다. 그러나 유아의 경우 음소에서 시작하는 것이 아니라 친숙한 낱자(음절)나 단어 등을 인식하고 변별하는 과제에서 시작하여 음소 단위로 접근하기도 한다. 한글은 말을 적는 일정한 체계가 있어 글자 수와 음절 수를 대응시키는 책략을 먼저 사용하기 때문이다(김영실 외, 2017).

둘째, 문자 해독(decoding)과 부호화(encoding)

읽기, 쓰기에 대한 동기나 태도보다는 얼마나 정확하게 읽고 쓰는가에 초점을 둔다. 정확한 읽기, 쓰기를 위해 글자–말소리 대응원리를 강조하여 자음과 모음의 결합원리, 낱자와 소리의 대응, 낱자 이름 알기, 음소 인식하기, 낱자의 음가 알기, 음소의 대치, 탈락 등과 같은 내용에 중점을 둔다.

셋째, 위계적이고 체계적인 훈련을 통한 숙달

음성언어가 문자언어보다 먼저 발달하므로, 교사는 읽기 다음에 쓰기라는 위계적인 순서에 따라 읽기, 쓰기 기초기술을 연습시켜야 한다.

넷째, 구조화된 교수자료

유아가 정확하게 읽고 쓸 수 있도록 철자법의 원리와 음소 구성의 원리를 배울 수 있는 구조화된 교수 자료를 사용함으로써 구체적인 지식이 없어도 교사가 활동을 적용하기 용이하다.

	ㅏ	ㅑ	ㅓ	ㅕ	ㅗ	ㅛ	ㅜ	ㅠ	ㅡ	ㅣ
ㅇ	아	야	어	여	오	요	우	유	으	이
ㄱ	가	갸	거	겨	고	교	구	규	그	기
ㄴ	나	냐	너	녀	노	뇨	누	뉴	느	니
ㄷ	다	댜	더	뎌	도	됴	두	듀	드	디
ㄹ	라	랴	러	려	로	료	루	류	르	리
ㅁ	마	먀	머	며	모	묘	무	뮤	므	미
ㅂ	바	뱌	버	벼	보	뵤	부	뷰	브	비
…	……									

다섯째, 교사중심의 획일적 지도 및 형식적 평가

단계적인 교수 계획을 수립하고, 모델링과 긍정적인 강화와 같은 직접적인 교수방법을 사용한다. 개별 유아의 학습 동기나 적성에 관심을 두지 않기 때문에 대집단 교수활동을 통해 지도한다. 또한 따라서 읽기, 쓰기의 과정보다는 표준적인 읽기, 쓰기 도달 정도가 평가의 주 목적이므로 읽기, 쓰기의 결과물을 중심으로 관례적인/표준적인 수준에 도달하였는지 여부를 평가한다.

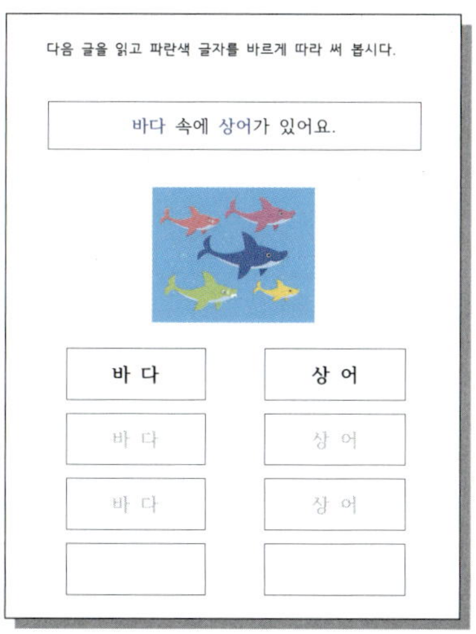

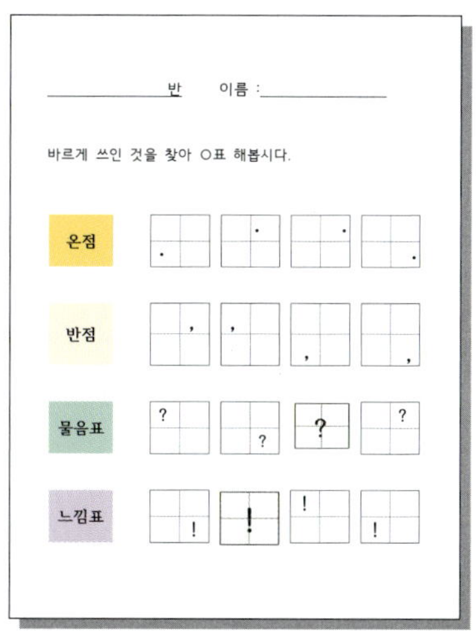

3) 부호중심 접근법의 장단점

부호중심 접근법의 장점은 한글의 구조와 자소와 음소의 대응규칙을 체계적으로 지도할 수 있으며, 학습한 원리를 새로운 낱말을 읽고 쓸 때에도 쉽게 적용할 수 있다. 이러한 장점은 글을 처음 배우는 유아, 사회경제적 지위가 낮거나 언어경험이 풍부하지 못한 학습자나 읽기에 어려움을 느끼는 초등학교 저학년 아동들에게 유용한 방법이다.

그러나 단점으로는 학습자의 경험이나 특성이 고려되지 않은 획일적인 방법을 사용함으로써 학습자의 흥미와 동기를 유발하지 못한다는 제한점이 있다. 또한 의미보다는 문자 자체에 중점을 두게 되므로 단어는 잘 읽지만 글 전체의 의미나 맥락 파악에 어려움을 가질 수 있다.

부호중심 접근법 쓰기 지도를 위한 단어 예시

	순서	구 분	단어 예
쉬운 것	1	초성+단모음	가지, 나무, 다리, 마차, 바다, 사자, 자루, 하마
↓	2	초성+단모음	개나리, 나그네, 다리미, 사마귀, 무지개
	3	초성+단모음	까치, 뿌리, 사또, 짱구, 코끼리
	4	초성+이중모음	우유, 이야기, 요리사, 겨울, 여름, 노력
	5	초성+이중모음	차표, 체조, 표지, 제치다, 새치기
	6	초성+중성+종성	가족, 날개, 살구, 이불, 정수기
	7	초성+중성+종성	강낭콩, 운동장, 달력, 냉동실
어려운 것	8	연음되는 낱말	놀이, 웃음, 걸음, 꽃꽂이

2. 의미중심 접근법

1) 출현배경 및 기본 가정

의미중심 접근법(meaning centered language approach)은 총체적 언어접근법, 언어경험 접근법, 문학적 접근법 등을 포괄하는 의미이다. 의미중심 접근법은 부호중심 접근법의 대안으로 1960년대에 시작되어 1990년대에 번성하였다. 부호중심 접근법이 표준적인 읽기와 쓰기를 얼마나 잘 하는가에 초점을 두는 반면 의미중심 접근법은 언어를 사용하여 얼마나 의사소통을 잘 하는가에 초점을 둔다. 즉, 의미를 갖는 이야기와 같은 언어의 큰 단위부터 시작하여 문장, 단어, 글자 순으로 지도가 진행된다고 하여 하향식 접근이라고 한다. 이 개념은 학습자의 동기와 흥미를 발달시키기 위해 학습자에게 의미 있고 구체적인 경험을 하는 가운데 문자를 사용하는 것을 중요시한다.

의미중심 접근법은 여러 이론들이 그 기반을 이루는데, Rousseau, Pestalozzi, Froebel 등이 주장한 아동중심 교육사상과 Dewey의 진보주의 철학의 영향으로 유아의 흥미와 경험을 중시하는 교육을 강조한다. 또한 Piaget와 Vygotsky 이론의 영향으로 읽기에 필요한 능력은 학습자 내부에 있으며 환경과의 상호작용을 통해 학습한다고 봄으로써 발생적 문식성(emergent literacy)이라는 개념이 나타났다. 즉, 읽기, 쓰기에 필요한 교육 내용을 유아에게 일방적으로 전달하는 것이 아니라 유아의 내부에 있는 문식성이 발현할 수 있도록 환경을 제공하고 상호작용을 하는 것이 중요하다는 것이다.

기능주의 언어학자 Holdaway(1979)는 언어의 구조보다 언어의 사용과 기능, 언어가 사용되는 상황이 얼마나 중요한지 보여주면서, 언어를 습득할 때 일상생활 속에서 언어를 사용하면서 자연스럽게 배우는 것이 효율적임을 강조하였다. 심리학자인 Goodman(1975) 역시 언어는 항상 총체적 구조로 유지되어야 한다고 주장하며 언어를 조각조각 단편적으로 접근하는 것에 강력하게 반대하였다. 즉, 의미에 대한 의사소통이라는 언어 본래의 기능을 뒤로하고 본래 한 덩어리로 되어 있는 것을 분해하여 낱말, 음절, 음소로 나누어 가르친다면 언어는 추상적인 것으로 바뀐다고 하며 총체적 언어교육이라는 개념을 제시하였다.

'총체적'이라는 말은 다음의 내용을 포함한다(박혜경·김영실·김진영·김소양, 1999).

- 언어의 기본 단위는 '의미'이다.
- 언어의 네 가지 영역(듣기, 말하기, 읽기, 쓰기)을 통합적 경험 속에서 가르쳐야 한다.
- 언어교육은 교과 간(신체운동·건강, 의사소통, 사회관계, 예술경험, 자연탐구) 통합을 통해 가르쳐야 한다.

총체적 언어 접근법에 사용되는 언어교육 자료에는 특히 문학작품이 포함되어 있는데, 언어교육에서 문학을 활용하는 교수방법을 특별히 문학적 접근법이라고도 부르기도 한다. 문학적 접근법은 의미중심 접근법이 기본적으로 전제하는 것과 마찬가지로 문학을 통한 유아의 경험이 의미를 구성하고 표현하는 것을 배우는 데 가장 적절하다고 생각한다.

2) 의미중심 접근법의 언어 실제 특징

의미중심 접근법의 특징은 다음과 같다.

첫째, 하향식 언어교육

언어학습은 말과 글의 의미를 이해하고 인식하는 것에서 시작하여 문단, 문장, 단어, 낱자의 순서로 전체에서 부분으로 지도한다. 교사는 허용적 교실 분위기 속에서 유아가 꾸며 읽기(pretending reading)나 창안적 글자 쓰기(invented spelling)를 격려한다.

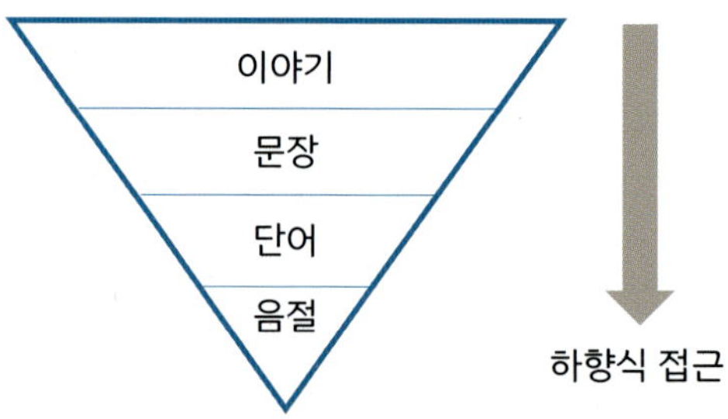

둘째, 유아의 흥미와 경험이 중요

언어학습의 주도권이 유아에게 있으므로 유아가 자신의 흥미와 경험에 따라 스스로 선택한 읽기와 쓰기 활동을 통해 즐거움을 느끼게 한다. 배우는 과정에 있는 유아의 말과 글이 완벽할 수 없다는 것을 인정하고 정확하고 표준적인 문법 사용을 강조하기보다는 유아의 창의적이고 도전적인 언어표현을 인정한다.

셋째, 의미구성 강조

언어 학습은 의미를 전달하고 파악하는 실제적이고 자연스러운 언어활동에서부터 시작되어야 한다. 즉, 언어의 형태를 강조하기보다 의미를 전달하고 파악하는 실제적이고 자연스러운 언어활동이 일어나도록 해야 한다.

넷째, 통합적 접근

일상생활에서 말과 글이 함께 사용되듯이 말하기, 듣기, 읽기, 쓰기를 자연스럽게 함께 지도한다. 또한 유아교육기관에서 이루어지는 모든 교과와 통합하여 언어교육이 이루어져야 한다. 예를 들어, 의사놀이에서는 말하기와 듣기가 동시에 이루어지며, 처방전과 같은 자료의 읽기와 쓰기가 이루어지는데, 이것이 바로 실제적이고 의미 있는 학습활동이 될 수 있다.

주말 지낸 일 이야기하기

주말 지낸 일 그리기

다섯째, 읽기, 쓰기 자료 및 활동이 풍부한 교실 환경 구성

유아가 자발적으로 언어학습에 참여할 수 있도록 질적으로 풍부한 언어 환경을 조성해야 한다. 유아의 흥미를 고려한 다양한 종류의 읽기 자료, 쓰기 자료 및 의미 있는 상호작용을 할 수 있는 공간을 제공해야 한다. 특히 지속적인 책 읽기를 위해 교실에 그림이야기책을 제공할 필요가 있다.

3) 의미중심 접근법의 장단점

의미중심 접근법은 일상생활에서 사용되는 익숙한 이야기나 문장을 중심으로 지도하므로 유아의 흥미와 관심을 유지할 수 있으며, 실생활의 맥락에서 의미 있는 학습이 일어날 수 있다. 또한 듣기, 말하기, 읽기, 쓰기 등의 언어를 동시에 발달시키는데, 예를 들어 주말 지낸 이야기와 같은 경우 자신의 경험을 말하고, 그림이나 글자로 표현할 뿐 아니라 다른 유아들의 듣기 태도를 발달시킬 수 있다. 그러나 의미파악에 초점을 둠으로써 읽기와 쓰기의 기초지식과 하위 기술을 직접적으로 지도하지 않음으로써 문자언어를 해독하는 데 어려움을 갖게 된다. 이로 인해 유아는 배우지 않은 단어나 문장은 거의 읽을 수 없다. 또한 교사의 지도 능력에 따라 언어의 개인차가 크게 벌어질 수 있다.

〈표 7-1〉 부호중심 접근법과 의미중심 접근법 비교

구 분	부호중심 접근법	의미중심 접근법
기초이론	• 행동주의 이론	• 자연주의 이론, 상호작용주의 이론, 진보주의 이론, 기능주의 이론
교육목표	• 정확한 읽기와 쓰기 • 언어의 구조 파악	• 글의 의미 파악과 전달 • 읽기와 쓰기에 대한 동기 • 의사소통을 위한 언어 사용
기본 방향	• 상향식 접근 • 음소 → 음절 → 단어 → 문장 → 이야기	• 하향식 접근 • 이야기 → 문장 → 단어 → 음절 → 음소
교 재	• 한글의 자모체계의 음소의 결합원리를 보여주는 자료 • 학습지 형태의 자료	• 유아에게 의미 있는 자료(그림책, 편지, 표지판, 이름 글자 등)
지도방법	• 교사가 수업 내용 전달 • 반복 훈련 및 강화	• 실생활 맥락(풍부한 문해 환경 제공) • 유아 흥미에 따른 지도
언어 영역별 지도에 대한 관점	• 음성언어는 자연스럽게 습득할 수 있으나 문자언어는 직접적이고 단계적 지도가 필요 • 읽기와 쓰기의 분리 지도	• 음성언어와 문자언어의 통합적 지도 • 읽기와 쓰기의 통합적 지도
장 점	• 정확한 해독 능력 습득 가능 • 새로운 글자나 단어 해독 적용 가능 • 초기 읽기나 문해 경험이 부족한 영유아의 학습에 용이	• 읽기·쓰기에 대한 영유아의 흥미와 동기 유발에 효과적 • 실생활 맥락 속에서 학습 • 글의 의미파악과 이해, 의미전달 능력 발달
제한점	• 영유아의 흥미와 동기 저하 • 읽기, 쓰기 기술 강조로 의미파악 간과	• 읽기·쓰기에 대한 지식과 하위 기술 간과 • 학습 전이가 낮아 배우지 않은 글자 해독 불가

3. 균형적 접근법

1) 출현배경 및 기본 가정

1990년대에 들어서며 총체적 언어 교육법의 효과에 대한 논쟁이 일어났다. 총체적 언어교육 접근법으로 교육을 받는 유아들이 해독이나 읽기 능력이 저하되었다는 지적에 따라 유창한 읽기나 단어재인(word recognition)을 위해서는 음운인식 능력이나 자·모음 지식, 글자와 소리의 대응관계에 대한 지식이 필요하다는 것이 국내외의 여러 연구를 통해 확인되었다(김선옥·조희숙, 2004; 이차숙, 2004; Adams, 1990; Bus & Van Ijzendoorn, 1999). 특히 총체적 언어 교육법을 지향하였던 캘리포니아 주는 읽기 능력이 다른 주의 영유아들에 비해 매우 뒤떨어진다는 사실을 발견하고 유치원과 초등학생의 읽기, 쓰기 능력을 높여 효율적으로 읽고 쓸 수 있도록 지도하기 위해 균형적 언어 교육법을 제시하였다. 균형적 접근법에서 고려해야 할 균형의 요소를 정리하면 다음과 같다(Blair-Larsen & Williams, 1997).

- 교사 주도적 명시적 교수와 유아중심적 발견 학습 간 균형
- 부호중심 접근법과 의미중심 접근법의 균형
- 계획된 활동과 계획되지 않은 활동
- 비형식적 평가와 형식적 평가의 균형

균형적 문해 접근법은 뉴질랜드와 호주의 교육자(Holdway, 1979; Mooney, 1990)에 의해 제안된 것으로 부호중심 접근법과 의미중심(총체적) 언어 접근법의 장점을 균형 있게 갖춘 교수법이다. 유창한 읽기를 위해서는 전체적인 맥락에 기초하여 의미를 파악하는 방법과 해독에 필요한 기초적 기능들을 병행하여 가르칠 필요가 있는데(이지현 외, 2015), 균형적 접근법은 단어재인과 같은 기술적인 지식뿐 아니라 의미해석과 이해력, 책에 대한 흥미와 같은 총체적인 지식도 중요하다고 본다(Fitzgerald, 1999). 따라서 균형적

접근법은 이러한 측면에서 전체적인 의미파악과 함께 단어재인이 필요한 기초 읽기 기술을 가르치는 활동을 제안한다.

한편 학습자의 특성에 따라 접근방법이 달라져야 한다는 주장도 있다. 이차숙(2004)은 학업 능력이나 지능이 떨어지는 유아들이나 문해 경험이 부족한 저소득층 유아들에게는 총체적 언어 접근법이 불리하기 때문에 영유아의 개인의 학습양식과 발달수준, 흥미와 필요에 따라 적절한 방법으로 읽기 지도를 해야 한다고 하였다. Raven(1997) 역시 영유아의 발달수준과 학습 성향에 따라 교수법이 달라져야 한다고 주장하며, 분석적이고 청각적 감각이 발달한 영유아들에게는 부호중심 접근법이, 시각적이고 촉각적 감각이 뛰어나며 총괄적인 학습 성향을 가진 유아들에게는 총체적 언어 접근법이 필요하다고 보았다.

따라서 교사는 다양한 읽기 교수 방법과 학습자들의 특성을 파악하여 그들이 가르치는 학습자에게 적합한 균형점을 찾아내야 한다(Morrow, 2001). 균형적 접근법을 잘 적용하기 위해서 교사는 부호중심 접근법과 의미중심 접근법의 원리나 장단점을 파악하고 있어야 하고 유아들의 발달 특성과 흥미 등에도 관심을 가지고 있어야 한다.

2) 균형적 접근법의 언어 실제 특징

균형적 접근법의 특징은 다음과 같다.

첫째, 의미중심 접근법의 철학을 바탕으로 부호중심 교육 병행

균형적 접근법은 유아의 경험과 흥미를 고려하여 친숙한 단어를 학습하거나 때로는 글자와 음절의 대응 전략, 기본 음절표를 통한 결합 원리 등을 적용한다. 음운인식을 지나치게 강조하거나 단순한 쓰기나 읽기 활동은 지양해야 한다.

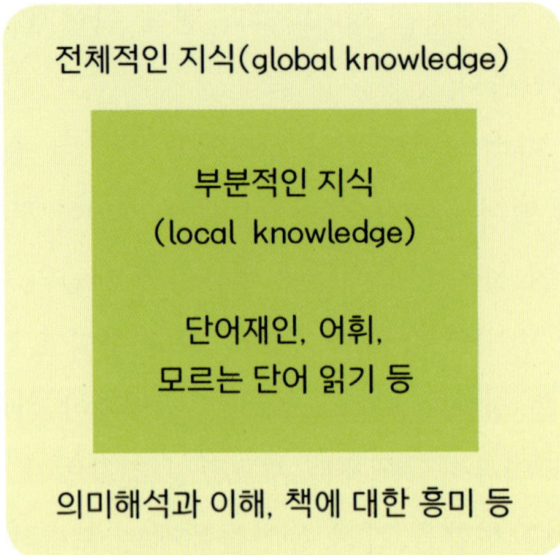

| 그림 7-1 | 의미중심 접근법을 바탕으로 부호중심 교육 병행

둘째, 전체-부분-전체(의미-발음-의미)

Strickland(1998)와 Fowler(1998)는 전체-부분-전체, 조정숙과 김은심(2001)은 의미-발음-의미의 방법을 제안한 바 있다. 이러한 내용을 정리해 보면, 첫 번째 단계에서는 읽기 기술이 포함된 글들을 제시하되 글보다는 의미에 초점을 두고 제시한다. 두 번째 단계에서는 의미에 대한 흥미를 유지하면서 글자의 정확한 발음이나 읽기의 기초 기능을 명시적으로 지도한다. 세 번째 단계에서는 다시 의미의 이해나 구성에 초점을 두고 지도한다.

셋째, 음절중심에서 시작하여 점차 음운중심으로

한글은 음절단위 학습으로 시작해서 가르칠 수 있다. 이차숙(2003)은 유아의 해독지도는, 먼저 이미 알고 있거나 쉽게 짐작할 수 있는 단어들을 중심으로 음절인식을 위한 지도가 선행된 후 자주 접하거나 아는 글자들이 생기면 그것들을 중심으로 글자와 음절을 대응시키는 음절중심의 해독 지도를 해야 한다고 하였다. 그리고 마지막으로 아는 글자가 많아지고, 모르는 글자에 대한 질문이 많아지면 드디어 자소와 음소의 대응규칙과 자모체계의 원리를 적용시키면서 글자를 정확하게 해독하는 훈련을 직접적으로 지도해 나가야 한다고 하였다.

넷째, 풍부한 문식성 환경(print-rich environment) 제공

좋은 문학작품을 통한 문식성 활동을 제공함으로써 영유아가 해독활동에 흥미와 관심을 갖도록 한다. 또한 영유아의 경험이나 환경 인쇄물을 활용하여 읽기, 쓰기 자료를 제공하여 친숙한 단어를 찾아 읽어보거나 알고 있는 단어를 쓰는 활동을 하도록 배려한다. 이러한 특징을 고려하여 활동 예시를 제시하면 다음과 같다.

〈표 7-2〉 그림책을 활용한 균형적 접근법 예

도 서	의미 관련 활동	하위기술 관련 활동
	**내용, 논리적 근거 설명** • 보르카가 런던의 큐가든에서 행복하게 살게 된 과정 알아보기 • 보르카가 형제들에게 놀림거리가 된 이유 알아보기 • 보르카가 크롬비호에서 할 수 있었던 일 알아보기	**음운인식, 글자와 음절 간의 관계** • '기러기'와 같이 앞뒤 글자를 바꾸어도 글자가 되는 단어 찾기 • '♬기, 기, 기 자로 시작하는 말' 놀이
	**내용, 문제해결** • 존이 학교에 갈 때 나타난 동물 회상하기 • 존이 동물 때문에 지각하게 된 이유 알아보기 • 지각하지 않기 위해 동물들을 피할 수 있는 방법 알아보기	**글자와 음절 간의 관계** • 그림책에 나오는 동물의 첫 글자로 시작하는 말 찾아 쓰기 • '지각'으로 끝말잇기 • 다른 그림책에서 '지', '각', '대', '장' 각각의 글자 찾아 읽기
	**내러티브** • 그림책의 그림을 보고 이야기 꾸미기 • 아이가 집에 들어와 했던 일 순서대로 알아보기	**음운인식, 자소와 음소 간의 관계** • '나'와 '너' 같이 하나의 자소에 'ㅏ'와 'ㅓ'를 바꿀 수 있는 단어 찾기(자석글자 놀이) • '곰'과 같이 글자를 뒤집어도 글자가 되는 글자 찾기 • '곰' 의 'ㄱ' 대신 다른 자음 넣어서 낱말 만들기

다섯째, 다양한 교수전략을 통한 개별화 교육

균형적 접근법은 교사 주도적 부호중심 접근법과 아동중심적 의미중심 접근법 사이의 다리를 놓아주는 제3의 접근 방법으로 유아에게(to), 유아와 함께(with), 유아 스스로(by) 읽고 써보게 하는 세 가지 차원이 골고루 이루어지도록 하는 활동이다(Reutzel & Cooper, 1996). 이러한 접근은 영유아가 관심을 가지고 자발적으로 읽기, 쓰기를 할 수 있도록 동기화하며, 교사의 비계설정을 통해 유아 개개인의 요구를 만족시키는 개별화 교육을 지향한다. 구체적인 내용을 정리하면 다음과 같다.

〈표 7-3〉 균형적 언어교육을 위한 읽기 · 쓰기 교수 전략

구 분	내 용	
	읽 기	쓰 기
유아에게 (to children)	**소리 내어 읽기** • 교사가 읽기 자료를 소리 내어 읽는 시범을 보임 • 이야기 구성에 대한 이해를 넓힘 **소그룹, 일대일로 읽어주기** • 이야기에 대한 반응이나 표현을 도울 수 있음	**교사가 쓰기 시범 보여주기** • 교사가 소리 내며 쓰는(writing aloud) 시범을 통해 유아가 음성언어와 문자언어 간 관계 인식 **환경 인쇄물(environmental print) 이용하기** • 환경 인쇄물을 이용한 쓰기 지원
유아와 함께 (with children)	**함께 읽는 경험 나누기** • 교사가 읽기 전략의 시범을 보이고 유아들을 차츰 동참시킴 • 운율, 리듬, 반복되는 구절이나 예측 가능한 부분 읽기 **안내적 읽기** • 유아 개별 혹은 소집단으로 책 선택, 교사와 상호작용하며 읽기 **언어적 경험 나누기** • 영유아의 경험을 차트 형식으로 만들어 읽고 써보기 • 주요 어휘나 궁금한 낱말 써주기	**함께 쓰는 경험 나누기** • 유아가 생각을 말로 하면 교사가 받아 써주는 활동 • 유아와 함께 이야기를 짓거나 함께 읽은 책에 대해 토론하여 큰 책(big book) 만들기 **안내적 쓰기** • 유아가 직접 쓰되 모르거나 어려운 글자만 교사의 안내를 받는 것 **함께 텍스트 창작** • 알파벳 체계(예 '기차 ㄱㄴㄷ')에 따라 함께 글짓기를 함
유아 혼자서 (by children)	**정해진 시간에 혼자서 읽기** • 유아는 독립적으로 자신이 선택한 읽기 자료를 읽음 • 교사는 유아가 수준에 맞는 책을 고를 수 있도록 도움	**유아 혼자서 쓰기** • 교사의 개입 없이 독립적으로 편지, 이야기, 비형식적인 책 등의 쓰기 과정에 참여 • 교사는 교실 내 쓰기를 자극할 수 있는 자료 제공

그림책을 활용한 균형적 접근법의 적용 예

구분	활동	내용
전체 (의미 중심)	책 읽어주기 /함께 읽기	•「곰 사냥을 떠나자」 책을 읽어준다. • 유아와 함께 읽는다(반복되는 부분 유아가 읽기) 예 곰 잡으러 간단다. 곰을 잡으러 간단다. 
	지나간 장소와 소리 표현하기	• 곰을 잡으러 간 장소와 각각 어떤 소리가 났는지 말해본다. • 그 장소에서 다른 소리가 날 수 있는지 말해보거나 글자로 써본다.
	동화 내용에 맞는 음향 제작	• 여러 가지 물건을 이용하여 동화 내용에 맞는 소리 만들기 • 동화와 음향을 녹음하여 듣기
	동화 내용 바꾸기	• 동화의 일부 내용을 바꾸어 보기 – 만약 곰이 무섭지 않았다면? – 만약 곰이 아니었다면?
부분 (의미 + 부분)	소리글자 바꾸기 (자소-음소 인식)	• '사각'과 '서걱', '덤벙'과 '텀벙', '처벅'과 '철벅'을 듣고 차이점과 공통점 말해보기 • 자석글자로 글자 변형하고 창조해 보기
	글자 뒤집기 (특징 찾기)	• '곰'과 같이 뒤집어도 글자가 될 수 있는 글자 찾아보기(써보기) • 뒤집어도 글자가 될 수 있는 글자 특징 찾아보기 • 각 글자가 들어가는 단어(문장) 만들기 – 곰/문, 공/운, 몸/뭄, 온/궁
	음소인식	• 그림책에 나와 있는 단어의 음소만 제시하여 완성글자 맞추기 예 ㅅ ㄱ → 사각, 서걱
전체 (의미 중심)	리듬감 있는 대사 읽기(랩 활동)	• 동화 내용 중 일부를 랩으로 만들어 불러보기 예 곰 잡으러 간단다. 큰 곰 잡으러 간단다. • 각자 다른 부분을 연습해서 전체 내용을 녹화하여 함께 시청하기
	이야기지도 만들기	• 지나간 장소 지도를 만들어 각 장소에서 나는 소리 쓰기 • 지나간 장소 활용해서 게임판 만들어 게임하기

「고구마구마」 그림책을 활용한 균형적 접근법

사이다 글·그림 / 반달 출판사

전체(의미중심)

활동	내용	사진
그림책 읽기	• 「고구마구마」 그림책을 읽어본다. • 유아들이 스스로 읽어볼 수 있도록 책을 제공한다.	
말 전달하기	• 「고구마구마」에 나오는 대사를 전달하고 누구의 말인지, 어떤 상황인지 맞혀본다.	
나의 강점 '구마'로 소개하기	• 나의 강점을 '-구마'를 넣어 글과 그림으로 표현하고 발표한다.	

부분(의미+부분)

활동	내용
나만의 고구마구마 쓰기	• 내가 되고 싶은 모습을 '-구마'로 창작하여 그림과 글로 표현한다.

전체(의미중심)

활동	내용
'-구마' 퀴즈 놀이	• 아이들이 만든 '-구마' 카드로 퀴즈 놀이를 즐긴다.
이야기지도 만들기	• 「고구마구마」 그림책 속 장소 비밀 지도를 만들어 본다.
고구마 노래 만들기	• SUNO AI를 활용하여 우리만의 고구마 노래를 만들어 본다.

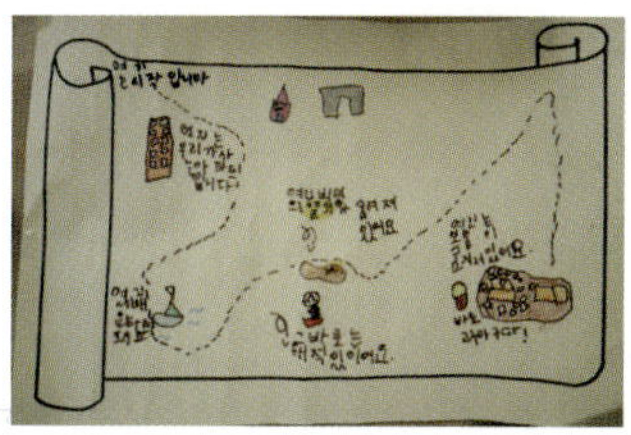

〈활동 및 그림 제공 : 김지원 교사〉

활동

■ 그림책을 1권 선정하여 균형적 접근법에 근거하여 유아들과 놀 수 있는 방법을 미리 생각해 봅시다.

구분	활 동	내 용
전체 (의미)		
부분 (의미+ 부분)		
전체 (의미)		

08장 언어형태별 지도

영유아 언어지도는 듣기, 말하기, 읽기, 쓰기의 언어 구성요소를 통합적으로 고려하여 이루어져야 한다. 음성언어는 문식성 발달의 기초가 되며 성공적인 읽기와 쓰기 발달을 위해서는 음성언어 기술이 먼저 발달되어야 한다. 즉, 유아의 언어교육은 듣기와 말하기 활동을 통해 이해와 표현의 언어 사용 능력과 함께 읽기, 쓰기에 대한 흥미를 갖게 하는 방법으로 이루어져야 한다. 유아교육기관에서 이루어지는 대부분의 활동들은 네 가지 영역에 걸쳐 나타나지만 이 장에서는 음성언어와 문자언어로 나누어 지도방안을 제시하고자 한다.

1. 음성언어 지도

1) 듣기 지도

듣기는 네 가지 언어의 형태 중 가장 먼저 학습된다. 영유아는 출생과 동시에 듣기를 시작하며 영유아가 성장하면서 듣기 능력도 발달된다. 대부분의 가정에서 유아교육기관에 자녀를 보내면서 가장 많이 말하는 것 중 하나는 '선생님 말씀 잘 듣고 친구랑 사이좋게 놀아'라는 이야기일 것이다. '잘 듣는다'는 것은 소리를 듣는다는 것에 그치지 않고 들은 내용을 이해하고 이를 바탕으로 타인과 활발한 의사소통을 하는 것을 의미한다. 이와 함께 교사는 영유아의 듣기 능력을 향상시킬 수 있는 경험과 환경을 제공해야 한다.

■ 듣기 지도의 일반적인 원리

- 교사가 경청하는 모델을 보이기
- 흥미로운 듣기 자료 제공
- 실생활과 관련된 듣기 경험 제공하기
- 통합적인 이해 경험 제공하기

이러한 원리에 기초하여 영유아의 듣기를 촉진할 수 있는 활동을 제시하고자 한다. 대부분의 듣기는 말하기와 통합적으로 이루어지기 때문에 여기서 제시하는 활동도 말하기 활동이 통합적으로 나타날 수 있다.

(1) 교사가 경청하는 모델 보이기

교사의 듣기는 영유아의 말하기 행동을 촉진한다. 옹알이를 시작해서 영아가 한두 단어로 자신의 의사를 표현하기 시작할 때 교사의 민감하고 반응적인 듣기는 매우 중요하다. 교사가 영유아에게 눈을 맞추고 적절한 반응을 하며 끝까지 경청하는 모습을 보이면 영유아는 자신이 수용되고 존중받는다고 느끼게 된다. 이러한 교사의 듣기 모델을 통해 영유아는 자연스럽게 좋은 듣기 모델을 학습하게 된다.

■ 영유아와 상호작용 시 눈 맞추고 반응하기

옹알이하는 영아에게도 눈을 맞추고 미소를 지으면서 반응한다. 옹알이가 끊어질 때 중간중간 교사가 이해한 바를 언어로 표현해 준다. "어, 그래?", "그랬어?", "기분이 좋아졌어?" 하며 영유아의 말에 적절한 표정과 말로 경청하는 태도를 보여준다.

(2) 흥미로운 듣기 자료 제공

영유아의 듣기를 위한 주의집중에 필요한 것은 흥미이다. 일상생활의 맥락 속에서 영유아가 관심을 가지는 소리를 알아보고 이를 듣기 자료로 제공하는 것은 영유아의 듣기를 위한 주의집중에 도움이 된다.

■ 소리 변별하기

녹음된 친구 목소리 듣고 이름 맞히기, 동물 소리, 물건 소리 듣고 알아맞히기, 다양한 마라카스 소리 듣고 재료 맞히기(곡식, 흙, 모래, 구슬 등) 등을 통해 소리를 변별해 볼 수 있다.

■ 재미있는 의성어, 의태어가 포함된 동시/동화 듣기

동시 듣고 일정한 어휘가 몇 번 나왔는지 세어보는 것도 주의 깊게 듣는 데 도움을 준다.

(3) 통합적 놀이경험 제공하기

놀이를 통한 타 언어 영역과의 통합적 듣기 지도가 이루어지도록 해야 한다.

■ 말 전달하기 놀이

교사가 하는 말을 듣고 다음 친구에게 전달하고, 들은 그대로 다음 친구에게 전달하는 방식으로 마지막 유아가 들었던 내용을 정확하게 말해본다.

(예 토끼는 용궁으로 갔어)

■ 끝말잇기

둥글게 앉거나 혹은 마주 앉아 끝말잇기를 해본다.

기차 – 차표 – 표시 – 시장 – 장갑 – 갑옷 – 옷장 – 장미 – 미용실 – 실내 – 내복

■ ♬ 시장에 가면

♬ 시장에 가면 과자도 있고
♬ 시장에 가면 과자도 있고, 우유도 있고
♬ 시장에 가면 과자도 있고, 우유도 있고, 장난감도 있고
♬ 시장에 가면 과자도 있고, 우유도 있고, 장난감도 있고, 색종이도 있고 (계속)

■ 언어지시 따르기(가라사대 게임)

가라사대 대신 '우리 친구들' 또는 'ㅇㅇ반 친구들', '사랑하는 친구야' 등 각 교실에서 필요한 말을 정하면 더 의미 있는 놀이가 될 수 있다.

가라사대 오른팔을 드세요	지시에 따르기(오른팔 들기)
오른팔을 흔들어 보세요	지시에 따르지 않기
가라사대 오른팔을 흔들어 보세요	지시에 따르기(오른팔 흔들기)

■ 수수께끼 듣고 맞히기

나는 추운 겨울에 볼 수 있습니다.
나는 하얀색입니다. **정답** : 눈

■ 지시 듣고 따라 하기/반대로 따라 하기

♬ 머리, 어깨, 무릎, 발
- 노래에 맞추어 신체 부위를 가리키기
- 노래와 다르게 다른 곳을 짚기
- 교사의 지시에 따라 한 곳을 빼고 노래를 부르며 동작하기

(이번에는 '어깨'의 소리를 내지 말고 노래를 불러보자)

(4) 실생활과 관련 있는 듣기 경험 제공

■ 행위/물건 이름 알아보기

일상생활 속에서 행동을 말로 표현해 준다. 예를 들어, 영아에게 양말을 신겨줄 때 리듬감 있는 언어로 '♬양말을 신자, 양말을 신자, 양말 속으로 발이 쏘옥' 하고 이야기해 준다.

■ 뉴스 듣기

일기예보와 같이 영유아와 들어볼 만한 뉴스를 녹음하여 함께 듣고 이야기 나눈다. 교사가 교실에서 있었던 일을 기사 형식으로 써서 녹음하여 들려줄 수도 있다.

안녕하십니까. 사랑반 선생님 성유진입니다. (인사)
사랑반 뉴스를 말씀드리겠습니다. (뉴스 시작)
오늘 오전 바깥놀이터에서 있었던 일입니다. (언제)
우리 반 친구 박현빈과 이소정이 재미있는 동시 짓기 대회를 했다고 합니다. (누가, 무엇을)
과연 어떤 내용이었는지 다시 한번 불러서 들어보도록 하겠습니다. (어떻게 했나?)

2) 말하기 지도

다른 사람과의 정확한 의사소통을 위해서 말하기는 필수적인 요소이다. 말하기는 자신의 요구, 생각과 감정, 자신이 알고 있는 정보를 음성언어를 이용하여 체계적이고 효과적으로 표현하는 방법이다. 교사는 편안하고 허용적인 교실 분위기를 형성하여 영유아가 말하려는 시도를 격려한다. 또한 말할 때, 실수를 하더라도 잘못을 바로잡기보다는 말하려는 바를 잘 표현할 수 있도록 도와준다.

■ **말하기 지도의 일반적인 원리**
- 편안하고 즐거운 분위기 형성하기
- 실생활과 연계한 말하기 경험 제공하기
- 통합적인 말하기 경험 제공하기

이러한 원리에 기초한 영유아의 말하기를 촉진할 수 있는 활동은 다음과 같다.

(1) 경험 이야기

개인적인 경험을 다른 사람들 앞에서 이야기하는 것으로 집단 앞에서 발표할 수 있는 경험을 갖게 된다. 이러한 경험은 유아들의 발표 능력을 기르고 자신감을 느끼게 하는 데 효과적이다.

■ 나의 생일 이야기

유아의 생일에 자신의 사진 3~4장을 가져와서 사진 설명을 한다. 다른 아이들은 듣고 궁금한 것을 질문할 수 있다.

예 이 사진은 내가 한 살 생일 때인데 많은 사람들이 와서 축하해 줬어. 내가 그때 마이크를 잡았대.
이 사진은 내가 세 살 때인데, 아빠 엄마랑 놀러 갔는데, 내가 풍선 사달라고 했는데 엄마가 안 사줘서 내가 울고 있는 거야.

■ 주말 지낸 이야기

무슨 말을 해야 할지 모르는 유아들을 위해 기본 질문(예 어디에, 누구와, 무엇을 했는지)을 할 수 있다. 또한 말하기를 어려워하는 경우 그림으로 표상한 후 그림을 보면서 이야기하도록 한다.

(2) 기자놀이

■ 뉴스 말하기

기자와 같이 다른 사람들에게 알리고 싶은 정보나 내용을 기사로 써서 발표하는 기회를 갖는 것이다. 교사는 육하원칙을 게시판에 붙여놓고 유아들이 보고 기사를 말할 수 있도록 도울 수 있다. 교실에서의 약속에 따라서 발표의 시간과 내용, 방법을 정할 수 있다. 뉴스 말하기를 촬영하고 TV로 연결하여 함께 시청하면 아이들과 이야깃거리가 더 풍부해질 수 있다.

> 예 뉴스를 말씀드리겠습니다. (고정)
>
> | | |
> |---|---|
> | 누가 | 푸름반 임수찬이 |
> | 어디서 | 바깥놀이터에서 놀다가 |
> | 무엇을 | 개미집을 발견했습니다. |
> | 어떻게/왜 | 푸름반 친구들 중에서 개미집을 보고 싶은 친구들은 임수찬에게 연락하시면 개미집을 볼 수 있다고 합니다. |
>
> 이상으로 푸름반 ○○○ 기자였습니다.

■ 인터뷰하기

견학이나 초청 혹은 옆 반 선생님 등 어떠한 전문가도 가능하다. 영유아들이 궁금한 점을 질문 목록으로 만들어 사전에 물어볼 수 있다.

(3) 그림책을 활용한 창의적 말놀이

■ 그림책 속 등장인물 되기

그림책 속 등장인물이 되어 말하기, 아무나 선택해서 말하거나 게임으로 친구가 말한 사람들 찾아볼 수도 있다. 한 명씩 뭐라고 이야기하는지 찾아본 뒤 동시에 함께 이야기해본다.

스즈키 노리타케 글·그림.
정희수 옮김. 노란우산

- 유아들과 그림책을 읽어본다.
- 그림책에 익숙해지면 각 페이지의 내용을 중심으로 등장인물이 되어 말과 동작으로 표현한다.
  - 여기서는 지금 어떤 말들이 들리니?
  - 이 친구는 지금 뭐라고 하는 것일까?
  - (오른쪽 가운데 노란 수건을 두르고 손을 들고 있는 친구를 가리키며) 이 친구는 뭐라고 하는 것일까?
  - (오른쪽 아래에 탕 속에 누워서 헤엄을 치고 있는 친구를 가리키며) 이 친구는 뭐라고 하는 것일까?
- 동시에 그림책 장면의 대사를 재현해 본다.

■ 글 없는 그림책 녹음하기

글 없는 그림책을 보고 내용을 만들어 녹음한 후, 친구들과 함께 듣고 이야기해 본다. 음성 그림책이 완성되면 배경음도 만들어 넣어본다.

(4) 상상해서 말하기

현실에서 가능하지 않은 일을 상상하여 말하는 것도 유아의 상상력과 표현력을 길러준다. 또한 현재의 눈에 보이는 사실적이고 구체적인 사실이 아니라 가상의 사건을 상상해서 말하는 경험은 유아의 추상적인 사고 발달을 촉진할 수 있다.

예 만약 내 몸에 날개가 생긴다면-
만약 내 몸에 꼬리가 생긴다면-

2. 문자언어 지도

1) 읽기 지도

영유아가 읽기에 흥미를 가질 수 있도록 교사는 풍부한 문해 환경을 제공해야 한다. 영유아들이 매일 접하는 교실, 복도, 놀이터, 강당, 화장실 등 어린이집과 유치원의 모든 장소가 문해 환경이 될 수 있다. 문식성이 풍부한 놀이 환경과 함께 교사의 지도도 중요하다. 초기 유아의 문식성과 교사의 개입에 관한 연구는 주로 극화놀이 영역을 중심으로 이루어졌는데, 더 많은 문식성 자료가 제공된 환경은 유아의 읽기 능력에 영향을 미치는 것으로 나타났다. 또한 극놀이 영역에서 문자표지판과 문식성 자료를 비치해주고 교사가 함께 놀이 하면서 상호작용해준 집단의 유아들이 문자표지판만 제시하고 교사가 개입하지 않은 집단에 비해 문식성 행동에 더 많이 참여했고, 문자표지판 읽기 활동도 유의하게 증진되었다는 결과(Chtistie & Enz, 1992; Vukelich, 1994; 김정화, 이문정, 2007 재인용)는 문식성이 풍부한 환경은 교사의 사회적 상호작용이 병행될 때 보다 효과적인 임을 알 수 있다.

(1) 책 읽기

영유아에게 소리 내어 책을 읽어주면(reading books aloud) 영유아들은 글이 말로 바뀌는 것을 경험하면서 말과 글의 관계를 알게 된다. 소리 내어 책을 읽어주는 것은 글을 읽을 수 없는 영유아에게 매우 가치 있는 활동이다. 또한 혼자 읽을 수 있는 유아들에게도 읽기에 대한 흥미와 동기 및 책 읽기에 대한 즐거움 등을 갖게 한다는 측면에서 의미가 있다. 읽기에 관한 한 연구 결과(Albrecht & Miller, 2001)에서는 1세 미만의 영아는 하루에 5~10분, 12~18개월의 영아들에게는 20분, 18개월 이후의 영아들에게는 매일 적어도 30분 정도 그림책을 읽어주는 것이 좋다고 한다.

영아에게 책 읽어주기

제작한 그림책 읽기

영아의 읽기를 촉진하기 위한 그림책 선택

0세 헝겊책, 비닐책, 영아의 소근육 발달을 고려할 때 작고 두꺼운 책, 큰 그림이나 대조되는 색 패턴 그림책

1세 영아가 좋아하는 그림이 있거나 동물, 자동차 등 이름을 명명할 수 있는 책

2세 명확한 주제, 예측 가능한(predictable) 내용, 대사가 반복되어 리듬감을 느낄 수 있는 책, 의성어/의태어가 풍부한 책(아래는 영아를 위한 그림책의 예시)

제즈 앨버로우 글·그림
웅진닷컴(2009)

제인 커브레라 글·그림
김향금 옮김. 보림(2019)

앤서니 브라운 글·그림
공경희 옮김. 웅진주니어(2019)

(2) 동시/새노래 가사판 읽기

동시는 동화보다 글자 수가 적고 글자 수에 제한을 받기 때문에 읽으면서 리듬감을 느낄 수 있으며, 같은 구절이 반복되는 경우가 많아서 읽기에 능숙하지 않은 유아들에게 적절한 읽기 자료가 된다. 동시활동을 할 때는 교사가 읽어준 후 유아도 읽어보는데 다양한 읽기 방법으로 반복하여 읽어봄으로써 유아들은 동시를 기억하고 즐길 수 있게 된다. 동시활동이 익숙해지면 동시변형 및 말놀이를 통한 동시 짓기 활동을 할 수 있다.

■ 동시 읽기 지도 방법

- 따라 읽기 - 한 소절씩 나누어 교사가 먼저 읽고 유아가 그대로 따라 읽는 것
- 교대로 읽기 - 한 소절씩 나누어 교사가 먼저 읽고 다음 소절을 유아가 읽는 것
- 함께 읽기 - 교사와 유아가 함께 읽는 것

왜가리

박경종

왜가리야!
왝!

어디 가니?
왝!

엄마 찾니?
왝!

아빠 찾니?
왝!

왜 말은 않고 대답만 하니?
왝!

....
왝!

(3) 환경 인쇄물 읽기

주변 환경 속 교통표지판, 전단지, 그림책 표지 등은 유아가 주변에서 자연스럽게 접하게 되는 환경 인쇄물이다. 교사는 영유아가 다양한 환경 인쇄물에 관심을 가지고 읽을 수 있도록 제공할 수 있다.

우유와 과자

교통표지판

2) 쓰기 지도

영유아들의 쓰기를 촉진하기 위해서 교사는 영유아의 끼적이기나 창안적 글자에 관심을 가지고 영유아에게 쓴 것을 읽어 달라고 할 수 있다. 또한 영유아가 불러준 내용을 교사가 글로 받아 써주면 영유아는 말과 글의 관계에 지속적으로 관심을 가지게 될 수 있다.

■ 쓰기발달을 촉진하기 위한 환경(Morrow, 2001)

- 문자를 즐겁고 의미 있게 경험하도록 할 것
- 교사가 쓰기의 모델을 자주 보여줄 것
- 쓰기를 위한 기회 및 쓰기 재료를 제공할 것
- 유아들의 쓰려는 시도(끼적이기나 창안적 글자)를 적극적으로 격려할 것
- 카드, 편지 등과 같이 개인적이고 사회적인 목적으로 쓰기를 격려할 것
- 쓰기를 교육과정에 통합되도록 할 것
- 교사가 쓰기 모델을 보여줄 때 소리-글자 관계를 강조할 것
- 철자를 쓰는 적절한 방법에 노출시킬 것
- 마침표, 반점, 띄어쓰기 등의 구두법을 사용하는 경험을 제공할 것
- 유아들이 쓴 것을 평가해 볼 것

(1) 베껴 쓰기

교실에 다양한 쓰기 도구와 종이와 함께 베껴 쓸 수 있는 글자를 제공한다.

글쓰기 도구와 종이

겨울 음식 글자 쓰기

(2) 시작하는 말/끝말잇기

자신의 이름과 주변의 친숙한 글자를 이용한 끝말잇기는 쓰기에 대한 흥미를 높이는 활동이다.

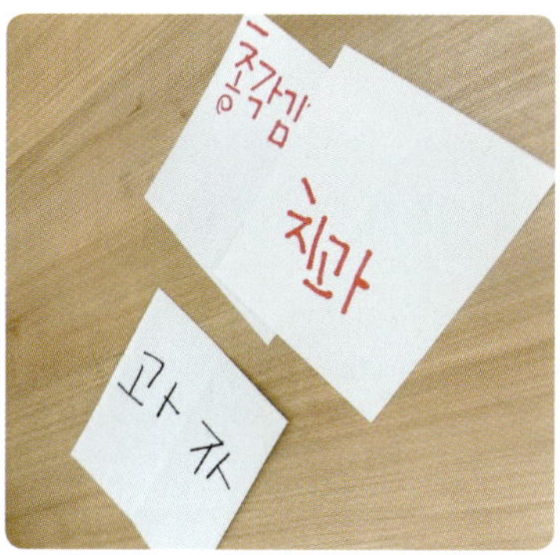

친숙한 글자카드를 이용한 끝말잇기

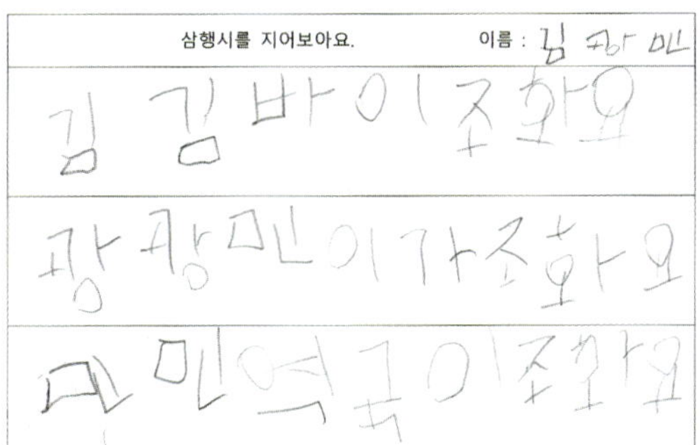

이름 3행시(만 4세)

(3) 타이포그래피(typography)

타이포그래피는 글자체, 글자 크기, 글자 배열 등을 일컫는데, 이것은 그림책의 미학적 요소일 뿐 아니라 서사 요소로도 작용한다. 그림책에서 타이포그래피는 인물의 감정이나 사건, 상황 등 이야기의 분위기를 조율하는 역할을 한다. 한두 개의 글자로써 타이포그래피를 만들 수 있기 때문에 쓰기를 흥미 있게 만드는 활동이 될 수 있다.

5세 여아

5세 남아

(4) 그림책과 통합하기

유아가 관심과 흥미를 가지고 자주 읽는 그림책과 연계하여 쓰기 활동을 해볼 수도 있고, 교사가 직접 그림책을 선정하여 쓰기 활동을 계획할 수 있다. 잘 고안된 활동은 유아의 쓰기를 촉진할 수 있다.

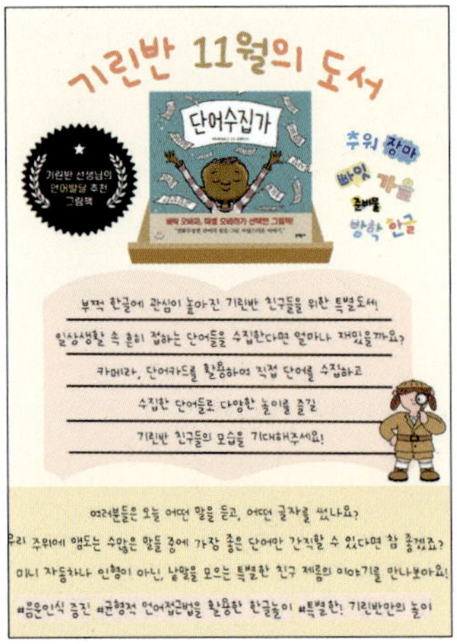

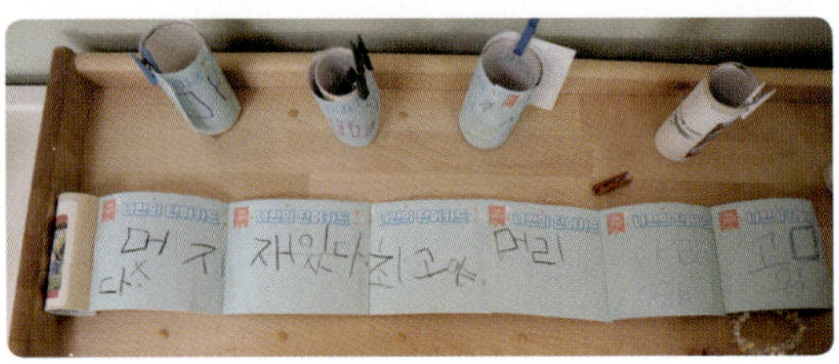

(5) 퀴즈 책 만들기

자신이 잘 알고 있는 내용이나 우리 반 친구들의 특징을 담은 퀴즈 책을 만들어 볼 수 있다. 유아가 만든 퀴즈 책은 모임 시간에 공유하며 성취감을 느껴본다.

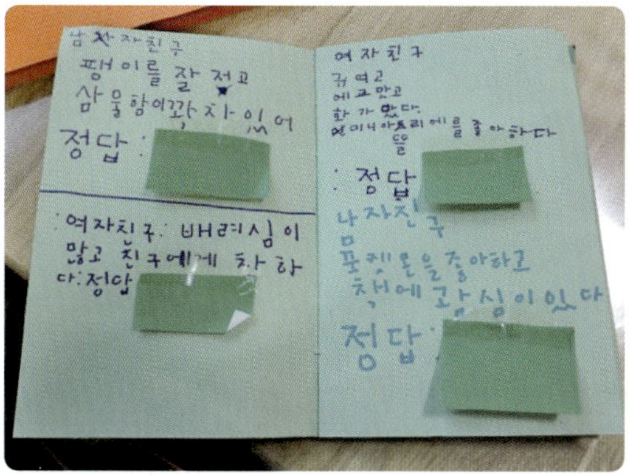

"이건 우리 반 친구들 퀴즈 책이야! 누군지 맞혀볼래?"

"그림을 보고 어떤 건지 맞혀 보는 거야!"

(6) 동시·이야기 짓기/편지쓰기

동시 짓기, 이야기 짓기 및 편지쓰기 등의 창작활동은 유아가 일반적인 쓰기 능력 이외의 상상력, 창의성 및 문학성을 길러주는 매우 좋은 기회가 된다.

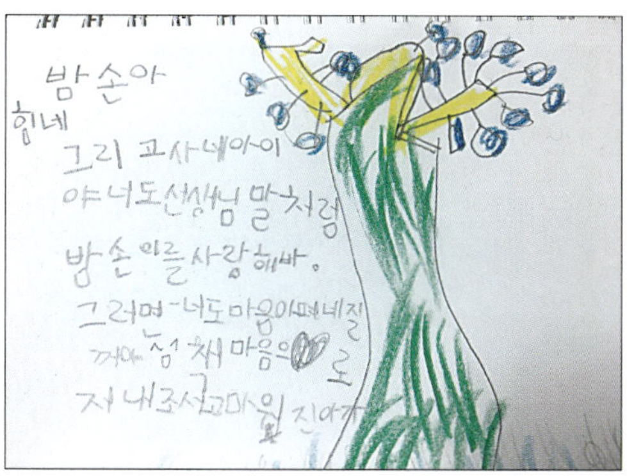

(7) 초성 편지쓰기

유아들의 편지와 함께 교사의 편지는 유아들로 하여금 읽고 싶고, 쓰고 싶은 욕구를 가지게 한다. 교사가 각 유아의 개별적인 특성을 알고 이를 편지로 써준다면 유아들도 쓰기를 통해 자신의 생각을 표현하게 한다. 특히 글자를 읽을 수 있는 경우 편지 내용 중 일부를 초성으로만 작성하여 유아의 흥미를 높일 수 있다.

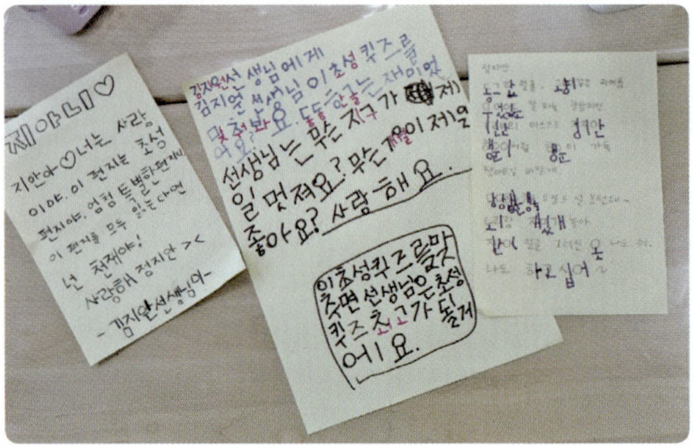

(8) 교육과정과 통합하기

쓰기가 교육과정과 통합될 때 유의미한 배움이 일어날 수 있다. 교사는 교육과정 운영 시 영유아의 쓰기가 촉진될 수 있도록 지원할 수 있다.

■ 활동의 실제

언어형태	음성언어지도(듣기와 말하기)
놀이명	수수께끼
놀이 배경	공룡을 좋아하는 아이들이 늘어나면서 공룡에 대해 서로 이야기하는 아이들이 많아졌다. 공룡책을 보거나 그림을 그리며 공룡에 대한 지식을 이야기한다. 공룡에 대한 지식을 공유할 수 있도록 수수께끼 놀이를 해보기로 한다.
놀이 방법	1. 한 명의 유아가 공룡을 하나 선택한 후 교사에게 귓속말로 알려준다. 미리 교사에게 알려주는 것은 유아가 중간에 답을 바꾸지 않도록 하는 것이다. - (교사에게 귓속말로) 브라키오 사우루스 2. 힌트를 한 개씩 제시한다. - 첫 번째 힌트! 이 공룡은 매우 키가 커요. 3. 정답을 맞추지 못 할 경우 힌트를 한 개씩 추가한다. - 두 번째 힌트! 초식 공룡입니다. - 세 번째 힌트! 이 공룡의 이름은 '팔 도마뱀'이라는 뜻이예요. - 정답! 4. 정답을 맞춘 친구가 다음 수수께끼를 내는 사람이 된다.
교사 지원 방법	- 수수께끼 놀이 중에도 아이들이 가지고 있는 지식이 다를 수 있으니 공룡책을 읽기 영역에 배치한다. - 수수께끼 놀이가 활성화되면 공룡 수수께끼 책을 만들 수 있는 종이를 제공한다.

언어형태	음성언어지도(듣기와 말하기)
놀이명	귓속말 전달 놀이
놀이 배경	아이들과 귓속말로 전달하기 놀이를 했다. 처음 이 활동을 소개했을 때 아이들은 바람을 불어넣어 귀가 간지럽다고 하거나 잘 안들린다고 하는 등 여러 가지 어려움을 이야기했다. 이후 자유놀이 시간에 아이들이 무언가를 물어볼 때 마다 내가 귓속말로 대답해주었더니 점점 귓속말 하는 아이들이 늘어났다.
놀이 방법	1. 전이시간을 활용하여 귓속말을 통해 미션을 준다. - (바깥 놀이터에서 교실로 들어간 후 점심 식사 준비를 할 때) "교실 가서 화장실 갔다가 손 씻고 자리에 앉으세요." - 뒷 친구에게 "교실 가서 화장실 갔다가 손 씻고 자리에 앉으세요."를 전달한 후 교실로 올라가 미션을 수행한다. 2. 맨 앞에서부터 뒷 친구에게 전달한 후 교실에 올라가서 미션을 수행한다. 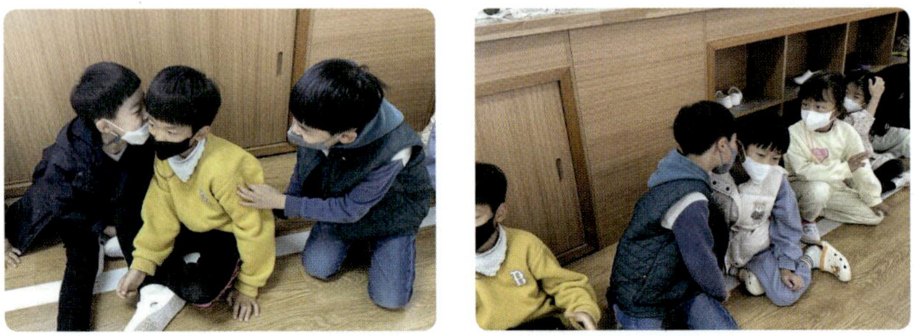 귓속말 전달을 하는 아이들
교사 지원 방법	- 전이시간이나 놀이 시간 중 아이들의 요구사항에 답해줄 때 귓속말을 활용해서 이야기한다. - 귓속말 놀이를 할 때 처음에는 어절의 수를 고려한다. 점차 놀이가 익숙해지면 어절을 조금씩 늘려가며 전달한다. 〈활동 및 사진 제공 : 한효정 교사〉

언어형태	문자언어지도(읽기와 쓰기)
놀이명	동시 짓기
놀이 배경	쓰는 것을 어려워하지만 글자를 쓰고 싶어 하는 아이들이 늘어나고 있다. 말과 글을 보다 쉽고 재미있게 접근해 볼 수 있는 동시책을 교실에 제공하였다. 전이 시간에 두어 번 읽어주고, 모임 시간에 외어서 말해주니 아이들이 흥미로워 하며 동시책에 관심을 가지기 시작하였다. 아이들과 동시 퀴즈 맞추기 놀이를 통해 동시 제목 맞추기를 하였다. 동시 제목 맞추기가 익숙해지자 동시 첫 줄 외우기 퀴즈도 하였다. 아이들이 동시에 익숙해지자 동시 짓기를 시도하였다.
놀이 방법	1. 동시 퀴즈를 통해 동시 제목 맞추기를 한다. - 선생님이 고른 동시를 읽어 볼게. (동시를 읽는다) - 이 동시의 제목은 무엇이니? 2. 동시의 특성(글자수, 운율, 의성/의태어 등)에 대해 이야기한다. - 이 책에 있는 동시 중에서 가장 재미있는 동시는 무엇이었니? 왜 재미있었니? - 동시에 쓰인 재미있는 단어는 어떤 것이 있었니? 3. 동시 짓기를 해본다. - 우리가 좋아하는 것으로 동시짓기를 해보자. - 주말 지낸 이야기를 동시로 만들어 보면 어떨까? 4. 의성 의태어를 넣어 동시를 지어본다. - 동시에 재미있는 낱말을 넣어보면 어떨까? - 소리나 모양을 나타내는 말은 무엇일까?

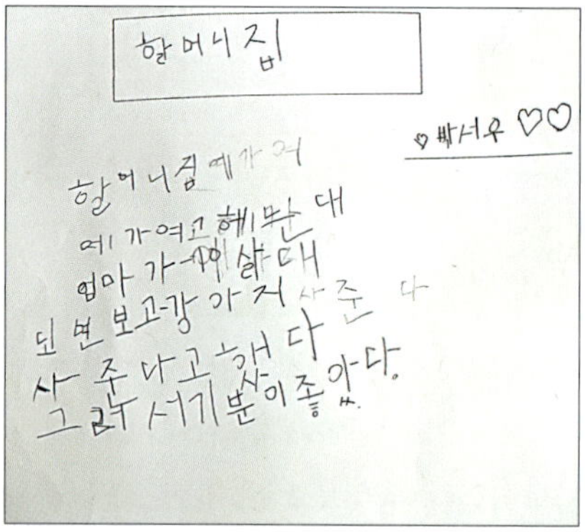

5. 특별한 주제나 소재를 중심으로 동시를 지어본다.
   - 코로나 19로 어떤 점이 불편했니?
   - 코로나 19는 어떤 느낌이니?
   - 코로나 19에게 어떤 말을 할 수 있을까?

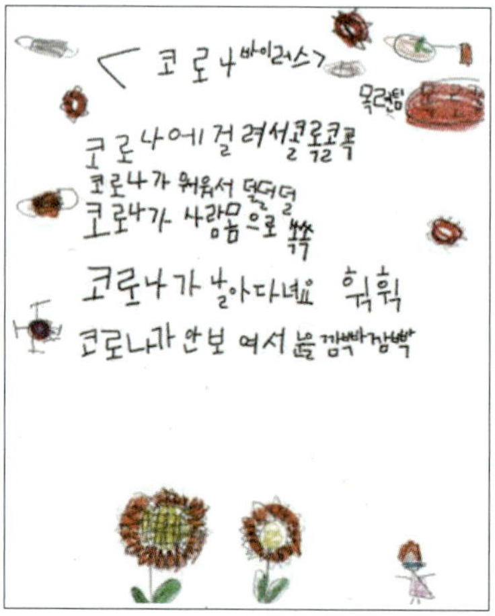

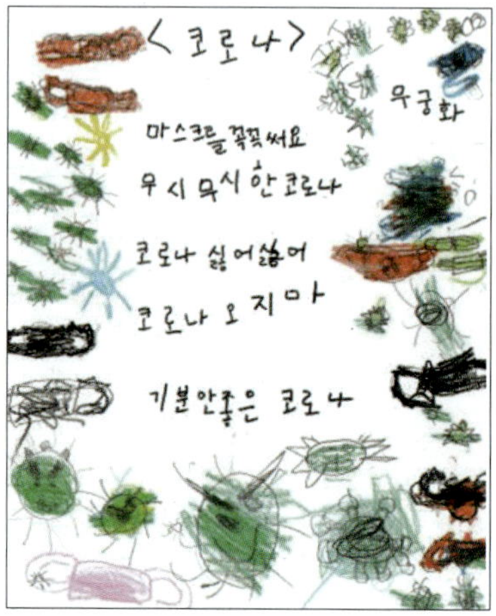

〈코로나 19를 주제로 아이들이 지은 동시〉

교사 지원 방법	- 먼저 동시를 쓰기 전에 자신의 생각을 보다 짧고, 재미있는 말로 표현할 수 있도록 돕는다. - 동시짓는 과정에서 처음부터 완성도 있는 동시를 짓도록 하기보다는 동시짓기가 즐겁다는 것에 초점을 두고 진행한다. - 동시짓기의 주제는 자신과 가장 가깝고 일상적인 것에서부터 시작해서 아이들이 쉽게 표현할 수 있도록 한다. 〈활동 및 사진 제공 : 곽주현 교사〉

활동

■ 유아의 유의미한 배움이 일어날 수 있도록 언어 놀이를 하려면 교사의 사전 계획도 중요합니다 유아들과 함께 할 수 있는 언어게임을 만들어서 유아들에게 소개하기 위한 계획을 수립해봅시다. 유아의 경험과 수준에 맞는 주의집중, 흥미유발, 활동목표 달성을 위한 교사의 발문 및 평가를 고려한 계획안을 작성해보세요.

<table>
<tr><td>놀이주제</td><td colspan="3"></td></tr>
<tr><td>놀이명</td><td colspan="3"></td></tr>
<tr><td>놀이목표</td><td colspan="3"></td></tr>
<tr><td>누리과정
관련요소</td><td colspan="3"></td></tr>
<tr><td>놀이배경</td><td colspan="3"></td></tr>
<tr><td>놀이 단계
및 시간</td><td colspan="2">활 동 내 용</td><td>자료(•) 및
유의점(※)</td></tr>
<tr><td></td><td colspan="2"></td><td></td></tr>
<tr><td rowspan="2">(목표와
연계한)
평가계획</td><td>평 가 내 용</td><td>평가방법 및
시기</td><td>결과활용</td></tr>
<tr><td></td><td></td><td></td></tr>
</table>

09장 언어 구성요소별 지도

균형적 접근법에 기초하여 언어를 지도하기 위해서는 언어의 구성요소에 대해 관심을 가지고 각각의 언어활동이 일상적 경험과 맥락 속에서 자연스럽게 이루어져야 한다. 물론 언어의 구성요소들은 유아가 언어를 습득하는 과정에서 통합되어 발달하지만, 교사는 영유아 언어발달을 이해하고 평가할 때 각 구성요소를 독립적으로 이해하고 이들을 지도하기 위한 방법을 고려해야 한다. 이 장에서는 음운인식 지도, 어휘 지도, 구문 지도 및 내러티브 지도에 관한 지도방법을 알아보고자 한다.

1. 음운인식 지도

1) 음운인식 발달

음운인식이란 언어의 의미와는 별개로 언어의 소리 단위를 지각하고 인식하며, 연속되는 말이 여러 단위(음소, 음절, 단어 등)로 구성되어 있음을 이해하는 능력이다(이지현 외, 2015). 예를 들어, '가마'와 '가위'를 들려주었을 때 유아는 이 단어가 음절 2개로 구성되어 있고 동일한 음절 '가'가 있음을 인식하게 되는 것이다. 음소는 더 이상 작게 나눌 수 없는 말소리의 기본 단위로 음소 수준의 인식은 '사과'와 '사탕'을 듣고 '사과'의 'ㅅ'과 '사탕'의 'ㅅ'의 첫소리가 같음을 아는 것이다.

말에 포함된 개별적인 소리를 인식하는 음운인식 능력이 발달되고 나면 그러한 소리를 글자와 대응시키는 것을 보다 잘 배울 수 있게 되는데, 음운인식 능력이 발달되지 않은 상태에서 말과 글의 관계를 가르치면 아이들이 말과 글의 대응관계를 더욱 어렵게 생각하게 된다(Vukelich, Christie, & Ens, 2008). 따라서 음운인식을 지도하기 위해서는 먼저 말에 포함된 소리에 관심을 가지게 하는 것이 중요하다.

우리나라 유아의 음운인식은 단어, 음절, 그리고 음소 수준으로 발달하는 것으로 나타났다(김선정, 2005; 마송희, 2005). 4세 정도에는 음절인식이 형성되어 한 음절이 하나의 글자와 대응된다는 것과 함께 글자와 발음의 항상성 관계(김선옥, 2005; 박향아, 2000), 음절의 하위 단위인 초성자음과 중성자음, 중성모음과 종성자음(김현자·조증열, 2001)에 대한 인식을 가지게 된다. 그러나 음소인식은 5세경에 시작되나 초등학교 입학할 무렵에도 반 정도의 유아들만 음소인식이 가능한 것으로 나타났다(마송희, 2005; 홍성인, 2001).

음운 인식의 발달 순서

단어	→	음절	→	초성 + 중성	→	중성 + 종성	→	음소
나비		나비, 나방		산, 상		곰, 솜		침대, 청소

〈표 9-1〉 음운인식 과제와 활동

구 분	음운인식 과제	활 동
단어 수준	단어인식	단어카드를 올바른 순서로 나열하기 단어 수 세기
음절 수준	음절분절	음절 수 세기 예 음절 수 손뼉 치기
	같은 음절 인식 같은 음절 찾기	같은 음절이 포함된 단어에서 같은 음절 인식하기 같은 음절로 시작하는, 끝나는 단어 찾기 끝말 이어가기

음소 수준	음소분절	/강/을 /ㄱ/, /ㅏ/, /ㅇ/으로 소리내기
	음소결합	음소들을 가지고 글자를 구성하기
	같은 음소 인식 같은 음소 찾기	같은 음소가 포함된 단어에서 같은 음소 인식하기 같은 음소가 초성, 중성, 종성에 포함된 단어 찾기
	음소대치	/알록/과 /달록/의 공통점 차이점 찾기 /ㅇ/과 /ㄷ/ 대신에 다른 자음 넣어 발음하기
	음소탈락	주어진 단어에서 받침을 빼고 새로운 낱말 만들기 예 반지 → 바지
	음소첨가	빠진 받침을 첨가하여 완전한 단어 만들기 예 구이 → 군인

출처 : 이지현 외(2015).

2) 음운인식 활동

음운인식 활동은 소리의 유사성에 민감하게 하는 것이 중요하므로 다양한 동요, 동시, 그림책, 말놀이를 통해 지도할 수 있다. 한글은 음절 단위로 말소리와 글이 일대일로 대응되기 때문에 교사는 다양한 활동에서 이를 고려하여 지원할 수 있다.

(1) 전래동요/동시

■ 잘잘잘

'하나'와 '할머니'에서 '하', '두울'과 '두부장수'에서 '두'에 힘을 주어 불러서 유아들이 소리에 민감하게 한다.

하나 하면 할머니가 지팡이를 짚는다고 잘잘잘
두울 하면 두부장수 두부를 판다고 잘잘잘
셋 하면 새색시가 거울을 본다고 잘잘잘
넷 하면 냇가에서 빨래를 한다고 잘잘잘
다섯 하면 다람쥐가 도토리를 줍는다고 잘잘잘
여섯 하면 엿장수가 엿을 판다고 잘잘잘
일곱 하면 일꾼들이 나무를 벤다고 잘잘잘
여덟 하면 여학생이 공부를 한다고 잘잘잘
아홉 하면 아버지가 신문을 본다고 잘잘잘
열 하면 열무장수 열무를 판다고 잘잘잘

(2) 의성어/의태어 놀이

■ 의성어/의태어 찾기

같은 자음과 모음이 반복해서 나타나는 현상이 두드러져서 음운인식이 용이하다.

예 그림책 속에서 의성어/의태어 찾기, 의성어/의태어 바꾸기
의성어/의태어 동시책을 활용하여 놀이하기

박운규 글. 백희나 그림
시공주니어(2006)

- 그림책 속에서 모양이나 소리를 나타내는 단어는 무엇이 있었니? (의성어/의태어 찾기)
  - 팔팔팔, 꺼이꺼이, 꿀꺽, 척척척, 후루룩 쏘옥, 엉금엉금, 폴짝폴짝, 통통, 벌렁
  - 모양이나 소리를 나타내는 이 낱말을 넣어 말을 만들어 볼까?
  - 모양이나 소리를 나타내는 이 낱말 대신 다른 말을 넣는다면 어떤 말을 넣을 수 있을까? (의성어/의태어 바꾸기)

(3) 음절인식 활동

■ 음절 놀이

교사가 들려주는 단어를 듣고 박수치기/고개 끄덕이기/점프하기 등의 놀이를 해본다.

> 예 자. 지금부터 선생님이 이야기하는 낱말 듣고 글자 소리에 똑같이 박수를 쳐보자.
> 예를 들어, 공은 박수를 몇 번 칠 수 있을까?
> 사탕이라고 하면 박수를 몇 번 칠 수 있을까?

■ 음절 글자 만들기

유아들에게 음절을 쓸 수 있는 카드를 나누어 주고 그것들을 조합하여 단어를 만들어 본다.

음절을 이용한 글자 만들기

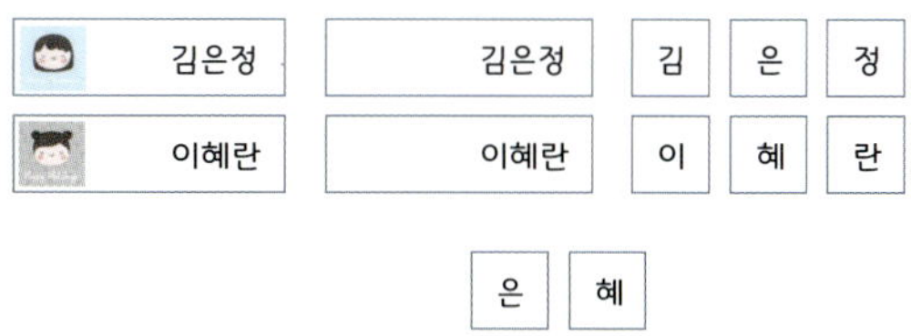

친구 이름을 이용한 글자 카드

■ 나만의 음절 단어장 만들기

좋아하는 그림책에서 1음절, 2음절, 3음절로 된 낱말을 찾아보고, 나만의 단어장을 만들어 볼 수 있다.

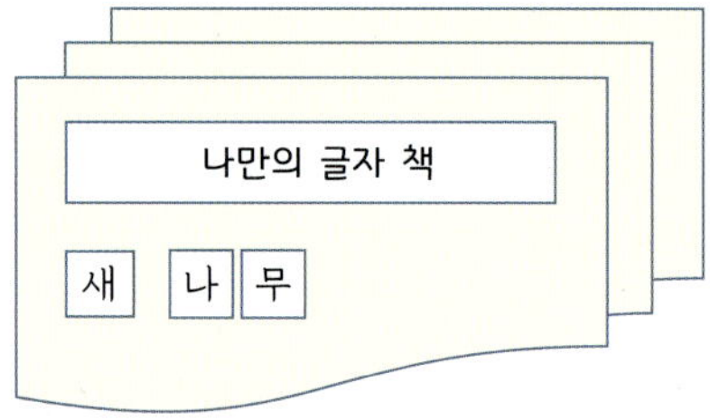

(4) 자음모음 글자 만들기

자모음을 이용하여 여러 가지 글자를 만들고, 읽어본다.

자모음 글자 만들기

자모음 이름글자

(5) 그림책을 활용한 지도

■ ㄱ, ㄴ, ㄷ 그림책

그림책은 유아의 읽기에 대한 동기와 흥미를 높이는 좋은 매체이다. 자음을 인식할 수 있도록 만들어진 그림책들이 최근 많이 출간되고 있다. 유아와 ㄱㄴㄷ을 활용한 그림책을 읽고, 새롭게 만들어 보는 것도 자모음에 대한 인식을 높이는 데 도움이 될 수 있다.

〈표 9-2〉 ㄱㄴㄷ를 활용한 그림책

제 목	활동내용
개구쟁이 ㄱㄴㄷ 이억배 글·그림. 사계절(2005)	ㄱㄴㄷ 순서대로 개구쟁이 아이의 일상이 진행되는 과정을 그린 그림책
생각하는 ㄱㄴㄷ 이지원 글. 이보나 흐미엘레프스카 그림. 논장(2005)	ㄱㄴㄷ 글자 모양과 각 자음에 해당하는 낱말을 그림으로 표현한 그림책. 음소, 낱말, 문장을 함께 즐길 수 있는 그림책
기차 ㄱㄴㄷ 박은영 글·그림. 비룡소(2009)	ㄱㄴㄷ 순서로 기차가 여러 곳을 다니다가 집으로 오는 과정을 그린 그림책
동물친구 ㄱㄴㄷ 김경미 글·그림. 웅진주니어(2006)	동물의 이름으로 자음의 음가를, 재미있는 동물 모양으로 자음 형태를 인식할 수 있는 그림책
맛있는 ㄱㄴㄷ 김인경 글·그림. 길벗어린이(2011)	ㄱㄴㄷ 순서대로 각 자음이 들어가는 동물들이 각 자음이 들어가는 맛있는 먹을거리를 찾는 그림책
움직이는 ㄱㄴㄷ 이수지 글·그림. 길벗어린이(2011)	ㄱㄴㄷ의 자음이 각 자음의 개념대로 바뀌는 것을 볼 수 있는 그림책
숨바꼭질 ㄱㄴㄷ 김재영 글·그림. 현북스(2013)	세이프 게임처럼 음소를 그림으로 표현한 재미있는 그림책
행복한 ㄱㄴㄷ 최숙희 글·그림. 웅진주니어(2014)	ㄱㄴㄷ에 맞추어 '고마워', '사랑해' 등 듣기만 해도 행복해지는 말들을 그린 그림책

한편 이러한 운율 맞추기나 말놀이가 음운인식의 시작이 되기는 하지만, 그러한 활동만으로 충분하지 않고 음운인식 하위과제에 대하여 명시적인 교수가 이루어져야 한다는 견해도 있다(Snow, et al., 1998). 따라서 초기 문해 기술의 중요한 요소인 한글의 자모음에 관한 지식 습득을 위해서 철자에 관한 지식과 함께 음소인식 활동을 하는 것이 효율적일 수 있다(Vukelich, Christie, & Enz, 2008). 앞서 언어지도 접근법에서 설명한 바 있듯이 문자 해독에 대한 능력은 개인차가 커서 특별히 가르치지 않아도 습득하는 아이가 있는 반면 체계적인 교수가 필요한 아이도 있다. 따라서 풍부한 문해 환경, 문해활동이

포함된 놀이, 다양한 문해활동과 읽기, 쓰기의 활동을 제공해 주는 것도 필요하지만 문자해독 능력이 부족한 경우 직접적인 지도도 함께 이루어질 필요가 있다.

2. 어휘 지도

1) 어휘발달

영유아기는 어휘가 폭발적으로 발달한다. 첫 단어를 말하는 시기를 대개 10~13개월로 보면 18개월경에는 50개의 단어를, 2세경에는 300여 개의 단어를 말하게 된다. 그러나 생후 2년간 영유아가 이해하고 있는 어휘는 영유아가 산출하는 어휘보다 5~10배가 넘는 것으로 추정된다(Benedict, 1979). 즉, 영유아들은 표현하는 것보다 더 많은 어휘를 이해하고 있으므로 교사는 이러한 어휘를 산출하고 표현할 수 있는 기회를 제공하는 것이 중요하다.

어휘지식의 차이는 유아의 언어 이해 능력과 상관이 있는데, 어휘지식이 많은 유아들은 단어의 의미적 표상을 정교하게 가지고 있기 때문에 새로운 단어를 접하면 그것을 자신이 이미 알고 있는 단어들과 관련지어 이해한다는 점(Snow, Burns, & Griffin, 1998)과 유아들의 어휘력의 차이는 연령이 증가할수록 더 크게 벌어지고 역전되기 어렵다는 점(Hart & Risley, 1995)을 감안하면 영유아기의 어휘력을 증진시키기 위한 교사의 충분한 지도가 필요하다.

어휘학습의 방법으로 간접적이며 맥락적인 어휘지도와 직접적이며 명시적인 어휘지도 방법이 있다. 먼저, 대화나 실제 어휘가 사용되는 맥락 속에서 새로운 어휘를 학습하고 실제 어휘가 사용되는 맥락에서 다양한 단서를 이용하여 어휘의 의미를 추론하는 과정을 통해 자연스럽게 어휘의 의미를 터득하게 하는 것을 간접적 혹은 맥락적 학습이라고 한다(Werner & Kaplan, 1950). 대체로 유아교육기관에서는 그림책을 읽으면서 접하는 어휘들의 의미를 맥락을 통해 추론하는 활동이 일반적이다. 그림책을 읽을 때 다른 사람과 상호작용하면서 반복적으로 읽으면 유아가 그림책의 맥락을 통해 새로운 단어를 이해하는 데 도움이 된다(Mcgee & Schickedanz, 2007). 단, 그림책을 반복해서 듣는 것만으로는 어휘학습에 한계가 있다. 성인이나 다른 아동기에 비해 모르는 단어가 많고 구어적 맥락 속에서 어휘를 학습하는데 어려움이 있는 유아기, 특히 5-6세의 경우 간접적인 어휘지도와 함께 명시적이고 직접적인 어휘지도가 함께 이루어질 때 훨씬 효과적이다(Stahl & Fairbanks, 1986).

어휘학습의 직접적, 명시적 어휘지도 방법은 유아에게 어휘의 의미정보를 직접적으로 제공하고, 다른 사람들과 그 어휘의 의미에 대해 상호작용하도록 지도하는 것이다(Beck, Mckeown, & Kucan, 2002). 유아교육 단계에서는 명시적 어휘지도 역시 영유아의 흥미와 관심을 바탕으로 이루어져야 하므로 그림책을 활용할 수 있다. 그림책 안에 제시된 단어 중 다소 어렵지만 영유아들이 알고 있어야 할 목표 단어를 선정하여 명시적으로 지도한다면 영유아들의 학습 동기를 유발하고, 이야기 맥락 안에서 어휘의 의미를 이해할 수 있게 된다. 또한 교사가 이러한 어휘를 일상생활 맥락에서 사용하는 경험을 제공한다면 영유아는 이야기 맥락을 벗어나서도 어휘의 의미를 이해하고 학습하게 된다.

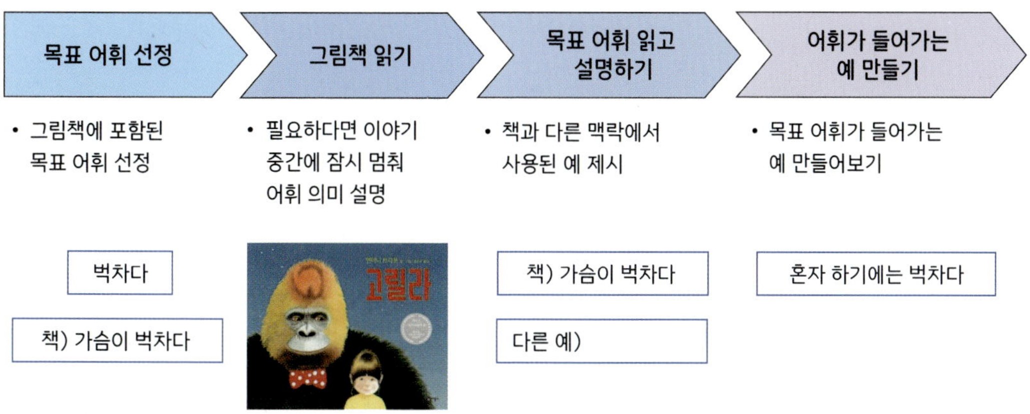

| 그림 9-1 | 그림책을 활용한 명시적 어휘 지도의 예

명시적 어휘 지도를 위한 상호작용의 예

● **배경**

김 교사는 『고릴라』를 아이들에게 읽어주기 위해 사전에 읽어보았다. 그림책에 나온 '벅차다'라는 단어는 다소 어렵지만 아이들이 알고 있으면 좋을 것으로 생각되어 직접적으로 지도하기로 계획한다.

● **활동내용**

1. '벅차다'에 대한 직접적 어휘지도를 한다.
   - '벅차다'라는 말은 어떤 뜻일까?
   - '벅차다'와 비슷하게 쓰이는 말은 무엇이 있을까?

2. '벅차다'의 의미를 설명한다.
   - '벅차다'는 '넘칠 듯이 가득하다'라는 뜻이야. 비슷한 말로는 '뿌듯하다'라는 말도 있어.
   - '벅차다'는 '힘에 겹다'는 뜻도 있어. 비슷한 말로는 '버겁다', '되다' 이런 말도 있단다.

3. '벅차다'를 넣어 단어를 만들어 본다.
   - '벅차다'를 넣어 이야기를 만들어 보자.

     ㉵ 혼자서 이것을 들기는 벅차요.
     끝까지 달려서 가는 것은 나에게 벅찬 일이다.
     친구를 도와주면 벅찬 기분이 들어요.
     혼자서 벅차면 언제든 말해. 내가 도와줄게.

2) 어휘 지도 활동

(1) 환경 인쇄물을 활용한 어휘 지도

실생활에서 특정한 기능과 맥락을 담고 있는 간판, 교통표지판, 과자 상자 등과 같은 환경 인쇄물(Adams, 1990)은 영유아의 읽기에 대한 흥미와 동기를 가지게 해준다.

■ 환경 인쇄물 읽기

환경 인쇄물 읽기가 익숙해지면 그림이나 색, 모양을 제외한 글자만으로도 읽어볼 수 있는 경험을 제공한다. 교사는 아무것도 쓰여 있지 않은 단어카드를 제시해서 아이들이 보고 쓸 수 있는 기회를 제공할 수 있다.

<table>
<tr><td>그림과 색깔 단서가 포함된 환경 인쇄물</td><td colspan="6">
</td></tr>
<tr><td>그림을 제외하고 색깔 단서만 포함된 환경 인쇄물</td><td colspan="6">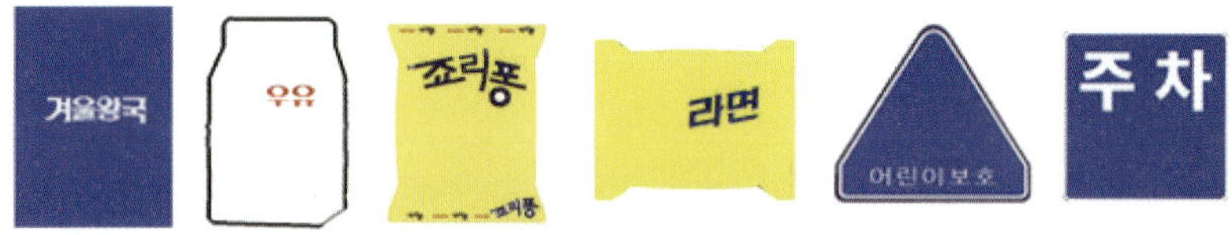
</td></tr>
<tr><td>단어카드</td><td>겨울왕국</td><td>우유</td><td>죠리퐁</td><td>라면</td><td>어린이보호</td><td>주차</td></tr>
</table>

(2) 그림책을 활용한 어휘 지도

■ 어휘사전 만들기

그림책을 읽고 자신에게 의미 있는(예 재미있거나 어렵거나 새롭게 알게 된 등) 낱말을 단어카드에 쓰고 글이나 그림으로 설명을 붙여 사전을 만든다.

(3) 놀이를 활용한 어휘 지도

■ 댓기놀이

놀이와 노래를 활용하여 새로운 어휘를 학습할 수 있다.

♬ 원숭이 엉덩이는 (빨개)

(빨간 건) 사과
사과는 (맛있어)
(맛있는) 건 바나나
바나나는 (길어)
(긴) 것은 기차
기차는 (빨라)
(빠른) 것은 비행기
비행기는 (높아)
(높은) 것은 백두산

♬ 호랑이 발톱은 뾰족해

뾰족한 건 바늘
바늘은 위험해
위험한 건 자동차
자동차는 빨라
빠른 것은 우주선
우주선은 넓어
넓은 것은 운동장
운동장은 재밌어.

3. 구문 지도

1) 구문 지식의 발달

구문론(syntax)이란 단어를 배열하여 의미를 구성하는 방법에 관한 것으로 영유아들이 단어를 조합하는 순서에 따라 의미가 달라진다는 것을 이해하면서 시작된다. 18개월경부터 두 개의 어휘를, 곧 3~4개의 어휘를 가지고 문장을 만들어 낼 때부터 영유아들은 일정한 단어를 원칙을 가지고 구성한다. 예를 들어, '엄마 아가 사탕 줘'라는 문장은 행위자–수여자–목적–행위를 나타내는 어휘를 조합해서 만들어졌다. 그러나 영아들은 '사탕 줘 엄마 아기'라든지 '줘 사탕 아기 엄마'와 같이 틀린 어순으로 문장을 만드는 경우는 거의 없다. 즉, 단어를 조합해서 문장을 표현하기 시작할 때부터 영아들도 같은 단어로 이루어진 문장이라도 어떻게 조합하는지에 따라 의미가 달라질 수 있다는 것을 이해한다.

영유아기 구문론 발달을 측정하는 유용한 지표 중 하나로 평균 발화 길이(MLU : Mean Length of Utterances)를 들 수 있는데, 평균 발화 길이란 한 번의 말(발화)이 몇 개의 형태소로 구성되었는지를 의미하는 것이다. 문법발달에 관한 연구를 살펴보면 24개월 된 영아도 문법적 단서를 활용하여 새로운 어휘의 의미를 추론할 수 있다(Hall, Lee, & Belanger, 2001)고 한다. 또한 어순을 포함한 문법에 관한 판단 능력은 만 5세에서 7세 사이에 급격히 발달한다(신귀련, 2002).

2) 구문 지도 방법

(1) 동시 읽기

구문이 반복적으로 나오는 문학작품(그림책, 동요, 동시)을 반복적으로 읽는다. 교사가 적절하게 끊어 읽거나 강세나 억양을 조절하여 유아들의 문장에 대한 이해를 도와준다.

■ 영유아 구문지도에 동요/동시가 적절한 이유

- 유아의 발달수준에 적합하며 흥미 유발 가능
- 같은 구문 반복으로 기억에 용이
- 글자 수 제한으로 인한 리듬감
- 억양, 강세, 속도 등 운율적 특성

■ 유아와 함께 읽을 수 있는 동시 예

오리

권태응

둥둥 엄마 오리
연못 위에 둥둥

동동 아기 오리
엄마 따라 동동

풍덩 엄마 오리
연못 속에 풍덩

퐁당 아기 오리
엄마 따라 퐁당

다람 다람 다람쥐

박목월

다람 다람 다람쥐
알밤 줍는 다람쥐
보름 보름 달밤에
알밤 줍는 다람쥐

알밤인가 하고
조약돌도 줍고
알밤인가 하고
솔방울도 줍고

(2) 동시에 곡 붙이기

어휘나 구문 학습에서 반복은 매우 중요한데, 노래는 유아가 자발적으로 반복하게 한다(김재경, 2002). 특히 전래동요는 반복되는 구문을 노래를 통해 배울 수 있으며, 질문과 답변으로 이루어진 문답식 노래는 실제 언어 사용에도 적용할 수 있어 언어학습에 매우 효과적이다.

■ 동시 노래

가을 아침

천정철

오늘 아침 창 밑에 나뭇잎이요
옹기종기 웅크리고 모여앉아서
어제 저녁 바람은 대단했다고
소곤소곤하면서 벌벌 떱데다.

어디까지 왔니?

어디까지 왔니? 꽃밭까지 왔다.
어디까지 왔니? 나무까지 왔다.
어디까지 왔니? 연못까지 왔다.
어디까지 왔니? 숲속까지 왔다.

(3) 동요/동시 재구성(개사하기)

익숙한 동요/동시의 일정 부분을 다른 말로 대치해 보는 활동으로 영유아의 구문 능력과 어휘력 발달 증진에 효과적이다.

앞에 제시된 전래동요 '어디까지 왔니?'의 경우 밑줄 친 부분을 다른 단어로 바꾸어 불러볼 수 있다. 많은 영유아 동요/동시가 반복적인 구문으로 구성되어 있으므로 일부분을 대치하여 노랫말을 바꾸어 보는 활동을 할 수 있다.

갈색 곰아, 갈색 곰아
무엇을 보고 있니?

(4) 반복적 구문이 포함된 그림책 읽기

반복되는 구문에 한두 개의 새로운 어휘가 대치되는 그림책 유형은 영유아들의 구문 능력과 어휘력을 높여주는 좋은 도구이다. 또한 '커다란 무', '세 마리 아기 염소' 등과 같이 반복되는 구문이 포함된 그림책은 동극활동으로 진행한다면 더욱 재미있게 구문 능력이 증진될 수 있다.

4. 내러티브 지도

1) 내러티브 발달

유아가 일상적으로 사용하는 언어는 대체로 구체적이고 '지금 여기서' 일어나는 일에 대한 말이다. 놀이 맥락에서 나타나는 "이거 재밌지?", "내가 벽돌을 쌓았어", "너는 지금 들어와도 돼" 등과 같은 말은 구체적으로 드러나는 상황에 대한 것이다. 그러나 현재의 맥락에서 벗어나 추상적인 상황이나 언어를 다루어야 할 때가 있다. 예를 들어, 과거에 경험했던 일을 말하거나 혹은 미래에 발생하게 될 일을 말하는 경우 등이다. 이러한 경우 유아는 지금 여기서 벌어지는 상황에서 벗어나 기억이나 상상에 기초하여 표현해야 하므로(Gee, 1991), 탈맥락적인 사고와 함께 탈맥락적인 언어 사용이 요구된다.

탈맥락적 언어 사용의 대표적인 예로 내러티브를 들 수 있다. 약 2세경부터 현재 진행 중인 사건뿐 아니라 과거 사건에 대해 이야기하는 내러티브 능력이 출현하는데, 이는 언어의 탈맥락화가 진행되고 있음을 의미한다(Snow, 1983). 또한 유아는 가족 및 또래와의 상호작용을 통해 내러티브 기술을 습득함과 동시에 내러티브 기술이 발달된다(Hudson & Shapiro, 1991). 일반적으로 유아교육기관에서의 발표는 내러티브 모드에 의존하기 때문에 내러티브 기술이 있는 유아는 학급의 담화에 보다 적극적으로 참여할 수 있으며 이로 인해 긍정적인 성취경험을 할 수 있다(이지현 외, 2015). 따라서 유아교육기관에서도 영유아의 내러티브 능력을 증진시킬 수 있도록 내러티브 지도가 이루어져야 한다.

물 속에 손을 집어넣어 보며 "아, 시원하다. 에어컨 같다"고 말하는 영아

▶ **내러티브의 분류**

- **개인적 내러티브** : 개인적 경험을 이야기하는 내러티브(Aukrust & Snow, 1998)
  경험한 사건에 대해 유아가 자신의 생각과 느낌을 이야기하는 것
- **가상적 내러티브** : 가상적으로 꾸며낸 이야기(Haight & Miller, 1993)
  유아 자신의 실제 경험이 아닌 가상적 사건을 꾸며서 말하는 것

2) 내러티브 지도를 위한 활동

(1) 경험을 다른 사람들 앞에서 발표하기

단순히 사건을 나열하기보다는 핵심이 되는 내용과 그것의 결과가 어떻게 나타났는지를 제시하도록 지도해야 한다. 유아가 말하는 경험에서 등장하는 인물, 장소, 시간, 사건의 본질, 문제, 결과, 그 과정에서 느낀 감정 등을 포함할 수 있도록 지도해야 한다.

(2) 다양한 장르의 가상적 이야기 접하기

전래동화, 사실동화, 환상동화 및 패러디 문학 등 다양한 종류의 그림책을 제공함으로써 유아가 탈맥락적인 언어 사용을 학습할 기회를 가질 수 있게 한다. 이러한 동화를 읽거나 듣고 동극을 해보거나 역할극을 해보는 것 역시 유아의 내러티브 발달에 도움이 된다.

(3) 가상적 이야기를 꾸밀 수 있는 기회 제공

유아들이 자유롭게 이야기를 꾸며낼 수 있는 자유롭고 허용적인 분위기를 형성하고 충분한 시간과 기회를 가질 수 있게 한다. 유아들이 가상적 이야기를 꾸밀 때는 모든 유아가 참석하는 데 중점을 두기보다는 한두 명의 유아라도 개인적 경험을 공유하고 더 깊이 있는 내용과 수준으로 이야기가 확장될 수 있도록 하는 데 주안점을 둔다.

애니메이티드 드로잉과 클로바 더빙을 활용한 이야기 만들기

환경보호를 위해 아이들이 그린 그림으로 애니메이티드 드로잉과 클로바 더빙을 이용하여 움직이며 말하는 생생한 영상으로 완성했어요. 아이들은 환경보호를 위해 사람들에게 하고 싶은 재미있는 이야기를 만들어 보았어요.

● 애니메이티드 드로잉 사용법

1. Animated Drawings 사이트 시작화면에서 'try it now'를 누른다.
2. 'upload photo'를 눌러 '아이쿠' 캐릭터 그림을 업로드한다.
3. 움직일 '아이쿠' 캐릭터 그림의 영역을 선택하고 팔다리를 인식시킨다.
4. 원하는 애니메이션 형태를 선택 후 'share' 버튼을 눌러 비디오 저장을 한다.

● 클로바더빙 사용법

1. 클로바더빙 사이트에 접속하여 로그인을 한다.
2. '새 프로젝트 만들기' 버튼 클릭 후 '아이쿠' 캐릭터가 말하는 내용을 입력한다.
3. '아이쿠' 캐릭터에 맞는 AI 목소리를 선택 후 말하는 속도, 높낮이, 감정톤 등의 세부설정을 한다(아이쿠 → 하준 높은톤/ 속도 : 보통/ 높낮이 : +3/ 끝음 : +2/ 끝음 길이 : 보통/ 볼륨 : 보통)
4. '미리 듣기' 버튼으로 음성 확인 후 '오디오 생성' 버튼을 클릭하여 최종 아이쿠 더빙 파일을 생성한다.

아이들이 그린 아이쿠와 친구들

완성된 이야기

〈활동 및 자료 제공 : 김지원 교사〉

■ 활동의 실제

언어구성요소	음운인식 지도
놀이명	같은 소리로 시작하는/끝나는 말 찾기
놀이 배경	3월 학기가 시작되자 아이들은 이름 글자에 관심을 가지기 시작한다. 이름카드를 이용하여 출석을 부르는 것이 익숙해지자 교사는 이름으로 수수께끼를 내고, 정답을 맞추면 이름카드를 보여준다. 아이들이 친구들의 이름에 들어가는 음절에 익숙해지자 교사는 음운인식활동을 시도한다.
놀이 방법	1. '♬리리리자로 시작하는 말~' 노래를 한다. - 이번에는 '리'자로 끝나는 말을 불러보자. 2. 아이들의 이름을 넣어서 노래를 바꾸어 불러본다. - 노래를 바꾸어 우리 친구들 이름이 들어가는 말을 찾아보자. ♬'김수민'으로 시작하는 말~ - 이번에는 누구 이름을 넣어 불러볼까? 3. 성(性)이 같으면 단어가 반복됨을 이야기한다. - 어머? 김수민과 김한별은 '김'이 똑같구나. - 우리 반에서 같은 소리로 시작하는 말을 가진 친구는 누가 있을까?
교사 지원 방법	- 처음 이름을 넣어 노래를 부를 때는 이름만 넣기 보다(예. 지영) 성을 포함한 이름 전체(예. 박지영)를 넣어 만들어 보도록 한다. 성(性)이 같은 친구들이 많은 경우 보다 쉽게 단어를 찾을 수 있기 때문이다. - 시작하는/끝나는 말 찾기에 익숙해지면 음절찾기/음절 손뼉치기도 해본다.

언어구성요소	어휘지도
놀이명	단어 소개하기(우리 반 단어사전)
놀이 배경	수수께끼 놀이를 하기 시작하면서 아이들은 맞추기 힘든 문제를 내기 위해 어려운 단어를 찾아오기 시작한다. 단어의 뜻을 몰라 다툼이 생기면서 교사는 아이들이 찾아온 단어로 수수께끼 카드를 만들기로 한다.
놀이 방법	1. 화내지 않고 수수께끼 놀이를 할 수 있는 방법에 대해 이야기 나눈다. - 수수께끼 하다가 싸우지 않는 방법이 없을까? - 어려운 낱말을 수수께끼를 내기 전에 친구들에게 먼저 알려주는 방법은 무엇이 있을까? 2. 수수께끼 카드를 만든다. - 어떻게 하면 다른 친구들에게 뜻을 알려줄 수 있을까? - 뜻을 정확하게 알기 위해서는 어떻게 해야 할까?(사전을 찾아본다. 인터넷을 사용한다) 3. 아이들이 만든 카드를 묶어 우리반 단어사전을 만든다. - 우리들이 만든 단어사전을 가지고 수수께끼 놀이를 해보자.
교사 지원 방법	- 교사는 아이들이 만든 사전의 단어를 활용하여 일상생활 속에서 사용하는 예를 많이 보여준다. - 교사는 지나친 신조어 사용을 자제할 필요가 있다. - 단어의 뜻을 찾아보기 위해 컴퓨터를 사용하기 위해서는 '컴퓨터 사용 이유'를 간단히 적어보는 기록지를 만들어 아이들의 쓰기를 촉진한다.

언어구성요소	구문지도
놀이명	동시짓기
놀이 배경	장마철에 계속 비가 내리자 아이들은 바깥놀이를 하지 못해 답답해한다. 천둥과 번개가 치고 심하게 비가 온 날 아이들은 유치원에 와서 너무 무서웠다고 이야기하며 '번쩍', '우르릉 쾅'등의 단어를 넣어 이야기한다. 이를 관찰한 교사는 장마를 주제로 동시짓기를 해보기로 한다.
놀이 방법	1. 장마에 대한 느낌을 이야기한다. - 비가 오랫동안 오고 있지? 너희들은 장마에 대한 어떤 생각이 드니? - 어떤 점이 좋으니? - 않 좋은 점은 무엇이니? 왜 그렇니? 2. 천둥/번개에 대해서도 이야기한다. - 비가 오면 왜 천둥이나 번개도 치는 걸까? - 천둥/번개는 어떤 소리/모양이니? - 너희들은 천둥/번개에 대해 어떤 생각이 들었니? 3. 동시짓기를 한다. - 처음을 어떻게 시작해볼까? - '비가 내리면 '으로 시작하면 다음에 어떤 일이 생길까? 4. 개인/모둠별로 동시를 지어본다. - 주제는 무엇으로 하면 좋을까? - 장마를 주제로 동시짓기 하고 싶은 친구는 모여보자.

<table>
<tr><td></td><td>

〈장마를 주제로 아이들이 지은 동시〉</td></tr>
<tr><td>교사 지원 방법</td><td>- 편안하고 즐거운 분위기에서 아이들이 자신의 생각과 느낌을 짧고 재미있는 말로 표현할 수 있도록 돕는다.
- 아이들이 일상적으로 사용하는 단어로 표현하도록 하며, 교사로 굳이 표준어로 수정하지 않도록 한다.
〈활동 및 자료 제공 : 곽주현 교사〉</td></tr>
</table>

언어구성요소	내러티브 지도
놀이명	릴레이 이야기짓기
놀이 배경	'만약에~'라는 그림책을 읽은 후 아이들은 '만약에~'라는 단어를 사용하여 대화하는 경우가 증가한다. 바깥놀이터에서 모래놀이를 하면서도 '만약에 내가 모래놀이 하고 있는데~'하면서 서로 주고 받으면 말놀이를 한다. 교사는 모래를 채를 쳐서 곱게 만들며 아이들이 주고받는 이야기를 계속 지켜보다가 이것을 그림책으로 만들어보자고 한다.
놀이 방법	1. 이야기 짓기의 주제와 방법에 대해 이야기한다. - 전설의 모래를 주제로 그림책을 만들기로 했었지. 누가 나오는 이야기를 만들면 좋을까? - 언제, 어디서 일어난 사건일까? - 어떤 일이 벌어질까?

<table>
<tr>
<td></td>
<td>
2. 이야기짓기를 한다. 교사는 아이들이 이야기한 것을 정리해가며 듣는다.
- 지금까지 만들어진 이야기를 정리해서 읽어 볼게(쓴 것을 읽어준다).
- 그 다음에 어떤 일이 생길까?
- 모래에서 일어난 신기한 일은 무엇이었을까?
- 빛 속에서 갑자기 나타난 동물은 누구였을까?
- 그래서 다음에는 어떤 일이 생길까?

3. 이야기를 완성하고 그림책을 만드는 방법을 생각해본다.
- 컴퓨터로 그림책을 만들어 보자.
- 너희들의 음성으로 그림책을 읽어서 녹음해볼까?

〈아이들이 만든 전설의 모래 그림책〉
</td>
</tr>
<tr>
<td>교사 지원 방법</td>
<td>
- 이야기가 막히거나 흐름이 잘 이어지지 않을 때는 소재나 주제에 대해 한번 더 언급해준다.
- 그림책에 필요한 그림은 그리거나 혹은 미리캔버스나 그림을 다운받아 사용할 수 있는 사이트를 활용하는 경우 사전에 미리 도안 계획을 세워 컴퓨터 사용시간을 최소화 한다.
- 오디오북으로 만들 수 있도록 녹음하여 플래쉬 동화로 제작하여 가정에서도 들을 수 있도록 한다.
〈활동 및 그림 제공 : 한효정 교사〉
</td>
</tr>
</table>

활동

1 다음에 제시된 것 이외에도 유아와 활동을 하면서 활용할 수 있는 AI기반 프로그램이 많습니다. 다양한 프로그램을 활용하여 이야기, 노래를 만들어 봅시다

AD Animated Drawings https://sketch.metademolab.com	**애니메이티드 드로잉** Meta AI에서 개발한 웹 기반 애니메이션 도구로, 직접 그린 그림을 움직이도록 해주는 프로그램
클로바더빙 https://clovadubbing.naver.com	**클로바더빙** 텍스트나 이미지를 음성으로 변환해 주는 AI보이스 서비스
suno.com https://www.suno.com	**Suno AI** 원하는 분위기나 주제, 혹은 직접 가사를 입력하면 음악을 생성하는 AI 프로그램

2 AI 기반 프로그램을 활용하여 언어활동을 해봅시다. 가능한 언어활동은 어떤 것이 있을까요?

- 끝말 잇기
- 이야기 이어 말하기
-
-
-

10장 일상생활 속에서의 언어지도와 교사의 역할

유아교육기관에서 영유아의 삶을 들여다보면 유아와 유아, 유아와 교사 간에 이루어지는 무수한 상호작용이 존재하고 상호작용의 많은 부분이 언어를 통해 이루어짐을 알 수 있다. 그러나 교사가 영유아들과 생활을 하면서 아이들의 말에 일일이 반응해 주기란 마음만큼 쉽지만은 않다. 그럼에도 불구하고 영유아와의 상호작용에서 교사가 아이들이 자유롭게 표현할 수 있도록 수용적인 분위기를 제공하고, 아이들의 말을 잘 경청하면서, 적절하게 반응하는 상호작용자가 되어줄 때 유아의 언어발달에 긍정적인 영향을 준다는 것에는 재론의 여지가 없다. 일상생활 속에서 영유아의 언어발달을 지원하기 위한 상호작용 방법을 살펴보면 다음과 같다.

1. 언어발달 지원을 위한 상호작용

1) 언어표현 발달 지원

(1) 단어 수정하여 재진술하기

영유아들은 말소리를 만드는 데 필요한 발음기관(또는 조음기관)이 발달해 가는 과정에 있다. 따라서 여러 가지 말소리들을 표현할 때에 부정확한 표현을 종종 하게 된다. 이것은 유아가 잘못이나 실수를 한 것이 아니며 따라서 지적의 대상이 되어서는 안 된다. 그러나 때로 성인들은 유아의 부정확한 표현을 수정하기 위해 발음을 지적하거나 오류를 수정하기 위해 그대로 따라하게 한다. 이러한 상호작용은 영유아로 하여금 적극적인 의사표현을 주저하게 하는 등 자신감에 부정적인 영향을 줄 수 있다. 그리고 영유아의 부정확한 발음(예 하비, 샌님, 까까 등)을 그대로 따라하면서 부적절한 언어모델을 제공하기도 한다. 성인은 적절한 언어모델 제공을 위해 정확한 발음의 짧고 간단한 문장을 반복하여 말하면서 다양한 목소리를 사용하는 등의 유아지향적인 말(child directed speech)을 사용해야 한다. 영유아의 자신감을 훼손시키지 않으면서 부정확한 언어표현을 수정할 수 있는 방법에는 올바른 단어를 사용하여 재진술하기가 있다.

단어 수정 재진술

민지는 역할놀이 영역에서 그릇에 뭔가를 담는 척하다가 선생님에게 내민다.

민지 : 아슈크림.
교사 : 아이스크림이에요? 아~ 맛있겠다. 아이스크림 잘 먹겠습니다.

(2) 보다 완전한 문장으로 재진술하기

영유아들은 언어 환경에 노출되어 성장하는 과정을 통해 단어 표현에서 문장으로 의사표현을 할 수 있게 된다. 그러나 영유아는 습득된 단어 수가 제한적이고, 문장 구성 원리에 대한 이해 및 활용이 제한적이다. 유아는 자신이 말한 것에 대해 부모나 교사와 같은 성인이 보다 완전한 표현으로 진술하는 것을 들음으로써 어휘를 습득하게 되고, 문법적으로 보다 정교하고 긴 문장을 표현하는 것을 학습하게 된다(Machado, 2003)고 한다. 따라서 교사는 영유아가 말한 문장을 보다 완전한 문장으로 재진술하여 들려줌으로써 영유아의 언어발달을 지원할 수 있다. 영유아가 말한 문장을 보다 완전한 문장으로 재진술하는 방법에는 확장하기(expanding), 부연하기(extending)가 있다.

〈표 10-1〉 문장 재진술하기

구 분	내 용
확장 (expanding)	유아가 표현한 문장의 구조를 보다 정확하고, 완전한 형태의 문장으로 구성해서 다시 들려주는 방법
부연 (extending)	유아가 말한 내용에 대해 묘사적인 언어, 보다 정교한 언어를 사용하여 반응해 줌으로써 유아가 표현한 문장의 의미를 확대하는 방법

확장

'내가 좋아하는 동물원' 책을 보며 이야기를 나눈다.

교사 : 시진이는 무슨 동물을 좋아해?
시진 : 사자.
교사 : 시진이는 사자를 좋아하는구나.

캥거루와 치타 중에 누가 더 빨리 달리는지에 대해 이야기하고 있다.

성민 : 캥거루가 빨라요.
교사 : 성민이는 캥거루가 치타보다 빠르다고 생각하는구나.

부연

산책 나간 길에서 진달래가 가득 핀 것을 보았다.

유빈 : 우와~ 꽃이다.
교사 : 봄이 되어서 꽃이 피었네.
민서 : 진달래…
교사 : 아~ 진달래가 활짝 피었구나.

동물원에서 하품하는 사자를 보고 있다.

동훈 : 우와~ 사자 봐라.
교사 : 이야~ 사자가 하품하고 있구나.
동훈 : 아니요. 이빨요.
교사 : 아~ 하품하니까 사자 이빨이 다 보이네.

(3) 지시어에 대한 구체적 지칭 안내하기

유아는 자신이 경험한 대상이나 상황을 공유하지 않은 다른 사람에게 종종 지시어를 사용하여 말하곤 한다. 이는 유아의 인지발달 특성인 자기중심성으로 인해 자신이 알고 있는 것을 다른 사람도 알고 있다고 생각하는 것에서 기인한다. 그리고 자신이 경험한 것 또는 아는 것을 다른 사람이 이해할 수 있도록 정보를 전달하는 참조적 의사소통 능력이 부족한 유아의 특성에서 영향을 받는다. 그러나 이러한 유아의 의사소통 특성은 다른 사람과 의사소통을 하는 데에 있어서 분명한 메시지를 전달하는 것을 방해할 수 있다. 따라서 교사는 이러한 유아의 발화에 대해 유아가 가리키는 지시어의 대상을 구체적으로 표현할 수 있도록 상호작용하는 것이 좋다.

지시어 구체화

민혁이가 블록으로 만든 청소기를 보고 친구들이 청소기를 만들고 싶어 한다. 이를 본 교사가 어떻게 만드는지 알려달라고 요청하였다.

민혁 : 이거를 이렇게 해서 이렇게 연결하면 된다.
교사 : 와플블록을 세워서 옆으로 연결한 다음에, 중간 블록과 와플블록을 붙이면 된다는 거구나.

2) 개념 이해 지원

영유아는 매일매일 새로운 단어를 경험하면서 각 단어의 뜻과 개념들을 점차 이해하게 된다. 일상 속에서 교사는 영유아가 단어의 뜻과 개념을 이해하는 것을 다음의 5단계 절차에 따라 지원할 수 있다(Machado, 2013).

〈표 10-2〉 개념 이해 지원의 내용 및 예

구 분	내 용	예
주의 집중	사물 및 개념에 대해 영유아의 주의를 집중시키는 것	바깥놀이 도중 서현이가 발 밑의 그림자를 발견하고는 쳐다보고 있다. 교사 : 서현이 발 밑에 그림자가 있네. 서현 : 그림자? 이게 그림자예요?
동기 유발	이것에 대해 알고 싶도록 언어적 상호작용을 하면서 동기를 유발하는 것	교사 서현이의 그림자에 대한 관심을 지원하고자 다른 사람에게도 그림자가 있음을 말한다. 교사 : 우와. 선생님 밑에도 그림자 있네. 지영이 밑에도 그림자가 있어.
정보 제공	어떤 행동 수행을 위한 구체적인 정보를 제공하는 것	서현이가 지영이의 그림자를 본다. 서현 : 지영이 그림자가 지영이 따라다녀요. 교사 : 지영이 그림자가 지영이를 따라다니네. (움직이면서) 어, 선생님 그림자도 따라오는데.
실행 촉진	실제로 시도하거나 수행하도록 하는 상호작용	서현이가 움직이면서 자신의 그림자도 움직이는지 바닥을 쳐다본다. 서현 : 나(내 그림자)도 움직인다. 교사 : 우리 뛰어볼까? 그림자가 따라오는지?
피드백 제공	정확한 정보나 긍정적 강화를 제공하면서 행동 결과를 확인하고 긍정적으로 강화하는 것	서현은 그림자가 따라오는 것을 보면서 바닥을 보며 뛰다가 멈추다가 또 다시 머리도 움직여 본다. 서현 : (웃으며) 자꾸 따라오네. 교사 : (웃으며) 그림자는 우리가 하는 걸 다 따라 하는구나.

3) 사고발달 지원

교사는 일상생활에서 자연스럽게 영유아와 상호작용을 하면서 영유아가 관심을 보이는 사물, 주제, 상황 등에 대해 다양한 이야기를 주고받게 된다. 그리고 이러한 과정에서 교사는 영유아에게 다양한 질문을 하게 되는데, 교사가 제시하는 질문의 유형은 질문에 반응하는 영유아의 사고과정에 영향을 주게 된다. 따라서 교사는 영유아의 사고

발달을 지원하기 위한 발문을 하는 데에 관심을 기울일 필요가 있다. 먼저, 수렴적(폐쇄형) 질문, 확산적(개방형) 질문을 살펴보면 다음과 같다.

■ 수렴적 질문

하나의 정확한 해결책이나 답을 요구하거나 제한된 답을 요구하는 질문유형으로 사실적인 정보와 대답을 요구한다. 일반적으로 영유아가 경험한 것을 기억하게 하거나 확인하기 위해 사용할 수 있다.

수렴적 질문

수민 : 선생님, 나 동물원 갔다 왔어요.
교사 : 우아~ 재미있었겠다.
동물원에서 어떤 동물을 보았니?
수민 : 사자, 호랑이, 하마, 기린…
교사 : 어떤 동물을 가장 좋아하니?
수민 : 사자요.
교사 : 사자를 가장 좋아하는구나.

■ 확산적 질문

하나의 정답이 없고 다양한 해결책이나 답을 찾는 것을 요구하는 질문유형이다. 이러한 질문유형은 영유아로 하여금 자신이 아는 것, 생각하는 것, 느끼는 것을 표현하게 하고, 유아의 이해, 가설, 감정 등을 교사나 친구들과 공유할 수 있도록 하여 지식의 확대와 발전을 자극한다.

확산적 질문

수민 : 선생님, 여기 방울토마토가 다 말랐어요.
교사 : 정말~ 방울토마토 껍질이 쭈글쭈글하게 되었네.
왜 방울토마토가 이렇게 말랐을까?
지효 : 물을 안 줘서요.
슬기 : 빨리 안 먹어서… 너무 오래 있어서 그런가.
수민 : 더워서 힘들어서 그런가.

교사는 일상생활 중에서 상황에 따라 수렴적 질문, 확산적 질문을 사용하게 된다. 그러나 교사는 제한된 답을 확인하거나 단순한 사실을 기억하게 하는 질문을 하기보다 영유아의 사고과정을 격려하는 다양한 형태의 질문과 상호작용을 통해 영유아의 사고를 확장시킬 필요가 있다. 여기서는 상황에 따라 적절하게 영유아의 사고과정을 자극할 수 있도록 Borich(2011)가 제시한 발문수준에 따른 발문종류를 살펴보고자 한다.

〈표 10-3〉 수준에 따른 발문의 특성 및 예

수준	종류	특성	예
낮은 수준	지식	구체적 정보에 대해 회상하게 함	우리가 텃밭에 무엇을 심었니?
	이해	제공된 정보, 자료에 대해 이해한 것을 요약, 설명하게 함	오이, 방울토마토, 고추, 가지가 자라는 데에는 무엇이 필요하니?
	적용	문제와 관련한 정보를 응용하여 문제를 해결하도록 함	우리가 심은 채소가 잘 자라게 하려면 우리가 무엇을 해야 할까?
높은 수준	분석	어떤 상황, 사건 등에 관한 이유, 원인 등을 밝히고 결론에 도달하게 함. 또는 개념, 정보, 아이디어들 간의 관계성을 이끌어 내거나 비교하도록 함	왜 오이, 방울토마토, 고추, 가지가 자라면서 줄기가 위로 서 있지 않고 이렇게 다들 누워버리게 되었을까?
	종합	이전에 학습했던 정보, 의견, 개념들을 창의적으로 결합시켜 다양한 답변을 하도록 함	그러면 오이, 방울토마토, 고추, 가지가 잘 자랄 수 있도록 우리가 어떻게 해주어야 할까?
	평가	여러 가지 대안, 이슈들에 대해 선택, 판단하고 결정을 하도록 함	친구들이 이야기한 방법 중에 어떤 방법으로 해보면 좋을까? 그 이유는 무엇이니?

2. 언어발달을 지원하는 교사의 역할

앞 절에서는 영유아의 언어표현을 지원하는 교사의 상호작용을 중심으로 살펴보았다. 여기서는 영유아의 언어발달을 지원하는 교사의 일반적인 역할을 Machado(2013)가 제시한 교사의 역할(경험제공자, 상호작용자, 모델) 그리고 이들의 역할에 전제 조건이 되는 관찰자로서의 역할로 구분하여 살펴보고자 한다.

1) 관찰자로서의 교사

교사는 영유아의 언어행동뿐 아니라 시선과 행동을 관찰하면서 첫째, 영유아의 요구, 상태, 흥미, 태도, 언어기술 등을 파악하여야 한다. 둘째, 관찰한 사실을 토대로 유아의 흥미, 요구 등에 언제, 어떻게 지원을 해야 할지 등 개입에 대한 판단을 할 수 있어야 한다. 이러한 관찰자로서의 교사의 역할은 다음과 같은 언어적 상호작용을 통해 실행될 수 있다.

■ 요구 읽어주기

교사는 영유아의 표정, 시선, 행동 등과 같은 각종 신호와 단서를 관찰하면서 아이의 요구를 파악하고 이것을 언어화하여 표현할 수 있다. 그리고 영유아의 요구에 부합하는 정보나 제안 등을 제시할 수 있다. 이는 영유아로 하여금 자신의 요구를 언어로 표현하는 것을 지원할 수 있다.

민서가 그네 타는 아이들을 한참 동안 지켜보고 서 있다.

교사 : 민서도 타고 싶니? 그네 타고 싶으면 여기 뒤에 줄 서면 탈 수 있단다.

■ 정서 읽어주기

관찰자로서 교사는 영유아의 언어적·비언어적 의사소통 신호를 관찰하면서 영유아의 정서를 이해할 수 있다. 영유아의 정서적 표현에 대한 교사의 비지시적 진술은 영유아가 자신의 정서를 보다 명확하게 이해하고 언어로 표현하는 것을 도울 수 있다.

교실에서 갑자기 큰 소리가 나자 수민이가 깜짝 놀라며 돌아본다.

교사 : 갑자기 큰 소리가 나서 놀랐구나.
수민 : 네. 깜짝 놀랐어요.
교사 : 사물놀이라서 꽹과리 소리가 아주 크게 들렸구나. 선생님도 갑자기 큰 소리가 나서 놀랐어.

■ 행동 읽어주기

교사는 영유아의 행동을 관찰하면서 영유아의 행동을 비지시적 진술로 읽어줄 수 있다. 이는 영유아로 하여금 자신들이 하고 있는 놀이나 일상 관련 행동들에 교사가 관심을 가지고 있다는 것을 느끼게 하고 자신의 행동이 수용받고 있음을 경험하게 한다. 그리고 영유아의 행동을 언어로 표현하는 것을 도울 수 있다.

준수가 모래성을 쌓기 위해 모래밭에 물을 붓고 있다.

준수 : 젖은 모래로 해야 잘 되는데 안 돼요.
교사 : 준수가 모래성을 쌓고 싶어서 물을 부었는데, 모래가 흘러내리는구나.

2) 경험제공자로서의 교사

■ 단어와 연계된 경험 제공

언어는 사회적으로 약속된 임의의 기호체계로 각 사물의 이름은 사물 자체와 직접 연결되지 않으며 임의성을 지닌다. 따라서 영유아가 단어를 접한 후 단어의 의미를 형성할 수 있도록 교사는 단어가 뜻하는 바를 유아가 직접 경험할 수 있도록 사물이나 상황을 제공해 줄 필요가 있다.

'개구리가 폴짝'이라는 동화를 읽고 난 유리가 바깥놀이터에서 혼잣말을 한다.

유리 : (혼잣말로 작은 소리로) 폴짝 폴짝
교사 : (옆에서 두 발 모아서 뛴다) 선생님도 폴짝 폴짝
유리 : (선생님을 보다가 자신도 뛰어본다) 폴짝 폴짝
교사 : (힘껏 두 팔을 휘두르면서) 아주 멀리 폴짝 폴짝
유리 : (웃으며 두 발로 뛰며) 폴짝 폴짝
교사 : (한 발로 뛰면서) 이번에는 한 발로 폴짝 폴짝

■ 감각 경험에 따른 언어 지원

영유아가 새로운 단어의 의미를 이해하는 데에는 직접적이고 구체적인 경험을 하는 것이 효과적이다. 따라서 교사는 구체적인 사물이나 상황 등을 경험하는 과정에서 영유아의 언어발달을 지원하기 위해 영유아가 오감을 통해 경험하는 것을 언어로 표현해 줄 필요가 있다. 이는 영유아가 실제 경험하는 것을 언어로 반영하여 줌으로써 영유아의 어휘습득, 표현기술 등의 언어발달을 촉진해 줄 수 있다.

더운 날 바깥놀이 후 교실에 돌아와서 다 같이 바닥에 누워서 잠시 휴식 시간을 갖고 있다.

교사 : 창문으로 바람이 살랑살랑 불어오니까 시원하다~
민서 : 시원해요. 아까 땀났었는데 이제 없어요.

교사 : 바람이 얼굴에, 팔에, 다리에 살랑살랑 닿으니까 땀도 식고 시원해지네.
수민 : 나도 바람 불어서 시원해요.

3) 상호작용자로서의 교사

교사는 영유아의 언어 행동을 관찰하고 이에 기초하여 영유아의 언어발달을 촉진하는 상호작용자로서의 역할을 한다. 따라서 교사는 영유아의 현재 언어발달 수준, 흥미와 관심 등을 고려하여 영유아에게 제공할 언어 지원의 수준과 개입의 정도를 결정할 수 있어야 한다(Machado, 2013). 이러한 측면에서 볼 때 언어발달에 있어 상호작용자로서 교사의 역할이란 앞에서 살펴본 언어표현 지원을 위한 상호작용을 모두 포함한다 할 수 있다. 따라서 여기서는 상호작용자로서의 교사의 반응성, 민감성, 온정성에 대해서 살펴보겠다.

| 그림 10-1 | 상호작용자로서의 교사

■ 반응성

교사는 영유아의 언어적·비언어적 시도에 언어적으로 신속한 반응을 보여주어야 한다. 이러한 교사의 반응은 영유아의 시도가 가치롭다는 것을 느끼게 하면서 그 다음의 언어적 시도를 촉구하게 되는 자극으로 작용할 수 있다.

■ 민감성

교사는 영유아가 표현하고자 하는 바를 정확하게 읽고 이에 대해 적절하게 반응을 해줄 수 있어야 한다. 교사가 영유아의 시도에 신속하게 반응을 하지만 영유아의 의도와 다르게 이해되어 피드백이 주어진다면 영유아와 교사의 상호작용은 중단될 수 있다.

■ 온정성

교사는 영유아의 언어적·비언어적 시도에 부드러운 말투와 눈빛, 미소를 머금은 표정, 고개 끄덕임, 부드러운 터치 등을 동반한 온정적인 반응을 보여주어야 한다. 교사의 이러한 온정적인 반응은 영유아로 하여금 자신이 하는 말이나 시도가 중요하다고 느끼게 하며, 자신이 존중받고 있다는 것을 느끼게 함으로써 계속 말하고 싶은 욕구를 갖게 한다.

4) 모델로서의 교사

교사는 영유아의 일상생활 속에서 가장 많은 상호작용을 하는 사람이라 할 수 있다. 뿐만 아니라 하루 일과 속에서 보여지는 교사의 언어 태도, 바른 언어 사용 습관 등은 영유아의 모방대상이 된다. 따라서 교사는 듣기, 말하기와 관련한 바른 언어 사용의 모델이 되어야 하며, 읽기, 쓰기에 관심을 가지고 즐겨하는 모범을 보일 수 있어야 한다.

■ 말하기

교사는 영유아와의 상호작용 속에서 바르게 말하기, 좀 더 완성된 문장으로 말하기, 구체적으로 표현하기 등의 말하기 표현을 들려줌으로써 말하기 모델로서의 역할을 할 수 있다. 이는 앞서 설명한 확장, 부연, 지시어를 구체적으로 표현하기, 수정하여 재진술하기 등의 방법과 같다.

■ 듣기

교사는 말하기와 함께 듣기의 모델이 되어야 한다. 듣는다는 것은 '너에게 나의 마음과 귀를 열어두고 있다'는 것이다. 따라서 교사는 몸을 영유아를 향한 채 듣기 태도에서 가장 기본이 되는 눈 맞추기를 하면서 영유아의 이야기를 주의 깊게 듣는 태도를 보여주어야 한다. 이러한 교사의 태도는 영유아가 영유아 간 또는 성인과의 관계에서 다른 사람의 이야기를 듣는 태도에 영향을 미친다.

■ 읽기

영유아는 교사가 책을 읽어줄 때 그림과 글자의 관계를 이해하게 되고, 글자가 어떤 의미를 가지고 있으며 특별한 방식으로 읽혀진다는 것을 경험하게 된다. 그리고 이러한 과정을 통해 영유아는 책에 대해 관심을 갖게 되고, 책을 읽고자 하는 욕구가 생기게 되면서 자연스럽게 글자를 하나씩 알게 되기도 한다. 따라서 교사는 영유아에게 글을 읽어줄 때 글자와 발음의 관계, 단어의 의미, 글 읽기 방향 등과 같은 읽기 관련 기술에 관심을 가질 수 있도록 읽기의 모델이 되어주어야 한다.

■ 쓰기

영유아는 자신의 생각이나 말 등이 글로 쓰여지는 과정을 경험하게 되면서 쓰기에 대한 관심과 흥미가 증가하게 된다. 따라서 교사는 영유아의 작품에 대한 설명이나 영유아의 생각을 글로 표현해 줄 때 바른 글씨체로 쓰는 모습을 보여줌으로써 글쓰기의 적절한 모델이 되어줄 수 있다.

나의 언어 습관 Check

● **유아교사로서 나의 언어습관을 점검해 보아요.**

번호	내 용	항상 (3)	가끔 (2)	거의하지 않음 (1)
1	유아에게 지시나 명령보다는 격려와 칭찬의 말을 사용한다.			
2	유마의 말을 주의 깊게 듣고, 적절히 반응한다.			
3	유아가 이해하기 쉬운 단어와 문장으로 의사를 전달한다.			
4	표정, 몸짓 등 비언어적 신호를 적절하게 활용한다.			
5	상황에 따라 일관된 언어 표현을 사용한다.			
6	유아의 사고를 촉진하는 개방형 질문을 자주 사용한다.			
7	부정적이거나 비난하는 언어 사용을 피한다.			
8	올바른 문법과 발음으로 유아에게 언어적 본보기를 제공한다.			
9	은어, 속어, 비속어 등을 사용하지 않는다.			

● **바람직한 언어 표현 습관을 가져요.**

구 분	피해야 할 표현	바람직한 대체 표현
은어 속어	"짱이다", "쩐다", "꿀잼"	"정말 멋지구나", "아주 재미있구나"
비속어	"짜증나", "미쳤어"	"조금 힘들지?", "조금 어렵구나"
비하적 표현	"바보야", "왜 이렇게 못해"	"천천히 해도 괜찮아", "조금 더 해볼까?"
권위적·명령적 언어	"지금 당장 해!", "하지 말랬지!"	"이제 시작해 볼까?", "다른 방법을 같이 생각해 보자"
부정적 언어	"또 실수했네", "넌 항상 그래"	"괜찮아, 다음에는 더 잘할 수 있어", "이번엔 이렇게 해볼까?"
모호, 혼란 주는 표현	"대충 알아서 해", "적당히 해"	"먼저 블록을 쌓고, 그 다음 자동차를 올려볼까?"
과장된 표현	"너 때문에 힘들어 죽겠어"	"조금 힘들지만 함께 하면 괜찮을 거야"

3. 일상생활 속 언어지원 사례

놀이 상황 : 콩벌레 특공대

아이들이 하늘정원(텃밭)에서 호박, 배추, 당근 등 다양한 먹거리를 심어보고 관찰하던 중 땅에 있는 공벌레를 보게 되었다. 아이들이 공벌레를 잡고 만지며 놀다 보니 자연스레 공벌레에 관심이 생겼고 공벌레를 잡기 시작하였다. 그러던 중 한 아이가 "선생님 콩벌레는 좋은 벌레에요?"라고 질문을 하였고 공벌레에 대해 이야기 나누기 시간을 통하여 알아보았는데, 텃밭에 공벌레의 수가 많아지면 약한 뿌리나 작은 잎들을 갉아 먹는 해충이라는 사실을 알게 되었다. 그래서 '콩벌레 특공대'가 만들어졌고, 공벌레 특공대의 최종 목표는 텃밭의 공벌레를 모두 잡아서 한마음 공원에 공벌레를 풀어주고 우리의 텃밭을 지키는 것으로 하였다.

유아-교사 상호작용	언어적 지원
• "선생님 이거 봐요. 콩처럼 생겼어요." • "그렇네, 콩처럼 동그랗게, 검고 작게 생겼네." • "콩벌레에 대해 잘 알아보려면 어떻게 해야 할까?" • "우리가 콩벌레라고 했던 벌레는 공벌레, 쥐며느리라는 이름을 가지고 있네." • "공벌레는 식물이 자라는 데에 해를 주기 때문에 해충이에요." • "공벌레가 텃밭에 있는 **들의 잎을 갉아 먹지 않게 하기 위해서 무엇을 하면 좋을까?" • "'콩벌레 특공대'가 할 수 있는 일들을 친구들이 여러가지 이야기해 주었는데 어떤 방법으로 해보는 게 좋을까?" "그 이유는 무엇이니?"	• '콩벌레'(공벌레, 쥐며느리)의 이름을 정확히 알기 위해 인터넷 검색, 정보책을 지원함 • 공벌레에 대한 관심을 공유할 수 있도록 이야기 나누기 시간을 지원함 • 콩벌레 특공대 티셔츠 제작을 위해 그림, 글자로 공벌레를 표현할 수 있도록 종이, 매직을 제공하고, 그림 스티커를 만들어 지원함 • 아이들의 호기심, 공벌레의 해로운 점을 생각하고 표현할 수 있는 기회를 주고, 다른 친구의 의견을 들을 기회를 제공함

놀이 상황 : 딱지치기

아이들이 종이를 접고 종이에 그림을 그리는 것을 좋아하자, 교사는 신문지를 교실 미술영역에 준비해두었다. 아이들은 신문지로 딱지를 접기 시작했다. 교사는 아이들이 다양한 딱지를 접을 수 있도록 스케치북, 색종이, 마분지, 신문지, 전단지 등 다양한 두께와 크기의 종이를 미술영역에 제공하였다. 아이들은 딱지치기를 하면서 즐거움을 경험하고 이기고 싶어 하는 승부욕을 나타냈다. 이길 수 있는 '강한 딱지'에 대한 욕구가 강해지면서 교사가 만든 최강 딱지를 갖고 싶어 하였다. 교사는 최강 딱지인 '스파이크 딱지'를 상품으로 걸고 시합을 진행하기로 하였다.

유아-교사 상호작용	언어적 지원
• '스파이크 딱지' 따기 게임 방법을 정한다. - 너희들이 선생님의 스파이크 딱지를 너무 많이 갖고 싶어 해서 선생님이 스파이크 딱지를 선물로 주려고 하는데 주는 방법을 어떻게 정하면 좋을까?(딱지시합하기로 결정) • 딱지시합 진행 방법을 함께 정한다. - 시합은 어떻게 하는 게 좋을까? - 혼자서 시합을 하는 게 좋아 아니면 친구들과 팀을 이루어서 시합을 하는 게 좋아?(팀 게임, 토너먼트 식 진행 결정) • 팀을 나누는 방법에 대해서 함께 정한다. - 팀은 몇 명이 하는 게 좋을까?(좋아하는 사람끼리 하기로 결정) • 게임 중 발생한 문제를 함께 해결한다. - 딱지를 치는 데 계속해서 무승부가 되면 이기는 걸 어떻게 정하면 좋을까? • 새로운 놀이 만들기 - 딱지를 이용해서 어떤 놀이를 할 수 있을까?	• 딱지 접는 방법을 모델링으로 보여주면서 동시에 접는 방법을 그림과 글로 게시하여 지원함 • 딱지치기 시합을 위한 방법 결정, 발생한 문제 등을 해결하기 위해 다른 사람의 생각을 듣고 자신의 생각을 표현할 수 있도록 이야기 기회를 제공함 • 딱지치기 시합장임을 알리는 현수막을 그림과 글로 표현할 수 있도록 지원함 • 딱지 치는 자세 등 구체적인 행동을 읽어주면서('내리치는 자세가 좋다.', '딱지를 치는 힘이 좋아.' 등) 아이들을 격려함 • 승패에 따라 속상해하는 아이들의 마음을 읽어주면서('이기고 싶었는데, 져서 속상하구나.' 등), 동시에 새로운 방법을 모색해 볼 수 있도록 발문('어떻게 치면 딱지를 세게 칠 수 있을까?' '무엇으로 만들면 좀 더 강한 딱지가 될까?' 등)하면서 아이 스스로 문제를 해결할 방안을 찾도록 언어적으로 지원함

활동

1 교사는 영유아와의 상호작용을 통해 언어발달을 지원하고 있습니다. 다음의 발화에 따른 교사의 반응 전략을 간략히 설명하고, 반응의 예를 기술해 보세요.

발화	반응전략		교사 반응 예
"와. 꽃이다."	확장		
	부연		

2 교사는 하루 일과를 아이들과 함께 보내는 과정에서 상호작용자로서의 역할을 수행합니다. 다음과 같은 유아의 이야기를 들으면서 교사가 어떻게 상호작용할 수 있을지 작성해 보세요.

민지(만 3세)는 주말을 지내고 와서 한껏 들뜬 얼굴로 교사에게 다가온다.
"선생님, 우리 집 '대박이'(강아지 이름)가 새끼를 낳았어요.

- 정서읽기 :

- 발문하기 :

11장 언어지도를 위한 환경 구성

영유아는 일상생활 속에서 자신을 둘러싼 인적·물적 환경과의 다양한 상호작용을 통해 언어발달에 대한 자극을 받으면서 언어에 대한 가설을 세우고, 검증하고, 수정한다(이차숙, 2004). 그리고 이러한 과정을 통해 언어발달을 촉진하게 된다. 따라서 영유아의 언어발달을 위한 환경은 영유아 스스로 언어의 변화를 이끌 수 있는 힘을 가지고 있어야 한다. 이러한 측면에서 영유아의 언어교육을 위한 환경 구성은 교실 내 각 영역뿐 아니라 영유아교육기관 전반에 구비되어야 한다. 영유아의 언어발달을 촉진하는 물리적 환경 구성을 살펴보면 다음과 같다.

1. 환경 구성의 기본 원리

영유아는 질적으로 우수한 언어교육 환경 속에서 의사소통이 보다 원활해지고 언어와 관련한 활동 요구가 증가하게 된다. 영유아의 자발적이고 능동적인 언어활동을 촉진하기 위한 언어영역 구성을 위해 고려할 사항은 다음과 같다.

1) 언어적 상호작용을 촉진하는 풍부한 환경 지원

교실 내에 언어영역을 구성하는 것은 영유아의 언어활동을 촉진하는 환경 구성의 기초라고 할 수 있다(Jalongo, 2000). 언어영역에 제공된 다양한 말하기, 듣기, 읽기, 쓰기와 관련된 자료를 활용하면서 영유아들은 언어활동에 보다 쉽게 접근할 수 있으며, 흥미를 가지고 언어활동에 참여할 수 있다. 특히 읽기나 쓰기와 관련된 자료가 적절하게 제공될 때 영유아들은 책 읽기와 쓰기 활동에 보다 즐겁게 참여하게 된다(Morrow, 2001). 따라서 교사는 언어활동을 격려하는 다양한 문식성 자료를 제공함으로써 영유아들이 자발적으로 읽기와 쓰기에 관심을 갖도록 지원할 수 있을 것이다.

'가을' 하면 떠오르는 것 나누기

책 만들기와 함께 진행하는 '작가 사인회'

2) 유아의 관심, 흥미와 연계되는 자료 제공

영유아에게 언어적 자극을 주는 자료는 교사와 영유아의 언어적 상호작용과 영유아의 참여수준에 중요한 영향을 미친다(이경옥·이근영, 2001). 따라서 교사는 영유아의 관심, 흥미와 연계되는 놀이 주제와 관련된 다양한 자료를 제공함으로써 영유아의 활발한 의사소통을 지원할 수 있다. 그리고 언어 관련 자료를 제공함으로써 언어 관련 활동에 대한 관심을 촉진시킬 수 있을 것이다.

관찰
- 바깥놀이터에서 우연히 발견하게 된 개미에 대해 관심을 갖게 됨

지원
- 개미 관련 도서를 지원함

결과
- 의사소통 활성화(듣기, 말하기)
- 책에 관심 갖기, 글자에 관심 갖기(읽기)

3) 듣기, 말하기, 읽기, 쓰기가 통합적, 균형적으로 일어나도록 지원

교사는 언어영역을 구성할 때 듣기, 말하기, 읽기, 쓰기 활동이 균형적으로 일어날 수 있도록 자료를 배치한다. 예를 들어, 언어영역에 듣기와 말하기를 격려할 수 있는 그림카드, 손인형, 막대 인형, 사진 등을 제공하며, 읽기와 쓰기가 일어날 수 있도록 책, 글자 카드, 책 만들기 자료, 색연필, 연필, 종이 등을 제공할 수 있다. 또한 교사는 유아의 관심과 흥미에 따라 듣기, 말하기, 읽기, 쓰기가 통합적으로 일어날 수 있도록 융통성 있는 자료를 제공하고, 이들 사용에 대해 수용적인 교실 환경을 제공하는 것이 필요하다. 예를 들어, 병원놀이, 음식점 놀이, 텃밭 만들기 등을 하는 경우에 놀이에 활용될 수 있는 언어자료를 함께 제시해 주거나 놀이과정에 직접 참여하여 만들어 갈 수 있도록 지원할 수 있다. 이는 놀이과정을 경험하면서 영유아들이 자발적이고 능동적으로 말하기, 듣기, 읽기, 쓰기에 참여하는 것을 격려하도록 돕는다.

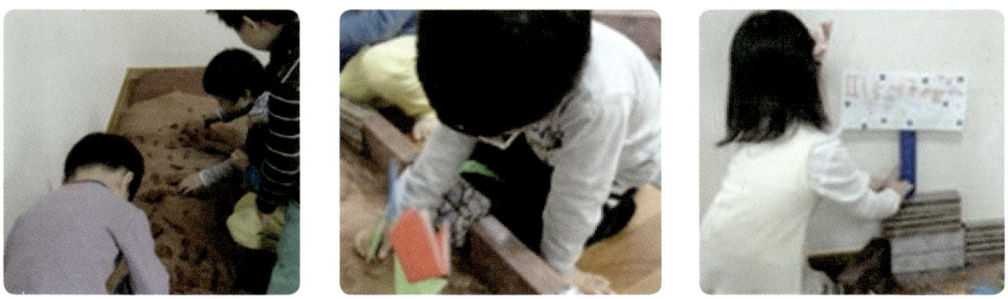

텃밭 만들기 놀이 : 실외에서 텃밭을 일군 경험을 실내놀이로 연계 및 확장

4) 조용하고 밝은 공간에 배치

언어영역은 교사-유아, 유아-유아 간에 일어나는 의사소통에 관심을 가질 수 있도록 그리고 교사가 읽어주는 이야기에 주의를 기울일 수 있도록 조용한 곳에 배치한다. 그리고 책 읽기나 쓰기 활동을 할 수 있을 정도의 밝기로 자연채광이 가능한 곳에 배치하는 것이 좋다. 또한 책 읽기나 이야기 나누기 등을 편안한 분위기에서 할 수 있도록 커다란 쿠션, 매트리스 등을 비치하도록 한다.

영아반

영아반

영아반

유아반

2. 영아를 위한 환경 구성

1) 듣기를 위한 환경 구성

듣기는 의사소통을 주고받는 과정에서 일상적으로, 자연스럽게 발생하게 된다. 그러다 보니 교육장면에서 듣기를 위한 지원이 읽기나 쓰기 활동에 비해 상대적으로 미흡하다고 할 수 있다. 그러나 듣기란 의사소통을 원활하게 하는 데에 필수적인 요소로서, 영아가 듣기에 관심을 가질 수 있도록 환경을 지원할 필요가 있다.

표준보육과정 의사소통 영역에서 영아의 듣기와 관련된 내용은 0~1세 '표정, 몸짓, 말과 주변의 소리에 주의를 기울인다', '상대방의 이야기를 들으면서 말소리를 낸다', 2세 '표정, 몸짓, 말에 주의를 기울여 듣는다', '상대방의 이야기를 듣고 말한다'이다.

표준보육과정에서 제시하는 듣기활동 자료는 언어영역에만 국한되어 제시되는 것이 아니라 일상생활 영역, 탐색영역 등에도 제시될 수 있다. 듣기를 지원하기 위한 자료는 다음과 같다.

- 녹음기, 헤드폰, CD플레이어 등과 같이 듣기활동을 할 수 있는 자료
- 영아의 흥미와 발달에 적합한 다양한 소리가 녹음된 자료
  예 교사나 부모의 목소리가 녹음된 자료, 자연의 소리(비 오는 소리, 바람 부는 소리 등), 주변의 소리(차 소리, 화장실 물 내리는 소리 등) 등
- 소리 듣기와 탐색활동을 촉진하는 놀잇감
  예 소리 나는 그림책, 여러 가지 소리가 나는 장난감, 동물 딸랑이, 전화기 등
- 이야기(말)에 관심을 가지고 듣기에 참여하기를 촉진하는 자료
  예 부모의 메시지가 녹음된 자료, 선생님이 녹음한 동화, 동시 자료 등

소리 나는 장난감(영아)

소리 나는 책(영아)

2) 말하기를 위한 환경 구성

말하기는 듣기와 함께 일과운영 과정 속에서 다양한 놀이와 일상생활 장면에서 자연스럽게 발생한다. 따라서 말하기 발달을 지원하는 환경은 언어영역 내에 자신의 경험 말하기와 이야기 꾸미기 등과 같은 말하기 활동 교구재 지원을 통한 물리적 환경 구성, 교사와 영아 간의 상호작용, 말하기 표현이 자유로운 수용적인 분위기 조성을 통한 정서적 환경으로 구성될 수 있다.

표준보육과정 의사소통 영역에서 영아의 말하기와 관련된 내용은 0~1세 '상대방의 이야기를 들으면서 말소리를 낸다', '표정, 몸짓, 말소리로 의사를 표현한다', '말놀이와 이야기에 재미를 느낀다', 2세 '상대방의 이야기를 듣고 말한다', '표정, 몸짓, 단어로 의사를 표현한다', '자신의 요구와 느낌을 말한다', '말놀이와 이야기에 재미를 느낀다'이다.

말하기 지원을 위한 자료는 다음과 같다.

- 다른 사람 이야기 들으며 반응하기(표정, 몸짓, 말소리 내기, 말하기)가 격려되는 놀잇감
  - 예 장난감 전화기, 까꿍놀이 놀잇감, 안전거울
- 가작화된 상황에서 말하기 활동이 촉진되는 놀잇감
  - 예 손인형, 역할놀이 놀잇감(아기 인형, 주방용품 등)
- 관심 있는 주제에 대해 말하기가 격려되는 자료
  - 예 가족사진, 좋아하는 장난감 등
- 다양한 어휘 표현이 격려되는 자료
  - 예 동물책(동물 이름, 동물 소리, 동물 외형 특징 등), 여러 가지 탈것 책 등

까꿍놀이 책

사물 그림자 책

안전거울

아기 인형, 포대기, 젖병 등

3) 읽기를 위한 환경 구성

영아를 위한 읽기 환경 구성은 언어영역에 영아의 발달과 흥미에 적합한 책을 선정하여 비치하고 읽어주는 것에서 나아가 영아들이 주변의 그림, 상징, 글자에 관심을 가질 수 있도록 환경을 조성하는 것을 포함한다.

표준보육과정 의사소통 영역에서 영아의 읽기와 관련된 내용은 0~1세 '주변의 그림과 상징에 관심을 가진다', '책에 관심을 가진다', '말놀이와 이야기에 재미를 느낀다'이다. 2세는 '주변의 그림과 상징에 관심을 가진다', '책에 관심을 가지고 상상한다', '말놀이와 이야기에 재미를 느낀다'이다.

읽기를 지원하는 환경 구성은 다음과 같다.

- **편안하고 매력적인 환경 구성 :** 책 읽기 영역 자체가 편안하고 매력적인 공간이 될 수 있도록 부드러운 채광, 심미적인 매트리스, 쿠션 등을 배치
- **접근성을 고려한 환경 구성 :** 영아의 발달에 따라 기어서, 앉아서, 서서 책을 꺼낼 수 있도록 영아의 발달을 고려한 책장 비치
- **호기심을 자극하는 책 배열 :** 영아의 눈높이에서 책 표지가 쉽게 보이도록 비치
- **영아의 흥미를 고려한 다양한 유형의 책 :** 다양한 주제와 소재를 다룬 그림책(일상생활, 동물, 탈것, 감각 등), 다양한 재질의 그림책(비닐책, 헝겊책, 종이책, 스펀지 등), 다양한 형태의 책(탈것 모양, 동물 모양, 바구니 모양 등)
- **일상생활 경험과 관련한 환경 인쇄물 :** 영아의 이름 카드, 가족 구성원의 이름이 적힌 사진, 영아가 좋아하는 장난감 또는 동물 등의 사진과 이름카드 등

다양한 재질의 책

다양한 형태의 책

4) 쓰기를 위한 환경 구성

표준보육과정 의사소통 영역에서 영아의 쓰기 관련 내용은 0~1세 '끼적이기에 관심을 가진다', 2세 '끼적이며 표현하기를 즐긴다'이다. 쓰기를 격려하는 환경 구성을 위해 교사는 언어영역 내의 독립적인 쓰기영역 구성과 함께 교실 전체를 쓰기를 위한 공간으로 활용하도록 구성할 수 있다.

쓰기를 격려하기 위해 다음과 같이 교실 환경을 구성할 수 있다.

- **활동이 자유로운 교실 환경 :** 언어영역에서 쓰기활동이 집중적으로 이루어질 수 있도록 쓰기 도구, 책상 등을 비치하고, 놀이과정 중 쓰기활동이 격려될 수 있도록 교실 내 여러 영역에 필기도구, 종이류 등을 비치
- **매력적인 쓰기 도구 비치 :** 다양한 재질, 모양, 색깔의 종이류, 천류, 비닐류 등, 다양한 질감, 촉감, 색깔, 모양 등 감각적 경험을 제공하는 필기 도구
- **신체발달에 적합한 쓰기 환경 :** 영아가 일어나거나 앉아서 자유롭게 끼적일 수 있도록 눈높이에 맞게 화이트보드나 종이를 부착하여 제공
- **쓰기 관련 사전 경험 환경 :** 모양 인식과 변별을 지원하는 도장, 스탬프 등 놀잇감

끼적이기

도장찍기 놀잇감

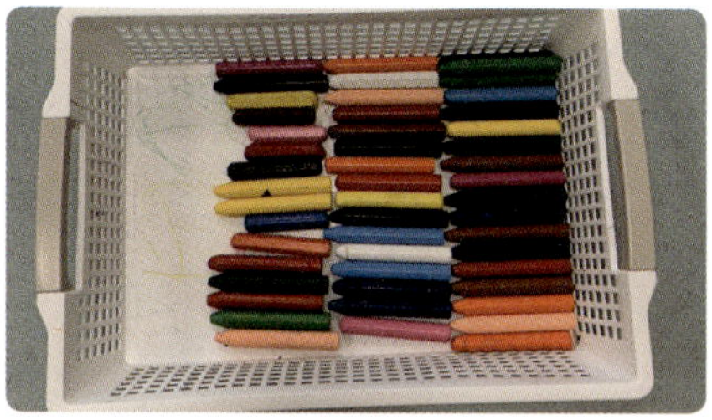

영아용 크레파스

매직 보드

3. 유아를 위한 환경 구성

1) 듣기를 위한 환경 구성

유아의 하루 일과 중에서 의사소통은 빈번히 일어나고 이를 통해 유아의 언어발달이 촉진된다. 따라서 교사는 듣기가 활발히 일어날 수 있는 수용적인 교실 분위기를 마련해 줌과 동시에 주의 깊은 듣기활동에 적합한 환경 구성을 위해 언어영역 내 듣기활동을 위한 공간을 배치하고 관련 놀잇감 및 교재 등을 지원할 필요가 있다.

누리과정 의사소통 영역에 제시된 듣기 관련 내용은 '말이나 이야기를 관심 있게 듣는다', '상대방이 하는 이야기를 듣고 관련해서 말한다', '바른 태도로 듣고 말한다'이다. 이에 유아를 위한 듣기영역은 유아가 흥미 있어 하는 책, 정보 등에 대해 주의 깊게 들을 수 있도록 환경이 구성되어야 할 것이다. 유아의 듣기활동을 지원하기 위한 자료는 다음과 같다.

- **유아 스스로 듣기 자료를 탐색하는 것을 지원하는 자료 :** 녹음기, 헤드폰, CD플레이어 등 유아 스스로 재생 및 녹음 등이 가능한 것
- **다른 사람의 이야기를 듣고 이해하는 것을 격려하는 자료 :** 유아의 흥미, 사전 경험 등과 관련한 사진, 그림, 책 등 수수께끼 놀잇감, 지시 듣고 따라 하기 놀잇감 등
- **말소리에 주의를 기울이기를 요구하는 자료 :** 운율이 포함된 단어가 있는 그림책, 동시 판, 전래동요 책 등 같은 소리 찾기 놀잇감, 말놀이 그림책 등

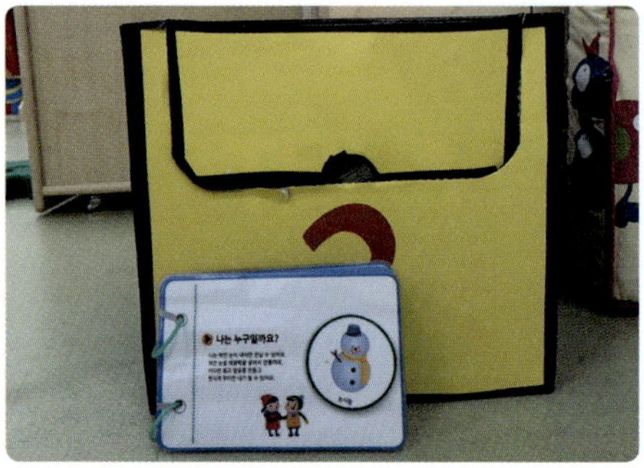

수수께끼 카드, 궁금이 상자

그림책, CD플레이어와 헤드셋

2) 말하기를 위한 환경 구성

유아의 말하기 활동은 일과운영 과정 속에서 발생하는 다양한 일상생활 장면과 놀이 과정 중에 수시로 일어날 수 있다. 따라서 말하기를 지지하는 환경 구성은 자신의 의사를 자유롭게 표현하는 것이 격려되는 정서적 환경 마련을 기초로 하며, 나아가 말하기가 집중적으로 이루어질 수 있도록 계획된 교구재 지원을 통한 물리적 환경 구성을 통해 조성될 수 있다.

누리과정 의사소통 영역에 제시된 말하기 관련 내용은 '자신의 경험, 느낌, 생각을 말한다', '상황에 적절한 단어를 사용하여 말한다', '상대방이 하는 이야기를 듣고 관련해서 말한다', '바른 태도로 듣고 말한다', '고운 말을 사용한다'이다. 그리고 '동화·동시에서 말의 재미를 느낀다', '말놀이와 이야기 짓기를 즐긴다'를 통해 말하기를 경험하도록 제시하고 있다. 유아의 말하기를 지원하기 위한 자료는 다음과 같다.

- **말하기를 격려하는 관심 있는 주제 관련 자료 :** 흥미 관련 주제(내용)의 책과 그림, 경험과 관련한 이야기 나누기용 그림과 사진, 이야기 꾸미기, 말 이어 나가기 자료 등
- **매체의 특성을 통해 말하기가 촉진되는 자료 :** 손 인형, 막대 인형, 손가락 인형, 앞치마 동화, 마이크 등
- **말놀이를 격려하는 자료 :** 운율이 있는 단어가 포함된 그림책, 동시, 끝말잇기 관련 놀잇감
- **어휘 확장 및 상황에 맞게 말하기를 격려하는 자료 :** 새로운 어휘 관련 그림-글자 카드, 책, 수수께끼 놀잇감

다양한 인형

수수께끼 놀잇감

그림-글자 카드

3) 읽기를 위한 환경 구성

유아기는 말과 글의 관계에 대해 관심을 가지면서 글자에 관심을 갖게 되는 시기이다. 따라서 유아가 읽기에 관심을 갖게 될 때에 이를 격려하고 지원하기 위해 적절한 자료가 제시될 필요가 있다. 누리과정 의사소통 영역에 제시된 읽기와 관련된 내용은 '말과 글의 관계에 관심을 가진다', '주변의 상징·글자 등의 읽기에 관심을 가진다', '책에 관심을 가지고 상상하기를 즐긴다'와 '동화, 동시에서 말의 재미를 느낀다'이다. 교사는 유아에게 글자 자체를 지도하기보다 일상생활, 놀이과정, 언어영역 내에서 읽기에 관심을 가지도록 상호작용하여야 한다. 그리고 읽기활동에 적합한 조용하고 밝은 물리적 공간을 배치하고 읽기를 지원하는 다양한 자료를 제시하여야 한다.

- **편안하고 매력적인 환경 구성을 위한 자료** : 등받이가 있는 소파 또는 쿠션, 심미적인 매트리스, 접근성이 고려된 책장
- **자발적인 책 읽기를 격려하는 자료** : CD플레이어, 노트북, 헤드폰, 녹음 자료 및 그림책·동시 자료 등
- **유아의 흥미를 고려한 다양한 유형의 책** : 다양한 주제와 소재를 다룬 그림책(일상생활, 정보책, 창작동화, 전래동화, 환상동화 등), 유아가 직접 만든 책, 글 없는 그림책 등
- **글자 읽기를 격려하는 놀잇감** : 친숙한 단어를 활용한 읽기 관련 교구(같은 글자 찾기), 그림-글자 카드(그림-글자 카드 컴퓨터 상자 놀이), 간식 포장지·장난감 상자 등의 친숙한 글자 인쇄물, 글자를 활용한 게임판(단어찾기 빙고게임) 등
- **일상생활 경험과 관련한 인쇄물** : 이름표, 생일판, 출석표, 영역판 등

다양한 유형의 그림책

동물 글자 게임판

그림-글자 자판기

제작 그림책

4) 쓰기를 위한 환경 구성

글자와 그림의 구분 없이 끼적임 자체를 즐기던 영아기를 지나오면서 유아들은 말이 글로 나타날 수 있으며, 글자가 말로 읽히는 과정을 경험하게 된다. 이러한 일상경험과 놀이과정을 거치면서 유아들은 자신의 생각을 글자와 비슷한 형태로 나타내는 것에 관심을 갖게 된다.

누리과정 의사소통 영역에 제시된 쓰기와 관련된 내용은 '자신의 생각을 글자와 비슷한 형태로 표현한다', '말놀이와 이야기 짓기를 즐긴다'이다. 교사는 유아의 쓰기를 격려하기 위해 교실 전체와 언어영역 내에 쓰기를 할 수 있는 공간을 마련하고, 다양한 쓰기 자료를 제공할 필요가 있다.

- **쓰기를 위한 다양한 공간 마련 :** 언어영역 내 독립적인 쓰기 공간 배치, 교실 내 다양한 장소에서 쓰기를 자유롭게 할 수 있도록 공간 배치 및 필기도구 비치
- **유아에게 적합한 필기도구 비치 :** 필기도구의 굵기, 뾰족함, 길이 등이 유아에게 적합하여 안전하게 사용할 수 있는 필기도구, 쓰기를 격려하는 다양한 색깔과 질감의 필기도구 비치
- **쓰기를 격려하는 놀잇감 비치 :** 유아의 연령, 수준에 따라 쓰기 방법을 달리하는 놀잇감 비치 (예 촉감 글자, 자석 글자, 글자 스티커, 글자 도장 등)
- **쓰기가 동반되는 놀이 활성화 :** 책 만들기, 시장놀이·병원놀이·식당놀이 등

자석글자

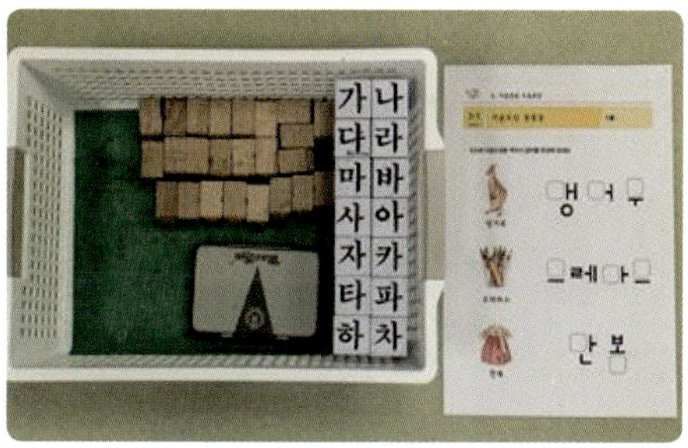

글자도장 찍기

단어장 만들기

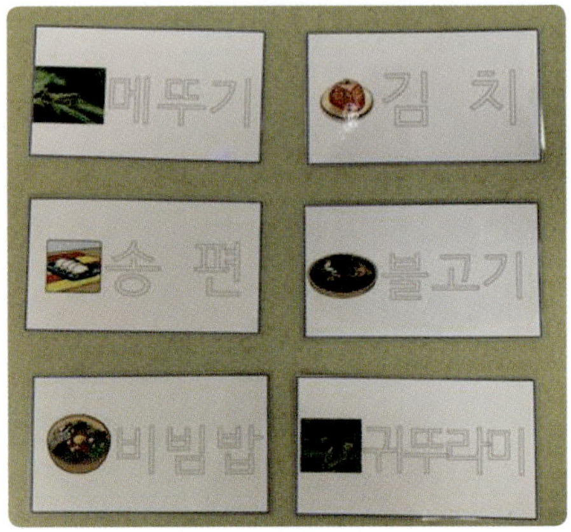

따라 쓰기

유아의 놀이와 연계한 쓰기 활동

4. 영유아의 언어지도를 위한 환경지원 사례

1) 영아 언어지도를 위한 환경 지원

영아의 경험 실제

영아가 체온을 측정하는 기계 앞으로 다가가 발바닥 모양 위에 서서, 기계에서 나는 "정상입니다" 라는 소리를 들으며 시선을 고정한다. 다른 영아도 기계 앞으로 다가와 바라보다가 발바닥 모양 위에 서서 "정상입니다" 소리가 나기를 기다린다. 영아는 주변의 소리에 주의를 기울이며 의미를 알아가고 있다.

적응 중인 영아가 불편한 느낌으로 손을 얼굴에 대고 우는 소리를 내자, 한 영아가 다가온다. 이 영아는 책에서 노래가 나오는 버튼을 눌러 주며 우는 아이를 달래려고 한다. 울던 영아는 의도를 알아차리는 듯 또래의 몸짓에 시선을 보내고 울음을 멈춘다. 두 영아는 표정, 몸짓, 소리와 같은 비언어적 방식으로 소통하고 있다.

• 산책을 하던 중 영아가 손을 내밀며 "자!"라고 말하자, 또래도 손을 내민다. 두 영아가 몸짓과 말소리로 손을 잡고 싶다는 서로의 의도를 알아차리고, 내민 손을 잡아 몸짓과 말소리로 소통하고 있다.

• 교사가 영아를 안아주려 하자, 영아는 교사의 의도를 알아차리고 팔을 뻗으며 소통한다.
• 교사가 영아에게 놀잇감의 이름을 말하면서 손으로 가리킬 때, 영아는 가리킨 곳을 쳐다보거나 손가락을 뻗어보면서 상대방의 의도를 알아차려 간다.

교사의 언어적 환경 지원

• 자료
- 소리 나는 책, 악기, 빗소리, 동물 소리와 같은 자연에서 들리는 소리, 사람의 말소리 등 다양한 소리를 들을 수 있는 일상 환경을 제공하여 영아가 다양한 소리를 경험하도록 지원함
- 교사는 높은 음조, 간단한 단어, 긴 모음, 리듬감 있는 짧은 말소리, 따뜻하고 부드러운 말소리 등 영아가 평소 좋아하는 목소리를 사용함으로써 다양한 말소리를 지원함

• 상호작용
- 영아의 이름을 부르거나 흥미로운 소리를 내어 영아가 말하는 사람을 행해 몸을 돌리거나 시선을 맞추며 주의를 공유할 수 있도록 지원함
- 영아가 교사의 목소리에 친숙함을 느끼며 말소리에 주의를 기울일 때, 교사는 영아의 말소리를 반복하거나 운율이 있는 표현 등으로 여아와 소통하고 있음을 표현함
- 교사는 영아에게 말할 때 미소짓기, 활짝 웃기, 박수 치기, 눈을 크게 뜨면 놀라움과 경이로움을 표현하기 등의 다양한 표정, 손짓, 몸짓 같은 비언어적 방법을 함께 사용하여 소통함

출처 : 교육부(2024). 2024 개정 표준보육과정(0~2세) 해설서.

영아의 경험 실제

두 영아가 책에 있는 쇠똥 그림을 보고 "으으으" 하며 코를 막기도 하고 우유 그림의 우유를 손으로 집어 입에 가져다 대고 "냠냠냠" 하며 우유를 먹는 흉내를 내면서 몸짓과 소리로 그림의 의미를 표현한다.

산책하던 중 영아가 애견용품 가게에 붙어있는 강아지 사진을 발견하고 다가가서, 강아지 사진을 쓰다듬으면서 "멍멍이"라고 교사에게 말하며, 그림에 있는 동물을 알고 있다는 것을 교사에게 알린다.

한 영아가 교사가 붙여 둔 놀이장면 사진을 보면서 "여기 현서야"라고 말하며 사진에 현서가 있다는 것을 말한다. 그 옆에 있던 현서가 사진 속의 책을 들고 와서 "이거! 이거!"라고 말하며, 사진에서 책을 읽고 있는 자신의 모습을 가리킨다. 두 영아는 사진 장면을 말로 표현하고, 사진의 의미를 알아가고 있다.

그림책의 비행기 그림을 보다가 한 영아가 다른 영아에게 "너는 어떤 비행기 좋아해?"라고 물으며 비행기에 대해 이야기 나누고 싶다는 의도를 말한다. 질문을 들은 영아는 "나는 이 비행기 좋아해"라고 손으로 가리키고, "비행기 슝~ 만들자"라며 또래와 함께 자석 블록으로 비행기를 만든다. 두 영아는 그림책의 비행기 그림에 대한 관심을 공유하고 비행기를 만들면 놀이한다.

영아가 놀이터 표지판을 보고 손가락으로 놀이기구를 가리키면서 "여기 가자"라고 말하며, 또래와 표지판 상징의 의미를 나누며 알아 가고 있다.

교사의 언어적 환경 지원

- 공간
  - 크기가 다양한 그림책, 그림이나 상징이 있는 인쇄물을 두는 공간을 마련하여 영아가 자유롭게 볼 수 있도록 지원함
- 자료
  - 영아의 눈에 잘 띄는 곳에 친숙한 동물, 과일, 가족사진, 영아의 사진이 있는 이름표 등을 붙이거나 퍼즐, 그림 카드 등과 같이 간단한 상징이나 그림이 있는 자료를 제공하여 그 의미를 알아가도록 지원함
- 상호작용
  - 영아와 함께 그림책, 인쇄물을 함께 보며 영아가 관심을 보이는 그림이나 상징의 의미를 알아가도록 "귀여운 강아지네", "여기 무엇이 있을까?"와 같이 설명을 하거나 질문을 던져 영아가 그림과 상징의 의미를 알아차리고 간단한 말소리, 몸짓, 이야기로 표현하도록 지원함
  - 영아가 그림이나 상징을 보고 반응하거나 표현하려고 할 때, 교사는 영아가 자신의 생각이나 느낌을 표현할 수 있는 시간을 충분히 제공하고 기다려 주고, 그림이나 상징의 의미에 대한 여아의 표현을 그대로 존중함

출처 : 교육부(2024). 2024 개정 표준보육과정(0~2세) 해설서.

2) 유아 언어지도를 위한 환경 지원

유아 경험 실제

도서관 견학 후 '책'에 대한 관심이 높아진 아이들은 놀이시간에 책을 만들며 시간을 보낸다. 유아들의 관심을 지원하기 위해 다양한 종이, 쓰기 도구 등을 준비하여 별도의 공간으로 '책 만들기 영역'을 제공하였더니 직접 종이의 종류를 선정하고 가상의 이야기, 퀴즈 책 등을 만들며 놀이가 진행된다.

- **가상 이야기책 만들기**

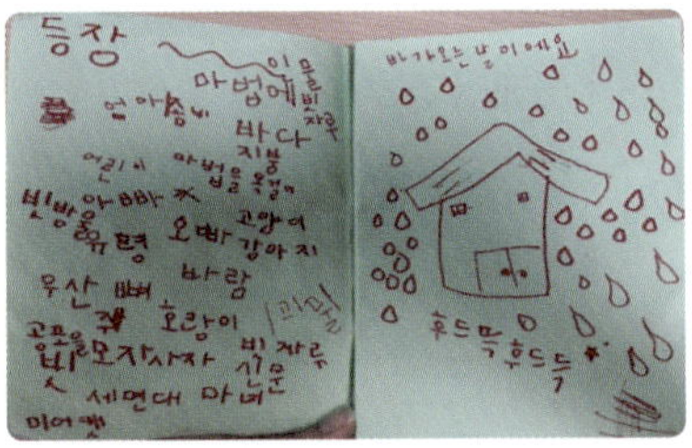

책 만들기 영역에서 아이들은 자신의 관심사에 따라 가상의 이야기 책, 자동차 책등을 만들어 옆의 친구들에게 책을 보여주며 이야기를 나눈다. "이거 봐봐", "이거 좀비 나오는 책 만들었다~".

- **퀴즈책 만들기**

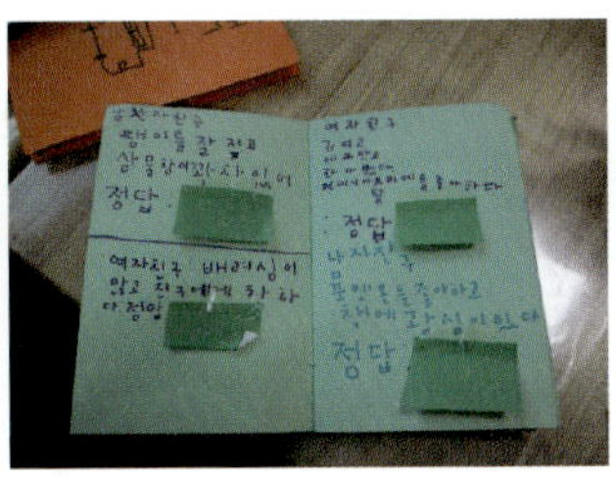

유아들의 자동차 책에 대한 관심을 지켜보던 교사는 유아가 만든 책을 모임 시간에 소개하면서 유아들에게 자신이 기존에 알고 있던 자동차에 관한 지식을 퀴즈형식으로 만들어 볼 것을 제안한다. 그리고 퀴즈책에 대한 정보를 지원하기 위해 언어영역에 퀴즈책 형식의 도서를 지원한다. 유아들은 자동차 퀴즈책을 1~4탄까지 만들면서 서로 궁금해 하는 것에 대해 이야기를 나누고, 자신이 만든 퀴즈 책을 함께 공유하며 즐거움과 성취감을 경험한다. "이건 우리반 친구들 퀴즈책이야! 맞춰볼래?" "이야기 듣고 어떤 건지 맞춰보는 거야."

● 릴레이 동화 : 주제와 방법 정하기

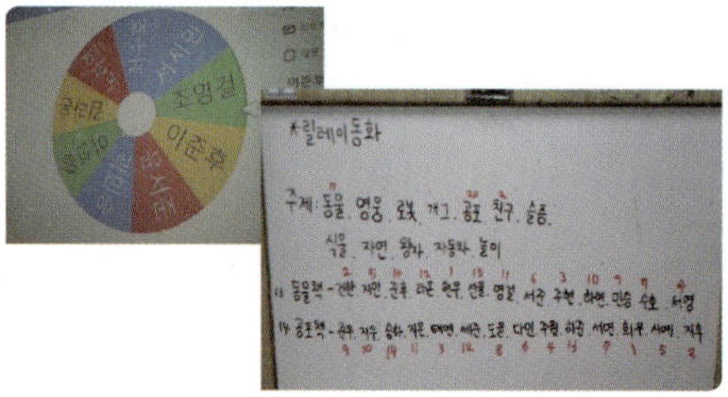

교사는 가상동화 만들기에 관심을 갖지만 혼자 만드는 것을 어려워하는 것을 관찰하고, 함께 이야기를 만들어 볼 것을 제안한다. 주제 선정과 참여 방법, 만드는 순서 등에 대해 함께 이야기를 나누면 릴레이 동화 짓기를 지원한다.

"무슨 주제로 정하면 좋을까?", "주제는 2개로 하자!" 아이들이 제시한 주제 중 투표를 통해 동물/공포책으로 주제를 정하고 각자 원하는 주제의 팀이 되어 릴레이 동화짓기를 시작한다.

● 릴레이 동화 : 주인공 및 동화내용 구성하기

동화의 주제에 따라 누가 나오는 이야기로 하면 좋을지 생각해 보게 한다.
"주인공은 누구라고 하면 좋을까?"
"우리같은 아이가 나오는거로 하자."
"그러면 유치원에 다니는 친구가 주인공~", "이름은 뭐라고 할 건데?" 주인공의 이름을 아이들이 아는 이름 중에서 정할 수 있도록 지원한다.

"처음 시작은 어떻게 할까?"
"팔척 귀신은 어떻게 생겼다고 할까?"
"용용이가 다쳤으니까 붕대도 그려야겠어."

릴레이 동화를 구성하기 위해 제일 처음 친구가 동화 구성을 끝내면 다음 친구가 이어받아 어떤 내용으로 이어질지 상상하여 그림으로 표현할 수 있도록 지원한다.

● **릴레이 동화 : 녹음하기 및 최종플래시 동화 완성**

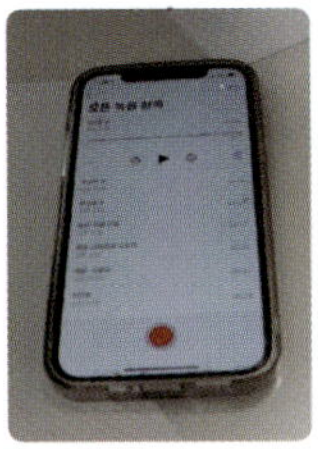

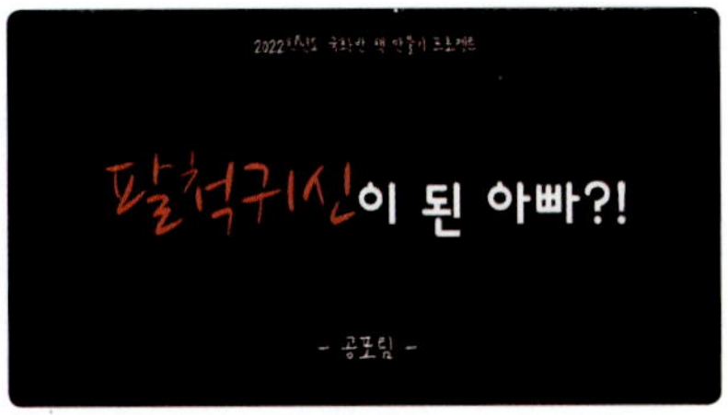

함께 만든 동화를 모임 시간에 서로 읽어주고 소개한다. 만든 동화를 계속 더 보고 싶다는 아이들의 이야기를 듣고, 플래시 동화를 만들어 언어영역에 배치하는 것을 제안함. 플래시 동화로 만들기 위해 아이들이 직접 정한 대사에 따라 녹음을 한다. "옛날 옛날 유니와 용용이가 살았어요~!" 교사는 그림사진 파일, 음성 녹음파일을 합쳐 플래시 동화를 제작한다.

유아 경험 이해

- 유아들은 만든 책을 공유하고, 퀴즈 맞추기, 가상 동화를 릴레이로 만들어 가는 과정을 통해 상대방이 하는 이야기를 듣고 관련해서 말하는 경험을 하였다.
- 유아들은 가상 동화 만들기, 퀴즈 책 만들기를 자발적으로 하는 과정을 통해 자신의 생각을 글자와 비슷한 형태로 표현하는 경험을 하였다.
- 유아들은 가상 동화 만들기와 릴레이 책 만들기 과정을 통해 책에 관심을 가지고 상상하기를 즐기는 경험, 이야기 짓기를 즐기는 경험을 하였다.
- 유아들은 위의 놀이과정을 통해 창의적으로 표현하는 과정을 즐기고, 나와 친구의 의견이 다를 수 있음을 경험하는 통합적 경험을 하였다.

교사의 언어적 환경 지원

- 공간
  - 지역사회 도서관 방문을 통해 아이들이 놀이 주제를 자발적으로 생성할 수 있도록 지원
  - 교실에 '책만들기'영역을 제공하여 아이들의 책만들기에 대한 관심을 지원함
- 자료
  - 다양한 크기의 종이, 책 만들기용 종이와 그리기 도구, 퀴즈 책 등을 제공함
  - 스마트 폰, 패드를 지원하여 그림과 음성 녹음을 파일을 저장할 수 있도록 지원함
- 상호작용
  - 자동차 책, 가상동화에 관심갖는 아이들에게 릴레이 동화, 퀴즈책, 플레시 동화를 만들 것을 제안, 만드는 방법 등에 대한 상호작용을 지원함

〈활동 및 그림 제공 : 곽주현 교사〉

활동

■ **다음의 내용을 읽고, 유아들의 놀이에 기초하여 어떻게 언어 지원 환경을 구성할지 작성해 보세요.**

지율이와 승이가 '상어가족' 노래를 부르며 교실을 돌아다니고 있다. "아기 상어 뚜 루룻 뚜루 귀여운 뚜 루룻 뚜루~" 블록놀이를 하던 승현이가 지율이와 승이의 노래를 듣고는 일어나 지율이와 승이에게 다가가 같이 노래를 부른다. 승현이가 같이 노래를 부르면서 더 신이 난 유아들은 큰 소리로 노래를 부르며 웃는다. 연우도 달려와 함께 노래를 부른다. 아이들의 노랫소리가 커지자 앉아서 놀이하던 아이들이 노래를 흥얼거리며 웃으며 바라본다. 책을 보고 있던 지원이가 "시끄러워~"라고 말한다. 아이들은 노래 소리에 지원이의 말을 듣지 못하고 계속 노래를 부른다. 지원이는 선생님에게 다가가 "너무 시끄러워서 책을 못 보겠어요"라고 말한다.

내용 범주	내 용	언어 지원 환경
듣기와 말하기	말이나 이야기를 관심 있게 듣는다.	
	자신의 경험, 느낌, 생각을 말한다.	
	상황에 적절한 단어를 사용하여 말한다.	
	상대방이 하는 이야기를 듣고 관련해서 말한다.	
	바른 태도로 듣고 말한다.	
	고운 말을 사용한다.	
읽기와 쓰기에 관심 가지기	말과 글의 관계에 관심을 가진다.	
	주변의 상징, 글자 등의 읽기에 관심을 가진다.	
	자신의 생각을 글자와 비슷한 형태로 표현한다.	
책과 이야기 즐기기	책에 관심을 가지고 상상하기를 즐긴다.	
	동화, 동시에서 말의 재미를 느낀다.	
	말놀이와 이야기 짓기를 즐긴다.	

12장 영유아 언어발달 평가

발달에 적합한 프로그램을 계획하고 실행하기 위해서 평가는 반드시 필요하다(Bredekamp, 1996). 영유아의 언어발달에 대한 평가는 현재 영유아의 발달수준을 정확하게 파악하고, 발달단계에 적합한 교육활동을 제공하기 위해 중요하다. 교사는 일상생활 속에서의 자연스러운 영유아의 언어행동을 지속적으로 관찰하고 평가함으로써 유아의 언어발달을 효과적으로 촉진할 수 있게 된다. 이 장에서는 영유아 언어발달 평가의 목적과 방향을 살펴보고, 영유아 언어발달 평가의 방법과 언어 환경 평가에 대해 알아보고자 한다.

1. 영유아 언어발달 평가의 목적과 방향

영유아 언어발달 평가는 교사가 영유아의 언어발달 정도를 평가하고, 적절한 언어지도 프로그램 및 환경을 조성함으로써 영유아의 언어능력을 극대화할 수 있는 적절한 언어경험을 제공하기 위한 것이다. 영유아 언어발달 평가는 구조적이고 형식적인 검사도 필요하지만 영유아에 맞추어 자연스러운 상황에서 지속적으로 실시되어야 한다. 즉, 개별적이고 자연스러운 방법으로 비구조적이고 비형식적인 검사방법을 통해 영유아의 인지적인 처리과정을 볼 수 있도록 이루어져야 하며 이를 통해 총체적 언어 능력을 측정할 수 있는 역동적인 평가가 이루어져야 한다(황해익 외, 2003).

전미유아교사협회(NAEYC, 1991)에서는 평가의 목적을 다음과 같이 밝히고 있다.

첫째, 형식적·비형식적인 방법으로 영유아의 진전을 기록하여 교사가 유아의 언어발달 정도를 이해하기 위한 것이다.

둘째, 교사의 교수와 관련된 것으로 평가결과를 기초로 다음 교수활동의 계획을 적절히 수행하기 위한 것이다.

셋째, 영유아의 성취를 평가하고 보고하기 위한 것이다.

넷째, 프로그램의 효과성과 관련된 것으로 프로그램이 그 목적을 잘 충족시키고 있는지 확인하기 위한 것이어야 한다.

한편 2019 개정 누리과정에서는 평가를 유치원과 어린이집에서 유아가 중심이 되고 놀이가 살아나는 누리과정의 운영을 되돌아보고 개선해 가는 과정으로 보고 평가의 중점 사항을 다음과 같이 제시하고 있다(교육부·보건복지부, 2019).

가. 누리과정 운영의 질을 진단하고 개선하기 위해 평가를 계획하고 실시한다.
나. 유아의 특성 및 변화 정도와 누리과정의 운영을 평가한다.
다. 평가의 목적에 따라 적합한 방법을 사용하여 평가한다.
라. 평가의 결과는 유아에 대한 이해와 누리과정 운영 개선을 위한 자료로 활용할 수 있다.

이러한 내용을 바탕으로 영유아 언어발달에 대한 평가의 기본 방향과 과정을 다음과 같이 정리할 수 있다.

첫째, 평가는 영유아의 언어 능력 특징과 변화 정도 및 일과 속에서의 영유아 언어교육의 계획 및 실행 정도를 평가하도록 한다. 즉, 교사는 유아가 또래와 놀이를 하는 과정에서 보이는 표정이나 몸짓, 말이나 글 등을 주의 깊게 관찰하고 메모나 사진기록 등을 통해 영유아의 언어 경험을 총체적으로 평가해야 한다. 이러한 비형식적이고 과정중심의 평가를 통해 개별 영유아의 언어발달 과정 및 수준에 대한 정보를 수집할 수 있다.

둘째, 평가는 영유아 언어 능력 및 학습 개선과 전체적인 언어교육의 질적인 개선을 위해 다면적이고 체계적으로 이루어져야 한다. 이를 위해 기관별 또는 학급별로 영유아 언어발달 체계를 수립하여 놀이 관찰자료, 표준화 검사, 작품 수집 및 면담 등과 같은 다양한 평가 방법을 활용해야 한다.

셋째, 평가는 영유아 언어교육의 목적 및 내용과 연계하여 타당하게 이루어져야 한다. 평가는 국가수준 공통 교육과정인 누리과정의 의사소통 영역의 내용 범주인 듣기와 말하기, 읽기와 쓰기에 관심 가지기, 책과 이야기 즐기기의 내용과 관련하여 영유아의 언어적 경험을 평가할 수 있도록 해야 한다.

2. 영유아 언어발달 평가의 방법

영유아의 언어발달에서의 특성, 진보와 성취를 평가하기 위해서 다양한 평가 방법을 활용할 수 있다. 매일의 일과 속에서 자연스럽게 언어발달에 관한 정보를 수집하는 비형식적 평가와 일정 시간 객관적 절차에 따라 실시되는 표준화 검사와 같은 형식적 평가 방법이 사용될 수 있다.

1) 관찰법

관찰법은 자연스러운 상황 속에서 유아의 행동을 관찰, 기록, 분석함으로써 개별 유아의 행동 특성을 파악하고 이해할 수 있다. 일과 속에서의 관찰은 영유아의 언어활동에 대한 흥미, 태도, 이해, 능력을 평가하는 데 바람직한 방법이라고 볼 수 있다. 교사는 영유아의 행동을 잘 관찰하고 기록함으로써 언어 능력을 파악할 수 있을 뿐 아니라 언어 능력 발달 지원을 위한 계획을 수립하고 실행할 수 있다.

영유아의 관찰 시 고려해야 할 점은 다음과 같다(박혜경 외, 1999).

첫째, 가능하면 하루에 한 유아에게 초점을 맞춘다.

둘째, 간단한 관찰노트와 접착식 메모지를 가지고 다니며 수시로 기록하고, 하루 일과가 끝났을 때 개별 유아의 파일 안에 붙여 놓는다.

셋째, 가능하면 유아들의 말과 행동의 내용을 모두 적고 서술형으로 기록한다.

넷째, 처음부터 실행하기 힘든 큰 범위부터 시작하지 말고 작은 부분부터 일관성 있게 지속적으로 관찰하는 것이 중요하다.

(1) 일화기록

일화기록(anecdotal records)은 한 가지 행동이나 상황에 초점을 맞추어 쓰는 서술적 기록이다. 일화기록은 영유아들의 전반적인 언어발달을 나타내는 의미 있는 사건을 기록하는 데 사용된다. 영유아의 언어발달에 대해 구체적인 상황을 통해 이해할 수 있다는 장점이 있지만 관찰과 기록에 시간이 많이 소요된다는 단점도 있다.

일화기록은 먼저 영유아의 이름과 연령, 관찰일시 및 상황을 기록한다. 영유아가 참여하는 활동이나 영역을 자세히 기록하는 것이 상황을 이해하는 데 도움이 된다. 또한 영유아가 혼자 있었는지 또래 혹은 교사와 함께 있는 상황에서 있었던 일인지도 기록한다. 사건이 일어난 순서대로 기록하되, 영유아가 했던 말이나 행동을 그대로 기록하는 것이 좋다.

■ 일화기록의 예(영아)

- **관찰아동 :** 김민성 (만 1세)
- **관찰일시 :** 2021년 월 일
- **관 찰 자 :** 이진아 교사
- **관찰장소 :** 교실 도서영역
- **영아 관찰 상황 및 내용**

  도서영역에서 평소에 즐겨 보던 『부릉부릉 자동차가 좋아』를 가지고 와서 교사에게 책을 내민다. 민성이는 교사의 무릎에 앉아서 책을 펼치며 손가락으로 책에 있는 그림을 하나씩 손으로 가리키고 교사가 그림에 맞는 단어를 말해주는 것을 듣는다. 그러고는 교사가 "민성아, 레미콘 트럭 어디 있어?"라고 물어보자 레미콘 트럭 그림을 손가락으로 가리킨다. 그 다음으로 "덤프트럭은 어디 있어?"라고 묻자 덤프트럭 그림을 손가락으로 가리키며 미소를 짓는다.

- **분석 및 지도방안**

평소 민성이는 책 읽는 것을 즐기며 또래에 비해 그림책의 내용을 이해하는 정도와 글자에 대한 관심도가 높은 편이다. 그중에서 특히 자동차 그림책에 나오는 자동차의 이름을 듣고 그에 맞는 자동차 그림을 찾는 놀이를 즐기는 편이다. 다양한 종류의 자동차가 있는 그림책을 제공하여 흥미를 더욱 확장시킬 수 있도록 지원해야겠다. 또한 자동차 그림과 이름이 적힌 화보나 환경 인쇄물을 제시해서 자연스럽게 글자를 경험할 수 있는 환경을 마련해야겠다.

일화기록의 예(유아)

- **관찰아동 :** 신서림 (만 3세)
- **관찰일시 :** 2021년 월 일
- **관 찰 자 :** 김수림 교사
- **관찰장소 :** 교실 역할영역
- **유아 관찰 상황 및 내용**

역할영역에서 친구들과 빵가게를 구성하고 빵가게에 사용할 메뉴판을 만들기 위해 언어영역으로 와서 종이와 색연필을 가지고 앉는다. "음, 우리 가게 이름은 뭐라고 하지?"라고 하자 아린이가 "재미난 빵집"이라고 이야기한다. 서림이가 "근데 나 글자 못 적는데..."라고 답하자 아린이가 "나는 보고는 적을 수 있어" 하더니 나에게로 와서 "선생님 재미난 빵집 적어주세요"라고 한다. 아린이가 가져온 종이에 '재미난 빵집'이라고 적어주자 아린이가 따라 적는다. 아린이를 보며 서림이도 "나도 만들어야지"라고 하며 글을 적는다.

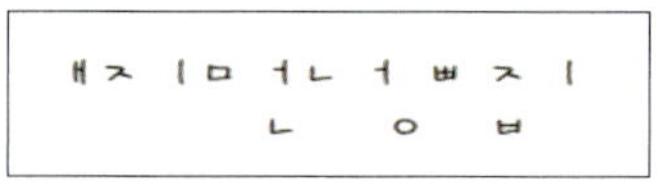

서림이가 적은 글

- **분석 및 지도방안**

요즘 글자 적는 것에 관심을 많이 가지고 있고 놀이 속에서 필요한 글자를 적기 위해 또래나 교사에게 도움을 자주 요청하는 편이다. 서림이는 글자의 형태가 제법 나타나는 편이나 자모의 방향에 대한 인식이 부족하다.

서림이가 글자쓰기에 대한 흥미를 계속 가질 수 있도록 자석글자를 제공하여 놀이 속에서 글자를 만들 수 있는 기회를 제공해야겠다. 또한 서림이가 원하는 내용을 교사가 받아 써주는 모델링의 기회를 제공하여 글자 쓰는 방법에 대해 지원해야겠다.

(2) 체크리스트(check list)

체크리스트는 유아에게 어떤 특성이 있는지, 혹은 유아가 어떤 특정 행동을 하는지의 여부를 기록하는 평가 방법이다. 체크리스트는 관찰 가능한 행동목록에 각 언어행동의 출현 여부를 체크하는 것으로 시간이 단축되고 간편하다는 특징이 있으나 이에 반해 유아행동의 질적인 특성은 알 수 없다는 단점이 있다. 이를 극복하기 위해서는 적절한 시간 간격을 두고 동일한 체크리스트로 2~3회씩 반복 측정하여 결과를 비교함으로써 유아의 변화를 분석해 볼 수 있다.

■ 체크리스트의 예

유 아 명 : (만 세)

평가내용 : 책읽기 행동과 읽기에 대한 태도

내 용	월 일	월 일
1. 자발적으로 책을 읽거나 보려고 한다.		
2. 책을 읽어주면 주의 깊게 듣는다.		
3. 읽어주는 이야기의 내용에 대해 간단히 말하거나 질문을 한다.		
4. 집으로 책을 빌려가기도 한다.		
5. 집에서도 자발적으로 책을 읽는다.		

출처 : 이지현 외(2015).

평가 및 교수 계획 :

(3) 평정척도

체크리스트가 행동의 출현 여부만을 표시한다면 평정척도는 행동이 어느 정도 출현하는지의 정도와 어떻게 출현하는가의 양적인 비교가 가능하다. 체크리스트와 마찬가지로 알고자 하는 행동에 관한 적절한 도구를 선택하면 비교적 쉽고 짧은 시간에 평가

할 수 있다는 장점이 있다. 또한 평정척도를 통해 점수를 수량화하여 시간의 흐름에 따른 변화를 비교해 볼 수 있다. 일반적으로 평정척도는 3점 척도나 5점 척도가 많이 사용된다.

■ **평정척도의 예**

유 아 명 : (만 세)

평가내용 : 이야기 회상능력

내 용	월 일			월 일		
	상	중	하	상	중	하
1. 이야기에 포함된 직접적 정보를 제시한다.						
2. 이야기를 추론한다.						
3. 가장 중요한 내용이 무엇인지 안다.						
4. 이야기의 내용을 요약하고 일반화한다.						
5. 자신의 생활과 관련지어 생각한다.						
6. 책에 애착을 갖는다.						
7. 책을 읽는 동안 독자로서 자신을 인식한다.						
8. 질문을 한다.						

출처 : 강숙현(2001).

평가 및 교수 계획 :

2) 작품 수집과 분석

작품 수집은 영유아들이 직접 그린 그림, 낙서, 이야기 꾸미기 자료, 글씨 쓴 것뿐 아니라 말 놀이와 같은 내용을 교사가 받아 적은 것 등 유아들의 작품을 지속적이고 체계적으로 수집하여 평가하는 것이다. 이러한 과정을 통해 영유아의 현재 언어 능력 상태

뿐 아니라 언어발달 과정을 이해하는 데 도움을 받을 수 있다.

작품 수집의 절차는 다음과 같다(이지현 외, 2015).

첫째, 작품 수집을 위한 계획을 수립하고 기준을 정한다.

둘째, 영유아들의 자발적인 작품 수집도 중요시한다.

셋째, 작품의 이름, 날짜, 당시 상황과 같은 일반적 내용을 기록해 두어야 하며 작품에 대한 유아와 교사의 의견을 첨부한다.

■ **작품 수집과 분석의 예**

유 아 명 : 김광민 (남) (4세)

수집 일시 :

자료 유형 : 그림과 글씨 자료

수집 자료	상황 및 교사의 분석
	• **상황 :** 자유놀이 시간 광민이는 종이에 사인펜으로 그림을 그리면서 "이건 유치원 지도예요"라고 말하였다. 광민이의 지도를 보며 어디를 그린 것인지 묻자 유치원 건물과 산책로, 횡단보도, 도로와 자동차, 유치원버스라고 이야기해 주었다. 유치원 버스는 주차되고 있고 도로에 있는 것은 자동차라고 말하며 '자동차'라고 쓰기 시작했다. • **분석 :** 글자쓰기 5단계의 하위 1단계에 해당하는 단어쓰기 단계이며 완전한 단어 형태가 나타나고 있으나 자모음 방향이 틀린 경우가 나타난다.

3) 포트폴리오 평가

포트폴리오(portfolio) 평가는 전통적인 평가 방식의 대안으로 제시된 평가체계이다.

유아교육 현장에서는 포트폴리오 평가가 널리 사용되고 있으나 실제 포트폴리오 평가를 작품 모음집 정도로 잘못 이해하거나 적용되는 경우가 허다하다. 포트폴리오는 평가를 목적으로 영유아들의 노력, 진보, 성취를 보여주는 작품을 수집한다는 의미를 지니고 있다(Helm, Beneke, & Steinheimer, 1998).

포트폴리오 평가를 통해 교사는 영유아의 언어발달 능력과 발달적 과정을 이해할 수 있게 되고, 언어영역의 지식, 기술, 태도를 총체적으로 평가할 수 있는 기회를 갖게 된다. 진정한 의미의 포트폴리오 평가가 되려면 단순히 작품 수집 차원을 벗어나 수행평가로서의 기본적 조건을 충족시켜야 한다. 그중 하나는 작품 샘플 선정 및 평가과정에 교사뿐 아니라 영유아 또래, 가족을 참여시켜 작품에 대한 의견을 첨부하는 것이다.

포트폴리오가 영유아의 언어학습에 도움이 되는 평가도구로서 기능하기 위해서는 다음과 같은 요소들이 갖추어져 있어야 한다(황해익, 2003).

첫째, 일정 기간 목적을 가지고 체계적으로 모아놓은 유아들의 언어활동 관련 작품들이 있어야 한다. 일회적 작품 수집이 아니라 유아의 성장과 발달을 반영할 수 있는 일정 기간에 걸친 영유아의 작품이 포함되는 것이 중요하다.

둘째, 영유아의 작품이나 활동에 대한 교사의 의견이 포함되어야 한다. 영유아 작품이 이전과 비교하여 달라진 점, 작품을 하면서 특이한 점 등에 대해 기록해두어야 한다. 교사의 맥락이 있는 평가기록이 영유아의 작품에 함께 첨가될 때 의미 있는 참 평가도구가 될 수 있다.

셋째, 영유아 언어행동에 대한 관찰 결과가 포함되어야 한다. 관찰 기록들은 영유아의 독특한 흥미, 장점 및 요구를 잘 나타내어 주기 때문이다.

넷째, 교사 자신이 포트폴리오의 목적과 활용 방법에 대해 잘 이해하고 있어야 한다. 포트폴리오 자료를 자신의 교수활동을 계획하고 수정해 가는 데 활용할 수 있어야 한다.

이러한 포트폴리오 평가는 개별 영유아에 대한 전반적 정보를 제공해 줄 뿐 아니라 교육과정 목표 안에서 효율적인 상호작용과 지원을 할 수 있도록 돕는다. 또한 교사의 전문성 발달을 지원할 뿐 아니라 자료 수집 및 평가 과정에 부모를 포함시킴으로써 교육에서 부모참여를 활성화하는 효과가 있다.

포트폴리오 평가를 위한 절차는 유아들의 발달 상황과 학습활동을 더욱 효과적으로 이끌어 가기 위해 다음과 같은 10단계 과정을 점차적으로 실행하도록 고안되어 있다(Shores & Grace, 1998).

① 포트폴리오 계획 세우기
② 영유아의 작품 샘플 수집
③ 사진 찍기
④ 학습활동 기록한 것을 가지고 협의회 열기
⑤ 영유아 면담하기
⑥ 체계적 기록하기
⑦ 일화 기록하기
⑧ 서술식 보고서 준비하기
⑨ 영유아-교사-부모 포트폴리오 협의회 실행하기
⑩ 지금까지 진행한 포트폴리오 내용을 검토하고 최종적으로 내년 담임에게 인계할 포트폴리오 준비하기

4) 검 사

검사(test)는 일정 시간에 여러 측면의 언어발달을 비교적 쉽고 간편하게 조사할 수 있는 방법이다. 검사 제작 주체에 따라 표준화된 검사와 교사 제작 검사로 나누어 볼 수 있다. 먼저 표준화된 언어 검사는 문항, 채점 절차와 채점 방법이 표준화되어 있어 실시와 채점이 간편하다는 장점이 있다. 이에 반해 검사 문항에 포함될 수 있는 언어의 범위나 인위적 검사 상황에 대한 피검사자의 친숙도 등과 같은 문제가 나타날 수 있으므로 표준화된 검사 하나만으로 영유아의 언어발달 수준을 평가하기보다는 다른 평가 방법과 병행하여 사용하는 것이 바람직하다. 대부분의 지능검사와 학습준비도 검사에는 영

유아의 언어발달을 평가하는 항목이 포함되어 있으나 여기서는 영유아의 언어발달만을 대상으로 하는 도구를 몇 가지 소개하고자 한다.

〈표 12-1〉 언어 평가를 위한 검사 도구

항 목	검사도구명	대 상	내 용
음운인식 평가	**한국어 표준 그림 조음음운 검사** (석동일·박상희·신혜정·박희정, 2008)	유아(특수아동 포함)-성인	조음음운 장애가 의심되는 대상자를 선별하여 음절의 수와 음운의 위치를 고려하여 정밀진단을 함으로써 대상자의 조음음운 문제를 체계적으로 분석
	우리말 조음음운 평가 (김영태·신문자, 2004)	조음문제를 보이는 취학 전 또는 취학 연령아동 및 성인	조음장애 아동 및 성인의 조음음운 능력을 단어와 문장 수준에서 효과적으로 평가
어휘력 평가	**그림어휘력 검사** (김영태·장혜성·임선숙·백현정, 1995)	2세부터 8세 11개월의 아동	대상범위가 넓고 다양하며 평가방법이 간단하여 빠른 시간 내에 실시·평가 가능
	수용·표현 어휘력 검사 (김영태·홍경훈·김경희·장혜성·이주연, 2009)	만 2세 6개월부터 만 16세 이상 성인	검사 대상자의 어휘능력에 대한 전반적인 정보 및 어휘발달 수준에 대한 백분위 점수 제공
	취학 전 아동의 수용언어 및 표현언어 발달척도 (김영태·성태제·이윤경, 2000)	3세부터 6세까지	검사 대상 아동의 언어 수준을 언어연령과 백분위 점수로 평가
구문 평가	**구문이해력 검사** (배소영·김선숙·이지희·장혜성, 2004)	만 4세에서 9세 (초등학교 3학년)	1994년 발간된 「문장이해력검사」를 수정보완한 검사도구. 이해언어에서 언어발달 장애를 판별하는 데 사용 가능하며 단순언어장애(SLI) 아동의 하위 유형을 판별하거나 상대적인 강약점을 파악하고자 할 때 사용할 수 있는 표준화 검사

한편 표준화된 검사를 사용하여 영유아의 언어발달 정도를 알아보기 어려운 경우 교사가 직접 제작한 검사를 사용할 수 있다. 예를 들면, 유아의 어휘수준을 알아보기 위해 교사가 설명하는 어휘에 적절한 그림카드를 고르도록 하는 검사나 혹은 음운인식 수준을 알아보기 위해 '상'자로 시작하는 혹은 끝나는 낱말 찾기 등의 검사를 활용할 수 있다. 구문의 경우 교사에게 문장을 읽어주고 반복하게 하여 분석을 실시할 수 있다.

교사가 제작한 검사는 유아의 언어발달 수준과 능력을 일상적인 생활 속에서 자연스럽고 게임하듯 재미있게 살펴볼 수 있다는 특징이 있으나 교사 제작 검사를 사용하는 경우에도 평가 목적에 대한 기준이 명확해야 한다. 그리고 평가 결과는 유아의 강점과 진보, 그리고 요구를 파악함으로써 더 나은 발달을 지원할 수 있는 기초자료로 사용되어야 한다.

음운인식 평가
'상'자로 시작하는 단어 찾기

어휘력 평가
설명하는 어휘에 적절한 글자카드 찾기

■ 교사제작 검사의 예(문장반복검사)

유 아 명 : (남/여) (세)

면접 일시 :

검사 방법 : 문장반복검사

교사가 문장을 읽어주고 유아가 따라 말하게 한다. 문항은 쉬운 순서에서 점차 어려운 문장으로 만들어 평가할 수 있다. 유아의 반응에 따라 평가 여부나 수행 정도를 체크할 수 있다.

검사문항(예)	유아의 반응	1	2	3	4	5
1. 우리 동네에 아름다운 꽃이 피었어요.						
2. 나는 놀이터에서 친구와 함께 재미있게 놀고 싶어요.						
3. 친구는 나를 보고 "같이 놀지 않을래?"라고 물어보았어요.						
평가 준거	1. 말하지 못하거나 따라 하고자 하는 의사가 없는 경우 2. 문장을 거의 따라 말하지 못하고 요점 전달이 되지 않는 경우 3. 문장을 부분적으로 따라 말하였으나 요점 전달이 되지 않는 경우 4. 문장을 부분적으로 따라 말하였으나 요점은 전달된 경우 5. 문장을 거의 똑같이 따라 말하는 경우					

분석 :

3. 영유아 언어환경 평가

영유아의 언어발달과 문해발달을 촉진하는 교실 환경의 중요성은 여러 연구에서 입증되어 왔다. 교실의 풍부한 문해 환경은 영아의 어휘력(진경희·유수정·정영실, 2016), 유아의 읽기 흥미(천화영·황혜정, 2013), 이야기 꾸미기(김명순, 1997) 및 자발적 쓰기(김은영·안선희, 2009) 등 영유아의 언어 능력에 영향을 미치는 것으로 나타났다. 이러한 연구들은 교실 내 다양한 언어자료 제공 및 배치가 유아의 언어발달에 긍정적 영향을 미치는 것을 의미한다. 교실환경을 구성하는 사람으로서 교사가 교실을 어떻게 구분하고 경영하는지, 유아들과 어떻게 상호작용하고 평가하는지에 따라 교실환경은 변화할 수 있으므로(Cobb, 2004), 교사는 풍부한 언어 환경을 제공하기 위해서 교실의 문해 환경을 계획하고 실행하고 지속적으로 점검할 필요가 있다. 다음은 교실 문해 환경 평가척도의 예이다.

〈표 12-2〉 교실 문해 환경 평가

<table>
<tr><th>구분</th><th>문항</th><th colspan="6">평가</th></tr>
<tr><td rowspan="3">도서 영역</td><td>책을 읽기 위한 영역이 따로 구비되어 있는가?</td><td colspan="3">예</td><td colspan="3">아니요</td></tr>
<tr><td>책이 질서정연하면서도 매력적으로 비치되어 있는가?</td><td colspan="3">예</td><td colspan="3">아니요</td></tr>
<tr><td>책이 있는 공간은 부드러운 소재로 된 소품들이 마련되어 있는가?</td><td colspan="3">예</td><td colspan="3">아니요</td></tr>
<tr><td rowspan="4">도서 선택</td><td>교실에 있는 책들은 난이도별로 분류되어 있는가?</td><td colspan="3">예</td><td colspan="3">아니요</td></tr>
<tr><td>유아가 쉽게 이용할 수 있는 책들은 얼마나 되는가?</td><td colspan="2">15권 이하</td><td colspan="2">16~25권</td><td colspan="2">26권 이상</td></tr>
<tr><td>사실적인 정보를 전달하는 책은 얼마나 되는가?</td><td colspan="2">1~2권</td><td colspan="2">3~5권</td><td colspan="2">6권 이상</td></tr>
<tr><td>현재 활동주제와 관련된 책이 세 권 또는 그 이상 있는가?</td><td colspan="3">예</td><td colspan="3">아니요</td></tr>
</table>

<table>
<tr><td rowspan="5">도서 사용</td><td>과학영역에서 이용할 수 있는 책은 얼마나 되는가?</td><td colspan="2">1~3권</td><td colspan="2">4권 이상</td></tr>
<tr><td>역할영역에서 이용할 수 있는 책은 얼마나 되는가?</td><td colspan="2">1~3권</td><td colspan="2">4권 이상</td></tr>
<tr><td>쌓기영역에서 이용할 수 있는 책은 얼마나 되는가?</td><td colspan="2">1~3권</td><td colspan="2">4권 이상</td></tr>
<tr><td>도서영역을 제외한 다른 영역에서 이용할 수 있는 책은 얼마나 되는가?</td><td colspan="2">1~3권</td><td colspan="2">4권 이상</td></tr>
<tr><td>아동이 녹음된 책(이야기)을 들을 수 있는 장소가 있는가?</td><td colspan="2">1~3권</td><td colspan="2">4권 이상</td></tr>
<tr><td rowspan="6">쓰기 자료</td><td>교실에서 글자를 볼 수 있는가?</td><td colspan="2">예</td><td colspan="2">아니요</td></tr>
<tr><td>이름이나 친숙한 단어로 된 단어카드가 있는가?</td><td colspan="2">예</td><td colspan="2">아니요</td></tr>
<tr><td>글자를 구성하도록 도울 수 있는 모형이나 교구가 있는가?</td><td colspan="2">예</td><td colspan="2">아니요</td></tr>
<tr><td>쓰기에 사용할 수 있는 종이는 얼마나 다양한가?</td><td colspan="2">1~2종류</td><td colspan="2">3종류 이상</td></tr>
<tr><td>사용할 수 있는 쓰기 도구는 얼마나 되는가?</td><td colspan="2">1~2종류</td><td colspan="2">3종류 이상</td></tr>
<tr><td>쓰기를 제시하고 활동할 수 있는 별도의 영역이 있는가?</td><td colspan="2">예</td><td colspan="2">아니요</td></tr>
<tr><td rowspan="7">쓰기 환경</td><td>교사가 받아쓴 것이 교실에 얼마나 전시되어 있는가?</td><td>1~2종류</td><td colspan="2">3~5종류</td><td>6종류 이상</td></tr>
<tr><td>도표, 큰 책, 또는 대집단 문해활동의 증거를 얼마나 볼 수 있는가?</td><td>1~2종류</td><td colspan="2">3~5종류</td><td>6종류 이상</td></tr>
<tr><td>유아의 쓰기 결과물이 교실에 얼마나 전시되어 있는가?</td><td>1~2종류</td><td colspan="2">3~5종류</td><td>6종류 이상</td></tr>
<tr><td>역할영역이나 쌓기영역에 쓰기 도구가 있는가?</td><td colspan="2">예</td><td colspan="2">아니요</td></tr>
<tr><td>역할영역이나 쌓기영역에 유아의 쓰기를 촉진할 수 있는 보조 도구가 있는가?</td><td colspan="2">예</td><td colspan="2">아니요</td></tr>
<tr><td>유아가 사용할 수 있는 글자퍼즐이 있는가?</td><td colspan="2">예</td><td colspan="2">아니요</td></tr>
<tr><td>유아가 사용할 수 있는 단어로 구성된 퍼즐이 있는가?</td><td colspan="2">예</td><td colspan="2">아니요</td></tr>
</table>

출처 : 배성연(2007).

활동

■ **영유아의 언어발달을 평가할 수 있는 교사 제작 도구로 문장 반복 검사를 만들어 사용해 봅시다. 처음은 5~6어절로 시작하되 점차 2~3어절씩 늘려서 문장을 만들어 봅시다. 평가 방법과 준거도 직접 제작해 보세요.**

<table>
<tr><td colspan="3">유 아 명 : (남/여) (세)</td></tr>
<tr><td colspan="3">면접 일시 :</td></tr>
<tr><td colspan="3">검사 방법 : 문장반복검사
교사가 문장을 읽어주고 유아가 따라 말하게 한다. 문항은 쉬운 순서에서 점차 어려운 문장으로 만들어 평가한다. 유아의 반응에 따라 평가 여부나 수행 정도를 체크한다.</td></tr>
<tr><th>검사문항(예)</th><th>유아의 반응</th><th>평 가</th></tr>
<tr><td></td><td></td><td></td></tr>
<tr><td>평가 준거</td><td colspan="2"></td></tr>
</table>

참/고/문/헌

강성화 · 김경회(2001). 유아언어교육. 서울 : 동문사.

강숙현(2001). 관찰과 기록화를 통한 유아평가. 서울 : 교육과학사.

경상남도유아교육원(2016). 만 5세 그림책을 활용한 유아 창의성 교육 프로그램. 경상남도유아교육원.

교육부(2022). 초등학교 교육과정(교육부 고시 제 2022-33호[별책 2]). 세종 : 교육부.

김명순(1997). 교실내 문해 환경이 만 4-5세 유아의 책 이야기 꾸미기에 미치는 영향. 유아교육연구, 17(2), 77-96.

김선정(2005). 3~6세 일반아동의 음운처리과정 발달연구. 이화여자대학교 대학원 석사학위논문.

김영실 · 김진영 · 김소양(2006). 영유아를 위한 언어지도. 경기 : 공동체.

김은심 · 조정숙(2015). 영유아 언어교육의 이론과 실제. 서울 : 정민사.

김은영 · 안선희(2009). 유치원 교실의 문해 환경적 수준에 따른 유아의 자발적 쓰기 활동에 관한 연 연구 : 자유선택활동을 중심으로. 열린유아교육연구, 14(5), 325-345.

김재경(2002). EFL 환경에서의 노래와 챈트의 접근법 및 창의적 반복에 대한 연구. 초등영어교육, 8(1), 5-35.

김정화 · 이문정(2007). 유아교실의 문식성 환경에 대한 연구. 아동학회지, 28(3), 101-113

김혜금 · 김수희 · 임지현 · 정가영(2019). 영유아언어지도. 서울 : 정민사.

마송희(2005). 도서 프로그램이 유아의 음운인식능력에 미치는 효과. 한국영유아보육학, 41, 271-289.

박향아(2000). 아동의 음운인식 발달. 아동학회지, 21(1), 35-44.

박혜경 · 김영실 · 김진영 · 김소양(1999). 유아언어교육-이론과 실제-. 서울 : 양서원.

서동미 · 엄은나 · 박성희 · 이혜경(2017). 영유아언어교육. 서울 : 정민사.

서소정 · 문혁준 · 김민희 · 김정희 · 이종신 · 강인숙(2017). 아동언어지도. 서울 : 창지사.

송경섭 · 김현경(2019). 영유아 언어교육. 서울 : 학지사.

신귀련(2002). 이중언어 경험정도에 따른 유아의 상위언어 능력 발달에 관한 연구. 부산대학교 대학원 석사학위논문.

윤진주(2007). 음성 언어 중심의 유아 언어 교육 프로그램 개발 및 적용 효과. 원광대학교 대학원 박사학위논문.

이경화·조순옥·김정원·심은희·이연규·이문정(2003). **유아언어교육**. 서울 : 창지사.

이미경·배지현(2015). 영아와 유아의 언어교육 연구 동향 비교분석 : 2002~2014년 학술지를 중심으로. **어린이문학교육연구, 16**(3), 305-333.

이순형·권미경·최인화·김미정·서주현·최나야·김지현(2010). **영유아 언어지도**. 경기 : 교문사.

이영자(2013). **유아 언어발달과 지도(제3판)**. 경기 : 양서원.

이영자·이금구(2018). **영유아 언어교육 이론과 실제**. 경기 : 양서원.

이영자·이종숙(1990a). 유아의 문어발달과 비지시적 지도방법이 문어 발달에 미치는 영향에 관한 연구. **교육학연구, 28**(2), 105-123.

____________(1990b). 유아의 문어발달과 구어·문어 구별능력 발달에 대한 질적 분석 연구. **유아교육연구, 10**, 41-65.

이인섭(1986). **아동의 언어발달**. 서울 : 개문사.

______(1976). 유아어휘 - 현영(2.3세), 현주(3.2세)의 어휘연구 -. **서울여자대학교 논문집, 5**, 15-45.

이지현·마송희·김수영·정정희(2015). **[3판] 영유아를 위한 언어교육**. 경기 : 공동체.

이차숙(2004). **유아언어교육의 이론적 탐구**. 서울 : 학지사.

이차숙·노명완(2003). 읽기행동에서 어휘처리과정과 눈동자의 움직임. **유아교육연구, 23**(3), 219-240.

정남미(2016). **유아언어교육**. 서울 : 창지사.

정희영·이성복·김성원·윤선화·김정희·김선아·방승미(2014). **유아발달**. 경기 : 파워북.

제민경(2021). 문식성 발달, 언어발달, 문법교육. 한국초등국어교육, 72, 229-256

조명한(1982). **한국아동의 언어획득연구 : 책략모형**. 서울 : 서울대학교출판부.

조복희(2006). **아동발달**. 경기 : 교육과학사.

조정숙·김은심(2001). **유아언어교육**. 서울 : 정민사.

주영희(2001). **유아언어발달과 교육**. 서울 : 교문사.

진경희·유수정·정영실(2016). 어린이집 교실 문해 환경 및 교사 효능감이 10-24개월 영아의 어휘력에 미치는 영향. **열린유아교육연구, 21**(5), 217-238.

천화영·황혜정(2013). 가정과 교실의 문해환경이 유아의 읽기 흥미에 미치는 영향. **한국보육지원학회지, 9**(1), 25-49.

한국민족문화대백과사전(2020a). 음운론. https://100.daum.net/encyclopedia/view/14XXE0043037에서 2020년 6월 1일 인출함.

____________________(2020b). 상보적분포. http ://encykorea.aks.ac.kr에서 2020년 6월 1일 인

출함.

한유미·김혜선·권희경·양연숙·백은정(2016). 영유아 언어교육의 이해 : 이론과 실제. 서울 : 학지사.

한찬숙·이춘재(2003). 한국아동의 음운인식패턴과 영어단어 해독과의 관계. 한국심리학회지 : 발달, 16(4), 259-272.

홍성인(2001). 한국 아동의 음운인식 발달. 연세대학교 대학원 석사학위논문.

황해익 외(2001). 유아교육기관에서의 포트폴리오 평가. 서울 : 창지사.

Adams, M. J.(1994). Modeling the connections between word recognition and reading. In R. B. Ruddell, M. R. Ruddell, & H. Singer(Eds.), *Theoretical models and processes of reading* (p. 996-1056). International Reading Association, Newark, Delaware.

Albrecht, K., & Miller, L. G.(2001). *Innovation : Infant and toddler development.* Beltsville, MD : Gryphon House.

Aukrust, V. G., & Snow, C. E.(1998). Narratives and explanations in Norwegian and American Mealtime conversations. *Language in Society, 27*(2), 221-246.

Bandura, A.(1977). *Social learning theory.* Englewood cliffs, NJ : Prentice Hall.

Barron, R. W.(1986). Word recognition in early reading : A review of the direct and indirect access hypothesis. *Cognition, 24*, 93-119.

Beck, I., Mckeown, M., & Kucan, L.(2002). *Bringing words to life.* New York : Guilford Press.

Borich, G. D.(2011). 효과적인 교수법. 박승배 역. 서울 : 아카데미프레스.

Braine, M. D.(1963). The ontogeny of English phrase structure : The first phase. *Language, 39,* 1-13.

Bredekamp, S.(1987). *Developmentally appropriate practice in early childhood programs serving children from birth through age 8*(Exp. ed.). Washington, DC : NAEYC.

Bromley, K.(1988). *language arts*(3rd ed). Needham Heights, MA : Allyn and Bacon.

Brown, R.(1973). *A first language : The early stages.* Cambridge, MA : Harvard University Press.

Brown, R., & Hanlon, C.(1970). Derivational complexity and order of acquisition. In J. R. Hayes(Ed.), *Cognition and the development of language*(Vol. 2). New York : John Wiley.

Bukatko, D., & Daehler, M. W.(1992). *Child development : A topical approach.* Boston : Houghton Mifflin Company.

Butterworth, G.(1984). The relationship between language and thought in young children. In *Journal of Psychology Review* .

Chomsky, N.(2000). 언어지식(Knowledge of Language). 이선우 역. 서울 : 아르케(원전은 1986년

에 출간).

Clay, M.(1975). *What did I write?*. Auckland, New Zealand : Heinemann Educational Books.

Cobb, C.(2004). Turning on a dime: Making change in literacy classrooms, *The Reading Teacher, 58*(1), 104–106.

Coltheart, M.(2006). Dual route and connectionist models of reading: An overview. *London Review of Education, 4*(1), 5–17.

Christie, J. F., & Enz, B.(1992). The effect of literacy play itervention of preschoolers' play patterns and literacy development. *Early Education and Development, 3*(3), 205–220.

Dale, P.(1976). *Language development : Structure and function*(2nd ed.). New York : Holt, Rinehart and Winston.

Fitzgerald, J.(1999). What is this thing called "Balance?". *The Reading Teacher, 53*(2), 100–107.

Florez, R.(2011). Developing young children's self–regulation through everyday experiences. *Young Children, 66*(4), 46–51.

Fowler, D.(1998). Balanced reading instruction in practice. *Educational Leadership, 55*(6), 11–12.

Gee, J. P.(1991). Memory and myth : A perspective on narrative. In A McCabe & P. Peterson (Eds.), *Developing narrative structure*(pp. 1–25). Hillsdale, NJ : Erlbaum.

Gestwicki, C.(2007). *The Developmentally appropriate practice : Curriculum and development in early education*(3rd ed.). Albany, NY : Thomson Delmar Learning.

Gopnik, A., & Choi, S.(1990). Do linguistic differences lead to cognitive differences? A cross–linguistic study of semantic and cognitive development. *First Language, 10*, 199–215.

Haight, W. L., & Miller, P. J.(1993). *Pretending at home : Early development in a sociocultural context.* Albany, NY : State University of New York Press.

Hall, D. G., Lee, S. C., & Belanger, J.(2001). Young children's use of syntactic cues to learn proper names and count nouns. *Developmental Psychology, 37*(3), 298–307.

Halliday, M. A. K.(1973). *Explorations in the Functions of Language.* London : Edward Amold.

Helm, J. H., Beneke, S., & Steinheimer, K.(1998). *Windows on Learning : Documenting Young Children's Work* NY : Teachers College Press.

Holdway, D.(1979). *The foundationd of literacy.* Gosford : Ashton Scholastic.

Hoskisson, K., & Tompkins, G. E.(1987). *Language arts : content and teaching strategies.* Columbus, OH : Merrill Publishing Co.

Hudson, J., & Shapiro, L.(1991). From knowing to telling : Children's script, stories and preschool narratives. In A. McCabe & Peterston(Eds.), *Developing narrative structure*(pp.

89–136). Hillsdale, NJ : Lawrence Erlbaum Associates.

Jalongo, M. R.(2000). *Early Childhood languages arts*(3rd ed.). Needham Heighs, MA : Allyn and Bacon.

Lenneberg, E. H.(1967). *Biological foundations of language*. New York : John Wiley and Sons.

Levin, G.(1983). *Child psychology*. Belmont, CA : Wadsworth.

Machado, J. M.(2013). *Early Childhood experiences in Languages arts*(10th ed.). Albany, NY : Delmar.

Markman, E. M.(1991). The whole object, taxonomic, and mutal exclusivity assumptions as initial constraints on word meanings. In J. P. Byrnes & S. A. Gelman(Eds.), *Perspectives on language and cognition : Interreltions in development*. New York : Cambridge University Press.

Mcgee, L. M., & Schickedanz, J. A.(2007). Repeated interactive read–alouds in preschool and kindergarten. *The Reading Teacher, 60*(8), 742–751.

Mooney, M. E.(1990). *Reading to, with and by children*. Katonah, NY : Richard, C, Owens.

Morrow, L. M.(2001). *Literacy development in the early years : Helping children reading and write*. Needham Heighs, MA : Allyn and Bacon.

Neumann, Michelle, M., Hood, Michelle, & Ford, Ruth, M.(2013). Using environmental print to emergent literacy and print motivation. *Reading and Writing, 26*(5), 771–793.

Otani, T., Kato, M. Haraguchi, H., & Goma, H.(2024). Effect of the COVID–19 pandemic on infants' development : analyzing the results of developmental assessments at ages 10–11 and 18–24 months. *Frontiers in Developmental Psychology, 15*, 1–8.

Owens, R.(2001). *Language Development : An Introduction*(5th ed.). Boston : Allyn and Bacon.

Penner, S. G.(1987). Parental responses to grammatical and ungrammatical utterances. *Child Development, 58*, 376–384.

Perfetti, C. A.(1985). *Reading ablity*. NY : Oxford University Press.

Reutzel, D. R., & Cooter, B. C.(1996). *Teaching Children to Read : from Basals to Books*. Columbus, OH : Merril/Prentice–Hall.

Scarborough, H. S.(2002). Connecting early language and literacy to later reading abilities : Evidence, theory, and practice, In Neuman, S. B., & Dickinson, D. K.(Eds.), *Handbook of early literacy research*. New York : The Guilford Press.

Schickedanz, J. A.(1986). *More than the ABCs : The early stage of reading and writing*. Washington, DC : National Association For the Education of Young Children.

Shores, E., & Grace, C.(1998). *The Portfolio Book : A Step by Step Guide for Teachers*. Beltsville,

MD : Gryphon House.

Slivka, L. N., Clayton, K. R. H., & Reynolds, G. D.(2025). Mask–wearing affects infants' selective attention to familiar and unfamiliar audiovisual speech. *Frontiers in Developmental Psychology, 3*, 1–8.

Snow, C.(1983). Literacy and language : Relationship during the preschool years. *Harvard Educational Review, 53*(2), 165–189.

Snow, C., Burns, M., & Griffin, P.(1998). *Previnting reading difficulties in young children.* Washington, DC : National Academy Press.

Stabb, C.(1992). *Psycholinguistics : Language, Mind and World.* London : Longman.

Stahl, S. A & Fairbanks, M.M.(1986). The effects of vocabulary instruction : A model–based meta analysis. *Review of Educational Research, 56*(1), 72–110.

Strickland, D. S.(1998). What is basic in beginning reading? Finding common ground. *Educational Leadership, 55*(6), 6–10.

Sulzby, E.(1990). Assessment of emergent writing and children's language while wring. In L. S. Morrow, & J. K. Smit(Eds.), *Assessment for instruction in early literacy.* Prentice–Hall.

Sundberg, M. L. (2007). Verbal behavior. *Applied behavior analysis*, 2, 526–547.

Teale. W.(1982). Toward a theory of how children learn to read write naturally. *Language Arts, 59*(6), 555–570.

Teale, W., & Sulzby, E.(1986). *Emergent literacy : Writing and reading.* Norwood, NJ : Ablex Publishing Co.

Vukelich, C.(1994). Effects of play interventions on young children's reading of environmental print. *Early Childhood Research Quarterly, 9*(2), 153–170.

Vukelich, C., Christie, J., & Enz, B.(2008). *Helping young children learn language and literacy : birth through kindergarten.* Boston, MA : Pearson.

Vygotsky, L. S.(1987). Thinking and speech (N. Minick, Trans.). In R. W. Reiber & A. S. Carton (Eds.), *The collected works of L. S. Vygotsky. Vol. 1. Problems of general psychology*(pp. 39–285). New York : Plenum Press. (Original work published 1934).

Werker, J. F., & Tees, R. C.(2005). Speech perception as a window for understanding plasticity and commitment in language systems of the brain. *Developmental Psychobiology, 46*(3), 233–251.

Whitehurst, G. J.(1982). Language development. In B. B. Wolman(Ed.), *Handbook of developmental psychology*(pp. 367–386). New York : Wiley.

저/자/약/력

■ **노진형**

부산대학교 사범대학 유아교육과 졸업
부산대학교 교육대학원 유아교육 전공 졸업(교육학석사)
부산대학교 대학원 유아교육과 졸업(교육학박사)
전 부산대학교 부설 어린이집 교사
부산대학교 BK21 교수
현 경남대학교 유아교육과 교수

■ **최은아**

부산대학교 사범대학 유아교육과 졸업
부산대학교 대학원 유아교육과 졸업(교육학석사)
부산대학교 대학원 유아교육과 졸업(교육학박사)
전 현대중공업 어린이집 원장
부산대학교 BK21 교수
현 고신대학교 유아교육과 교수

제3판

2019 개정 누리과정·2024 개정 표준보육과정을 반영한

영유아 언어교육

| **공저자** | 노진형·최은아

| **1판 1쇄** | 발행 2020년 12월 30일
| **1판 2쇄** | 발행 2022년 2월 25일
| **2판 1쇄** | 발행 2023년 8월 31일
| **3판 1쇄** | 발행 2025년 8월 25일

| **발행인** | 김동훈
| **펴낸곳** | 공동체

| **주소** | 경기도 고양시 일산동구 호수로 358-39, 동문타워 1차 905호(백석동)
| **전화** | 031)814-3000(대표)
| **팩스** | 031)814-3100
| **홈페이지** | http://www.compub.co.kr
| **전자우편** | compub@naver.com
| **출판등록** | 2005년 10월 6일
| **등록번호** | 제396-2005-36호

| **ISBN** | 979-11-6725-979-0
정가 21,000원